U1015266

重庆全面融入共建“一带一路”蓝皮书

2013—2023

CHONGQING'S ACCESSION TO CO-BUILDING THE “BELT AND ROAD” BLUE BOOK

重庆市发展和改革委员会　中共重庆市委宣传部　重庆市综合经济研究院◎编著

中国经济出版社
CHINA ECONOMIC PUBLISHING HOUSE
·北京·

图书在版编目（CIP）数据

重庆全面融入共建“一带一路”蓝皮书. 2013—2023 / 重庆市发展和改革委员会，中共重庆市委宣传部，重庆市综合经济研究院主编. --北京：中国经济出版社，2023. 11

ISBN 978-7-5136-7492-8

Ⅰ. ①重… Ⅱ. ①重… ②中… ③重… Ⅲ. ①“一带一路”-区域经济合作-研究报告-重庆-2013—2023 Ⅳ. ①F127. 719

中国国家版本馆 CIP 数据核字（2023）第 185684 号

审图号：GS 京（2023）1991 号

策划编辑 姜 静
责任编辑 郑 潇
责任印制 马小宾
封面设计 任燕飞工作室

出版发行 中国经济出版社
印 刷 者 北京富泰印刷有限责任公司
经 销 者 各地新华书店
开　　本 710mm×1000mm 1/16
印　　张 19. 25
字　　数 350 千字
版　　次 2023 年 11 月第 1 版
印　　次 2023 年 11 月第 1 次
定　　价 68. 00 元
广告经营许可证 京西工商广字第 8179 号

中国经济出版社 **网址** www. economyph. com **社址** 北京市东城区安定门外大街 58 号 **邮编** 100011
本版图书如存在印装质量问题，请与本社销售中心联系调换（联系电话：010-57512564）

版权所有 盗版必究（举报电话：010-57512600）
国家版权局反盗版举报中心（举报电话：12390） 服务热线：010-57512564

编辑委员会

编　著：重庆市发展和改革委员会
中共重庆市委宣传部
重庆市综合经济研究院

顾　问：姜　辉

主　编：高　健

副主编：刘兆奎　马然希　丁　瑶

编　委：易小光　王善礼　余贵玲　游轶博　张旭东
刘　玮　杨　坤　林　莉　李　霞　蒋安玲
王　利　余新宇　陈　殊　简华球　李　俊
王春宇　郑秋霞　戴方尧　赵　燕　黄承锋
付　驰　王顺辉　王　欣　宋国华　李　杨
夏令子　吴　斌　王静怡　廖云帅　苗蓓蕾
谢　攀　薛　伻　马士博　高　威　陈　瑜
黄　星　钟锐莉　黄娇梅　幸铭芋　林　峰
薛　健　杨　杰　龙江林　余　平　陈　磊
刘利颖　张永华

序

潮起东方，丝路同行。2023 年是共建“一带一路”倡议提出 10 周年。共建“一带一路”是习近平总书记亲自谋划、亲自部署、亲自推动的重大倡议，是我国在新的历史条件下实行高水平对外开放的重大举措。2013 年 9 月和 10 月，习近平主席在哈萨克斯坦和印度尼西亚发表演讲时，先后提出共建丝绸之路经济带和 21 世纪海上丝绸之路倡议。共建“一带一路”造福沿线国家和地区，是和平之路、繁荣之路、开放之路，也是绿色之路、创新之路、文明之路。十年来，共建“一带一路”倡议从理念到行动，从愿景到现实，已成为广受欢迎的全球公共产品和最具包容性的国际合作平台。作为推动构建人类命运共同体的重要抓手，共建“一带一路”为世界经济增长开辟了新空间，为国际贸易和投资搭建了新平台，为完善全球经济治理拓展了新实践，为增进各国民生福祉作出了新贡献。截至 2023 年 6 月，中国已与 150 多个国家、30 多个国际组织，签署了 230 多份共建“一带一路”合作文件。十年来，共建“一带一路”倡议拉动近万亿美元投资，形成 3000 多个合作项目，为沿线国家创造 42 万个工作岗位，让将近 4000 万人摆脱贫困。世界银行研究报告显示，到 2030 年，共建“一带一路”将使参与国贸易增长 2.8%～9.7%、全球贸易增长 1.7%～6.2%、全球收入增加 0.7%～2.9%。

联通陆海，交汇世界。依山傍水、江峡相拥，高山峡谷曾经是过去重庆发展的自然障碍，而今天堑变通途，成就现在的重庆发展特色。重庆是我国中西部地区唯一的直辖市，是新时代西部大开发的重要战略支点，处在“一带一路”和长江经济带的联结点上，西部陆海新通道、中欧班列、长江黄金水道、渝满俄国际铁路班列在这里交会，在推动“一带一路”陆海联动发展中具有独特而重要的作用。党的十八大以来，以习近平同志为核心的党中央高度重视重庆发展，先后对重庆作出系列重要指示批示，要求营造良好政治生态，坚持“两点”定位，实现“两地”“两高”目标，进一步发挥“三个作用”，推动成渝地区双城经济圈建设，加快建设西部陆海新通道，为重庆全面融入共建“一带一路”提供前进方向、根本遵循、动力之源。中欧班列（成渝）跨越山海的常态化运行，已成为共建“一带一路”高质量发展典范。从2017年“南向通道”到2019年上升为国家战略的西部陆海新通道，2022年，党的二十大报告明确指出“加快建设西部陆海新通道”，充分体现西部陆海新通道在服务构建新发展格局中的战略地位和重要作用。几年来，从线到网，北接丝绸之路经济带，南连21世纪海上丝绸之路，协同衔接长江经济带，西部陆海新通道正在成为高质量共建“一带一路”合作标杆。“一带一路”行千里，陆海通道“促广大”，重庆全面融入共建“一带一路”正展示出强大生命力和鲜明时代感。

桃李不言，下自成蹊。十年来，在党中央坚强领导下，重庆积极融入共建“一带一路”，坚持共商共建共享原则，把基础设施“硬联通”作为重要方向，把规则标准“软联通”作为重要支撑，把同共建国家人民“心联通”作为重要基础，取得实打实、沉甸甸的成就。加强同共建国家多层次战略对接，成功举办中国—上海合作组织数字经济产业论坛、第十四届中国—拉美企业家高峰会、2023“一带一路”陆海联动发展论坛等国际论坛会议，不断拓展重庆“朋友圈”，政策沟通引领作用不断提升。截至2023年6月，重庆全面融入共建“一带一路”国家友好城市、友好交流城市分别累计达到29个、82个。陆海天网“四位一体”互联互通布局加快形成，基础设施互联互通布局不断完善，中欧班列（成渝）累计开行2万列以上，是全国开行量最多、开行最均衡、运输货值最高、货源结构最优的中欧班列；西部陆海新通道已覆盖全球119个国家（地区）、393个港口，重庆西部陆海新通道铁海联运班列累计开行8614列、运输箱量超过43万标准箱。强化规则标准对接，对标《区域全面经济伙伴关系协定》（*Regional Comprehensive Economic Partnership*，RCEP）制定重庆行动计划，贸易投资合作渠道不断拓展，2013—2022年，重庆对共建“一带一路”沿线国家和地区进出口额从1228.6亿元扩大到2214亿元，年均增长6.8%，占重庆外贸比重达到27.1%。加强与各类跨国金融机构和中介机构合作，全国首单非银金融机构借款及结汇、中新机构间首笔再保险、中越铁路首笔“一单制”数字提单融资等相继落地，2022年全市跨境融资共计14亿美元、累计超过190亿美元。民心相通基础作用不断增强，推动实施中泰（重庆）职教联盟、中老职教发展共同体成立等一批“心联通”项目，切实提升共建国家民众获得感。

乘时代大势，走人间正道。当前，世界百年未有之大变局加速演进，大国博弈更趋激烈复杂，世界之变、时代之变、历史之变的特征更加明显。共建“一带一路”倡议的提出，推动形成了海洋贸易与陆路贸易、海权经济与陆权经济交相辉映的现代化新版图。重庆全面融入共建“一带一路”高质量发展面临前所未有的复杂局面，也面临更加重要的历史机遇。一方面，美国与其盟友全方位加大对我国遏制施压的力度，对经济、科技、文化、教育、体育等领域的交流极力设限，地缘政治更加复杂，阻挠“一带一路”发展。另一方面，我国制度优势、经济科技发展潜力优势和文化优势更加凸显，共建“一带一路”必将在更大范围、更高水平、更深层次上推进国际合作，顺应时代潮流和道义民心，中国将始终是世界和平的建设者、全球发展的贡献者、国际秩序的维护者、公共产品的提供者。

大道无垠，砥砺前行。党的二十大报告提出，“共建‘一带一路’成为深受欢迎的国际公共产品和国际合作平台”“推动共建‘一带一路’高质量发展”。重庆市委六届二次全会紧扣全面学习宣传贯彻党的二十大精神，系统谋划了新时代新征程新重庆的宏伟蓝图，明确了未来发展的定位、目标和要求，提出要全面融入共建“一带一路”和长江经济带发展，着力建设内陆开放高地，更好在西部地区带头开放、带动开放。在新时代新征程上，重庆深入贯彻党的二十大精神，加快推进成渝地区双城经济圈建设、西部陆海新通道建设等国家战略实施，努力在推进共建“一带一路”中发挥带动作用，加快建设更高水平的内陆开放高地，扎实推动开放通道互联互通、开放平台协作协同、经贸合作做大做强、营商环境提质升级、国际交往走深走实，为全面建设社会主义现代化新重庆讲好“重庆故事”、传播“重庆声音”、贡献

“重庆智慧”。

历史上的丝绸之路，丝霞万匹，花香满路；新时代的“一带一路”，携手共进，硕果盈途。为贯彻落实党中央和市委、市政府决策部署，继续坚持以推动共建“一带一路”高质量发展为引领，根据重庆市委宣传部、市发展改革委工作安排，编者编制《重庆全面融入共建“一带一路”蓝皮书（2013—2023）》（简称《蓝皮书》）。《蓝皮书》既是全面展现重庆落实国家重大决策部署的坚定决心与积极作为的重要载体，也是营造全社会共同参与“一带一路”建设良好氛围的重要途径，全面记录重庆融入共建“一带一路”的生动实践、经验做法，将为市委、市政府决策部署提供有力参考。全书由重庆市委宣传部、市发展和改革委员会统筹规划和总体把握，市综合经济研究院组织协调、编撰汇稿，市级相关职能部门、有关区县、研究机构、重点企业支持供稿。本书的研究和出版还得到了市内外专家学者的智力支持，也得益于中国经济出版社编审人员的不懈努力，在此我们致以诚挚谢意。感谢参与本书编制的所有部门、区县、研究机构、企业、专家和工作人员的辛勤劳动。

编　者

2023 年 8 月于重庆

目　录

Ⅰ　主题报告

Ⅱ　专题报告

Ⅲ 特色区县

Ⅳ 代表企业

Ⅴ 未来展望

I

主题报告

重庆全面融入共建“一带一路”的进展、形势和展望

2023年，是共建“一带一路”倡议提出10周年。共建“一带一路”是习近平总书记亲自谋划、亲自部署、亲自推动的重大倡议，是我国在新的历史条件下实行高水平对外开放的重大举措。重庆是我国中西部地区唯一的直辖市，是新时代西部大开发的重要战略支点，处在“一带一路”和长江经济带的联结点上，西部陆海新通道、中欧班列、长江黄金水道、渝满俄国际铁路班列在这里交会，在推动“一带一路”陆海联动发展中具有独特而重要的作用。党的十八大以来，以习近平同志为核心的党中央高度重视重庆发展，先后对重庆作出系列重要指示批示，要求营造良好政治生态，坚持“两点”定位，实现“两地”“两高”目标，进一步发挥“三个作用”，推动成渝地区双城经济圈建设，加快建设西部陆海新通道，为重庆全面融入共建“一带一路”提供前进方向、根本遵循、动力之源。重庆市深入贯彻落实习近平总书记关于共建“一带一路”重要讲话精神，坚持从全局谋划一域、以一域服务全局，着力推动政策沟通、设施联通、贸易畅通、资金融通、民心相通，为建设国家重要先进制造业中心、西部金融中心、国际消费中心城市、国际性综合交通枢纽和国际门户枢纽提供坚强支撑，有力助推重庆在西部地区带头开放、带动开放，在推进共建“一带一路”中的带动作用日益显现。

一、重庆全面融入共建“一带一路”成效突出

十年来，重庆积极融入共建“一带一路”大格局，经济实力和人民生活水平迈上新台阶，地区生产总值从2012年的1.16万亿元增至2022年的2.91万亿元，人均地区生产总值翻了一番多，2022年达到9.07万元。其间，“政策沟通、设施联通、贸易畅通、资金融通、民心相通”五通建设亮点频现、成果丰硕，内陆腹地加快变身开放高地。

（一）政策沟通引领作用不断提升

加强同共建“一带一路”国家多层次战略对接和交流交往，“一带一路”朋友圈不断扩大，合作共识进一步深化。

1. 与共建国家多层次战略对接成效明显

积极参与中外双多边合作机制，成功推动将陆海新通道建设列入第二届“一带一路”国际合作高峰论坛、澜湄合作第三次领导人会议和第五、六、七次外长会议等高层次双多边国际会议议题，有力提升了陆海新通道战略地位。成功举办首届中国—中东欧国家地方领导人会议，成功纳入中俄两河流域合作机制，推进中新（重庆）战略性互联互通示范项目合作取得一系列突破性成果，成功开启上合组织国家数字经济产业合作新篇章。参与共建“一带一路”部分成果成功纳入元首外交活动，深化重庆与白俄罗斯、越南经贸合作分别写入中白、中越元首联合声明。

2. 同共建国家交流交往不断加强

十年来，与“一带一路”沿线国家开展各领域交往活动400余场，市领导先后率团出访新加坡、菲律宾、俄罗斯、越南等国家，就共建“一带一路”重点合作领域和项目深入对接。时任柬埔寨国王西哈莫尼、新加坡总理李显龙等近40位副国级以上外宾来渝访问，来自75个国家350名驻华使节到访重庆。成功举办5届中国国际智能产业博览会、5届中国西部国际投资贸易洽谈会、3届陆海新通道国际合作论坛、5届中新金融峰会、2届“一带一路”陆海联动发展论坛等重要涉外活动。

3. 同共建国家合作网络持续加密

2013年以来，全市新增荷兰、意大利、乌拉圭、白俄罗斯、缅甸5国驻渝总领事馆，外国驻渝领事机构增至13家，居全国第四位，其中共建“一带一路”国家驻渝领事机构达到8家。十年间新增国际友好城市24个、国际友好交流城市75个，较2013年分别增长83%、183%，累计分别达到53个、116个，其中共建“一带一路”国家友好城市、友好交流城市分别增至29个、82个。

（二）设施互联互通布局不断完善

坚持把“硬联通”作为重要共建方向，积极统筹东南西北四向联通、铁公水空四式联运、人流物流资金流信息流融合，陆、海、天、网“四位一体”

互联互通格局加快形成。

1. 交通内联外畅水平大幅提升

截至2022年底，全市铁路营运里程达到2781千米，较2013年增长65.0%。“米”字形高铁网加速成型，营业里程突破1000千米。“三环十四射多联线”高速公路网全面形成，通车里程突破4000千米，较2013年增长73.1%。长江上游航运中心雏形初显，三级以上航道里程达到1111千米，较2013年增长22.8%，港口货物和集装箱吞吐能力分别突破2亿吨、400万标准箱。积极构建“双枢纽”国际机场格局，江北国际机场成为中西部首个拥有3条跑道、3座航站楼同时运行的机场，重庆正兴国际机场场址获批。

2. 对外开放通道提速增效

截至2022年底，西部陆海新通道网络已覆盖119个国家和地区的393个港口，铁海联运班列累计开行7481列、运输37.4万标准箱、运输货值约498亿元；2022年国际铁路联运班列开行555列、运输达到1.2万标准箱，跨境公路班车发车3373车次、运输7588标准箱。2022年，中欧班列（成渝）开行超5000列，占全国开行总量近30%，重庆成为全国首个重箱折列超1万列的城市，成功测试中欧班列南通道班列，通道网络覆盖欧亚超百个城市。智慧长江物流工程扎实推进，提高船舶重箱装载率8%、周转率10%，三峡船闸货物通过量净增1000万吨。渝满俄国际铁路班列开行规模稳步增长，2022年开行2000列，运输货值不断提高。国际（地区）航线已累计开通110条。中新国际数据专用通道已为300多家企业提供服务。

（三）贸易投资合作渠道不断拓展

得益于参与“一带一路”合作的国家和地区不断增多、全市跨境贸易便利化水平不断提升，推动全市与“一带一路”沿线国家和地区外贸外资合作实现“稳量提质”。

1. 外贸保持较快增长

依托“1个（自贸试验区）+4个（开放口岸）+6个（综合保税区）+3个（保税物流中心）”的开放平台体系，加快全球备件加工分拨、全球维修、再制造等新业态发展，带动全市与“一带一路”沿线国家和地区外贸稳定增长。2013—2022年，重庆与“一带一路”沿线国家和地区货物贸易额从1228.6亿元扩大到2214亿元，年均增长6.8%，占重庆外贸比重为27.1%。

2. 外贸新模式新业态发展成效明显

创新“保税+”、“暂时进出境”、“保税+文旅会展跨境电商”、研发维修、展示交易、会展文旅等一系列外贸新业态，通过保税展示展销吸引保时捷、奥迪等品牌设立汽车保税分拨中心。在西南地区率先试点“保税展示+跨境电商”“前店后仓+快速配送”零售新销售模式，促进重庆水果、鲟鱼、罐头等打开国际市场。

3. 双向投资稳步推进

2013 年以来，全市累计实际使用外资 289. 7 亿美元，在渝世界 500 强企业累计达到 316 家，信息年报外资企业累计达到 2581 家。有序引导企业国际布局，对外投资合作企业数量累计达到 278 家。2022 年，“一带一路”国家新设外商投资企业 124 家，实际使用外资 16. 32 亿美元。

（四）资金融通纽带功能不断发挥

着力完善金融服务与金融创新体系，深化拓展跨境金融合作，与“一带一路”共建国家资金融通水平全面提升。

1. 与共建国家资金融通规模不断扩大

2022 年，重庆与“一带一路”沿线国家涉外收支总额为 247. 8 亿美元，较 2013 年增长 22%，辖内银行业支持“一带一路”融资余额达到 2968. 3 亿元。2013 年以来，出口信保服务累计支持全市企业出口超过 464 亿美元，其中支持向“一带一路”国家出口 131 亿美元，向 RCEP 国家出口 58 亿美元，持续为长安汽车、外建集团、中冶赛迪、赛力斯等企业提供海外成套设备出口、海外工程承包及海外投资项目风险保障近 25 亿美元。

2. 国际金融合作互信不断增强

主动吸引外资金融机构来渝布局，全市现有外资银行 15 家、代表处 1 家，外资保险法人机构或分公司 12 家，银行、保险机构数量均居中西部前列。多层次金融合作机制不断完善，依托“中国—中东欧银联体”平台，国家开发银行重庆市分行与保加利亚、罗马尼亚、克罗地亚等国家银联体成员签署金融合作协议，支持“一带一路”项目建设，在中新合作框架下，成立由渝新双方金融管理部门共同参与的中新金融服务专委会，定期研讨金融合作规划及事项，常态化举办中新金融峰会，国际金融交流合作平台影响力持续扩大。

3. 跨境金融创新取得新突破

积极开展首创性、差异性金融外汇改革创新，在全国率先开展铁路提

（运）单融资业务探索，中西部地区首笔跨境不动产投资信托、全国首单非银金融机构借款及结汇业务、中西部地区首笔跨境债权转让业务、中新机构间首笔“再保理”业务等相继落地。此外，在全国首批试点上线跨境金融服务平台，高新技术和“专精特新”企业跨境融资便利化试点、合格境内有限合伙人（Qualified Domestic Limited Partner，QDLP）试点、优质企业贸易外汇收支便利化试点等不断深入，企业跨境投融资通道持续拓宽，贸易结算更加便利。

4. 跨境金融服务水平持续提升

金融科技赋能增强，获批开展国家区块链创新应用试点——“区块链+跨境金融”试点，跨境金融服务平台场景应用不断拓展，截至2023年一季度末，累计便利1600余家企业跨境融资和结算393.6亿美元，其中融资248.4亿美元，居中西部第一位、全国第四位，创设了全国唯一的西部陆海新通道物流融资结算应用场景。汇率避险服务不断优化升级，推动落地美式期权、亚式期权等创新业务。跨境人民币业务增量扩面，2022年，全市跨境人民币实际收付金额首次突破3000亿元，结算量居中西部第一位，与“一带一路”沿线国家发生跨境人民币实际收付量331.9亿元，较2013年增长58.3%。

（五）民心相通基础作用不断增强

十年来，重庆积极搭建国际合作交流平台，深入实施“心联通”项目，拉紧“一带一路”共建国家民心交融感情纽带。

1. 特色国际合作平台加快打造

先后设立中希文明互鉴中心、欧洲重庆中心、陆海新通道国际交流合作中心、上合组织多功能经贸平台、中国南亚国家减贫与发展合作中心、中国（重庆）—上海合作组织智慧旅游中心、中国—匈牙利技术转移中心、澜湄国家乡村振兴研究中心、西部陆海新通道智库联盟、陆海新通道职业教育国际合作联盟、中非（重庆）职业教育联盟、“一带一路”中波大学联盟、中新（重庆）文化和旅游产业联盟等20余家国际合作平台，为重庆深化与沿线国家在经贸、科技、教育、文化、旅游、减贫等领域合作注入新动能。

2. 民间对话合作积极推进

2013年以来，成功举办了中国—上海合作组织数字经济产业论坛、中国—拉美企业家高峰会、亚信非政府论坛第三次会议、中国国际友好城市大会等国际会议，筹备举办2023年川渝地区—湄公河国家地方合作论坛，有效推动了重庆与沿线国家资源对接和业务合作，为重庆建设内陆开放高地、中西部国际交往中心、西部金融中心等搭建起高能级、国际化交流平台。

3. 教科文卫等领域合作不断加强

2013 年以来，累计派出援外医疗队 17 批 164 人次，诊治当地患者超 16.5 万人次，组织医疗队赴尼泊尔开展抗震救灾医疗防疫工作，通过外派医疗专家组、捐赠防疫物资等形式积极参与新冠疫情抗疫国际合作。成功举办澜湄旅游城市合作联盟大会、世界旅游城市联合会重庆香山旅游峰会、中国—中东欧国家文化季、中国重庆·韩国友好周等系列活动，与斯里兰卡中国社会文化合作协会等签署友好合作备忘录。累计建设国家级国际科技合作基地 19 个，合作国别达到 32 个，设立海外侨团侨社联谊机构 27 家，举办中外合作办学机构和项目 63 个，建立海外孔子学院 19 所、孔子课堂 35 个。

二、重庆全面融入共建“一带一路”特色凸显

十年来，地处西南内陆腹地的重庆，主动融入共建“一带一路”大格局，创新谋划构建四通八达的国际物流大通道，高质量推进建设国家重要先进制造业中心等一批重大功能性中心，高能级打造中新互联互通项目、中国（重庆）自由贸易试验区等战略开放平台，高标准建设“五型”国家物流枢纽，高水平推动企业深化与“一带一路”沿线国家和地区经贸合作，畅通道、建园区、通口岸、筑平台、优环境等多领域全方位提升，在共建“一带一路”中形成了一批具有重庆辨识度的标志性成果，一举从开放“末梢”变身开放前沿，构建起通道带物流、物流带经贸、经贸带产业的内陆开放型经济高质量发展新格局。

（一）国际开放大通道成为重庆全面融入共建“一带一路”的重要桥梁

重庆通过创新跨国海关体制机制，促进国内跨区域协同联动、打造多式联运物流体系、丰富外贸产品通道走向等举措，谋划推动西部地区融入共建“一带一路”多条国际开放大通道。当前，西部陆海新通道，“渝新欧”中欧班列、“渝满俄”国际铁路联运班列、长江黄金水道和“渝甬”沿江铁海联运国际班列构成的国际贸易大通道，成渝联合共建世界级机场群（空中）等公铁水空相结合的国际开放通道运营日益完善，桥梁连接作用日益凸显，为内陆地区更高水平对外开放，更好服务“一带一路”建设拓宽新空间、增添新动力。

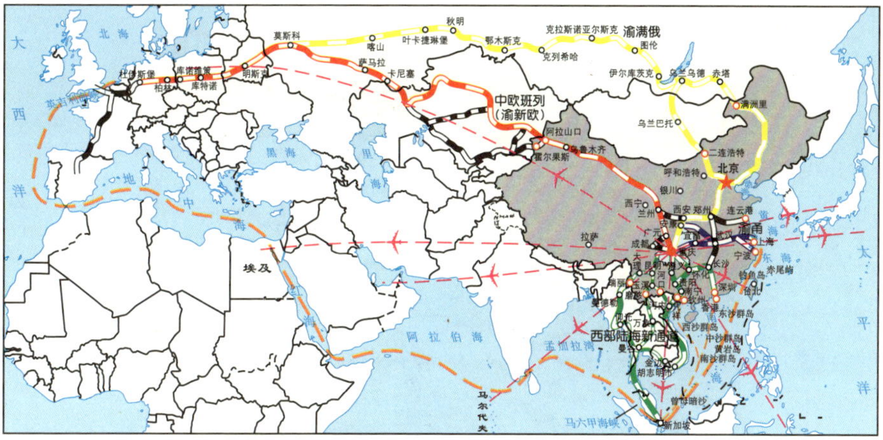

图 1　重庆市国际开放大通道示意图

资料来源：重庆国际物流枢纽园区官网，http：//www. wmlip. com/about/passageway. html

1. 推进建设西部陆海新通道上升为国家战略

自 2016 年重庆首次提出推进重庆—新加坡双枢纽+通道合作以来，在国家相关部委支持下，重庆牵头会同西部 12 个省（区、市）、海南省和广东湛江市、湖南怀化市，加快建设西部陆海新通道，建立“13+2”合作共建格局。通过提升通道共建格局、完善通道线路网络布局、定期发布通道发展指数等特色做法，推进西部陆海新通道成为中国西部地区与东盟等国家合作建设的综合性国际大通道和“一带一路”的合作典范。2017—2022 年，重庆铁海联运班列年开行量从 48 列增至 2553 列，开行量增长 52 倍；货物品类从 53 种增长到 948 种，物流网络由 33 个国家（地区）的 59 个港口扩展至 119 个国家（地区）的 393 个港口。

图 2　2023 年 5 月 18 日，2022 年度西部陆海新通道发展指数发布

图 3　2017 年 9 月 25 日，渝黔贵新常态化铁海联运始发班列

2. 推进中欧班列（成渝）创新突破发展

2011 年，我国首条中欧班列线路“渝新欧”在重庆诞生，并于 2021 年积极主动携手成都合作运营打造中欧班列（成渝）。十余年来，重庆探索陆上贸易规则创新，推动国际货运班列通关一体化、量价联动、铁空联运、班列去回程市场化运营、国际邮包运输模式等一系列体制机制改革创新的成果得以全国复制推广，助力中欧共建“一带一路”。重庆先后成为首个突破国际铁路运邮禁令的城市、首个获批开展铁路运邮试点且率先完成双向铁路运邮的城市、首个开展邮包疏运并全国首发“中国邮政号”专列的城市、首个开行跨境电商进口及 B2B 出口专列的城市，也是全国唯一常态化开展中欧班列进出境快件运输的城市。目前“渝新欧”稳定运行线路近 50 条，境外辐射近 40 个国家，境内通达 59 个铁路站点和 29 个港口，逐步形成“3+8+N”集结分拨体系和“东南西北”多点扩散的国际铁路联运大通道网络，为推动重庆打造联通国内国际双循环的国际化物流战略枢纽注入强劲动力。

3. 推进渝满俄国际铁路班列建设

2014 年，渝满俄班列由重庆始发至内蒙古满洲里口岸出关，开创了中国内陆以集装箱专列模式发往俄罗斯的先例，填补了重庆出发的中欧班列北方版图的空白。重庆率先在内陆铁路口岸完成了铁路新舱单系统切换，将海关数据信息与国际贸易“单一窗口”联通，力求线下业务全流程线上办理。沿线国家共商共建共享，通过建设海外集结点、分拨中心，培育发展俄罗斯、白俄罗斯往返邮包运输，渝满俄国际铁路班列进入“统一运单”时代。

2018—2022年，渝满俄开行班列从360列增加到2000列，呈现快速增长态势，加强了中国内陆腹地与俄罗斯及东欧国家的经贸合作，同时促进了成渝地区与京津冀的联系。

4. 形成长江黄金水道、“渝甬”沿江铁海联运国际班列等沿江综合立体国际开放通道

长江黄金水道是重庆连接东部沿海的主要运输模式。重庆已初步建成果园港、新田港、龙头港和珞璜港四大枢纽港口，推进川渝合作，启航长江航运“川—渝—沪”快线。加快推进智慧物流和国际多式联运物流枢纽建设，采用口岸直报和重庆报关口岸验放的大通关模式组织开展“渝甬”沿江铁海联运国际班列。目前重庆长江上游航运中心已初具雏形，已成为上游地区最大的集装箱集并港、大宗散货中转港、滚装汽车运输港、长江三峡旅游集散地，长江黄金水道切实发挥“黄金效益”。

5. 推进成渝世界机场群建设成为空中陆海新通道

成渝机场群已成为我国内陆国际航线最多、国际业务量最大、国际化发展水平最高的地区，国际航空货运取得历史性突破。江北机场以及国航、川航、重航等14家合作主体共同签署《加快建设成渝世界级机场群、打造空中陆海新通道战略合作协议》，结合“空铁公水”多式联运条件的空港型国家物流枢纽建设，协同拓展国际、地区航线，逐步形成网络型与区域型、干线与支线、客运与货运相互协调、差异化发展的航空运输市场，推进人流、物流、信息流、资金流更加自由流动和有效集聚，加快推进西部打造对外开放空中大通道。

（二）重大功能性中心助力提高重庆全面融入共建“一带一路”供给能力

为增强重庆产业发展的国际分工协作地位，促进产业链创新链供应链整体提升，集聚国际消费资源，通过打造国家重要先进制造业中心、西部金融中心、国际消费中心城市、具有全国影响力的科技创新中心、中西部国际交往中心等重大功能性中心，提升重庆全面融入共建“一带一路”的资金、产品、消费等供给能力，不断提升重庆对“一带一路”沿线国家的吸引力、影响力、关注度和美誉度。

1. 打造国家重要先进制造业中心，助力“重庆造”引进来、走出去

重庆围绕打造国家重要先进制造业中心建设，大力发展“一带一路”沿

线国家制造产品进出口贸易。汽车、摩托车、手机、通机等传统优势产业拓展以东盟为重点的“一带一路”市场和非洲、南美等新兴市场，与新加坡在智能制造、电子、软件、生物医药等领域合作紧密，增强“重庆造”出口品牌影响力。通过历届智博会、西洽会、进博会、金砖国家新工业革命伙伴关系论坛等大型平台，推动奥特斯、菲律宾银钢摩托车、康宁新加坡大猩猩熔炉等一批外资项目签约，并吸引来自全球的众多国内外知名企业、高校院所和各界来宾到渝，极大增强了企业更好、更快融入国内国际相互促进的新发展格局的信心和底气。

2. 打造西部金融中心，提升服务实体经济能力

近年来，重庆在金融改革创新、对外开放和金融生态上持续发力，金融资金供给持续增加，对实体经济支持力度持续加强。中央在渝直属金融机构与市属国有金融机构发挥对“一带一路”共建国家金融合作的引领、助推和支持作用，加大对实体企业跨境投融资支持，推进跨境融资持续创新，支持跨境双向投资，为服务中新（重庆）战略性互联互通项目、自贸区建设等“一带一路”通道建设做出新探索。推出中西部地区首笔跨境不动产投资信托和首笔跨境债权转让业务，“区块链+跨境金融”试点、中新机构间首笔“再保理”业务、中欧班列（重庆）增加战争保险等多项金融服务。积极拓展西部陆海新通道沿线国家融资结算应用场景，深化提升跨境人民币业务服务实体经济能力，2022 年重庆跨境人民币实际收付金额达到 3260. 2 亿元，同比增长 67. 9%，结算量居中西部首位。

3. 打造国际消费中心城市，拓展消费市场规模和消费空间版图

持续推进重庆海关创新监管，推动通关便利化，内外贸一体化试点、市场采购贸易方式试点、服务贸易创新发展试点、进口贸易促进创新示范区、跨境电子商务综合试验区等试点示范，突出国际消费中心城市建设的项目化、清单化、事项化推进，高效促进更多国外优质农产品、海外艺术品、进口汽车等优质进口商品聚集重庆，推动国际消费中心城市更具“国际范儿”。突出“山城”“江城”“桥都”城市名片，打造多元融合消费场景，推进“两江四岸”、中央商务区等核心承载区升级，成功打造及升级全国首个室内森林沉浸式体验的光环购物公园等“网红”新地标以及磁器口等巴渝文化特色消费场景，大力发展首店经济，汇聚“国际名品”、打造“渝货精品”、培育“网络优品”，大大增强重庆集聚全球优质消费供给能力。2022 年，全市外贸出口额 5245. 3 亿

元，同比增长 1.5%；实现跨境电商交易额 407.1 亿元，同比增长 27.9%。

4. 打造具有全国影响力的科技创新中心，提升国际创新合作能级水平

积极谋划推动开放创新，加快完善国际科技合作机制，吸引全球创新资源集聚。加快推进建设“一带一路”科技创新合作区和国际技术转移中心，建设首个国家级“一带一路”联合实验室，加快建设西部（重庆）科学城等重大研究研发平台和载体。与国外研发机构相继开展了中国—韩国工业物联网“一带一路”联合实验室建设、泰国典型食品加工废水一体化云管理装备和云管理平台的合作研发与示范、中国援坦桑尼亚农业技术示范中心等国际科技合作平台建设，在工业互联网技术、工业废水一体化管理、技术转移、农业技术等方面国际科技合作取得显著成效。引进国际知名高校来渝共建新型高端研发机构，与 60 余个国家开展不同程度的科技交流与合作，助力“一带一路”科技交流合作不断深化。

图 4 中国—韩国工业物联网“一带一路”联合实验室

图 5 西部（重庆）科学城金凤实验室

5. 打造中西部国际交往中心，提高重庆经济外向度、城市美誉度和国际事务参与度

重庆通过积极开展对外交往活动，优化完善国际交往设施、动力、载体、平台、环境，加快推进中西部国际交往中心建设。主动服务国家重大外交外事活动，“十三五”时期，接待来渝访问重要外宾超过 300 位。国际交往功能设施更加健全，成功吸引白俄罗斯、乌拉圭两个国家来渝设立总领事馆。推进国际合作交流平台，医疗、文化旅游、人才合作等新兴合作领域不断拓展。智博会、中新金融峰会、中欧绿色智慧城市峰会等一批国际性重大会议活动在渝成功召开并永久落户，搭建起具有长效机制的高能级、国际化交流合作渠道，重庆参与国际交流的深度和广度持续提高。充分发挥公共外交和民间外交桥梁作用，有效增进多边务实合作、深化民心相通认同感。

（三）重大战略平台成为重庆全面融入共建“一带一路”的“领头雁”

2013 年以来，重庆着力推动开放平台建设和提档升级，已经形成“战略平台+园区平台+功能平台+活动平台”的开放平台体系，聚集了全市 80%的外贸进出口和 70%的外商直接投资，成为重庆融入共建“一带一路”的重要窗口。其中，中新互联互通项目、重庆自贸试验区、两江新区等战略平台不断提升发展能级，对接国际高标准经贸规则，在共建“一带一路”中的示范引领作用更加突出。

1. 高标准实施中新互联互通项目，塑造了“一带一路”高质量发展的成功案例

中新互联互通项目是中国和新加坡第三个政府间合作项目，以重庆为运营中心，是中新共建“一带一路”的示范性重点项目。创新谋划开通国际陆海贸易新通道、中新跨境融资通道、中新国际数据通道、渝新国际航空运输通道、中新人才培训交流通道等多个开放通道，有力促进了中国西部地区和东南亚地区的高水平互联互通。重点推进金融服务、航空产业、交通物流、信息通信四大重点领域合作，新加坡在渝设立的法人金融机构增长至 20 家，中新航空产业园、中新（重庆）互联互通多式联运示范项目等加快建设，设立了中新信息通信媒体联合创新发展资金。持续拓展教育科研、医疗、城市发展、现代农业、绿色发展等领域合作，新加坡国立大学重庆研究院、重庆莱佛士医院、重庆中新肿瘤医院等项目落地运营，重庆来福士建成投

用并成为地标建筑，石柱黄精、巫山脆李等重庆农特产品通过中新（重庆）农业合作计划进入海外市场，中新跨境绿色融资项目、中新分布式能源项目加快推进。截至 2023 年 6 月，在中新互联互通项目框架下累计签约政府和商业合作项目 256 个、总金额 253 亿美元；金融服务项目 251 个、金额 304 亿美元。

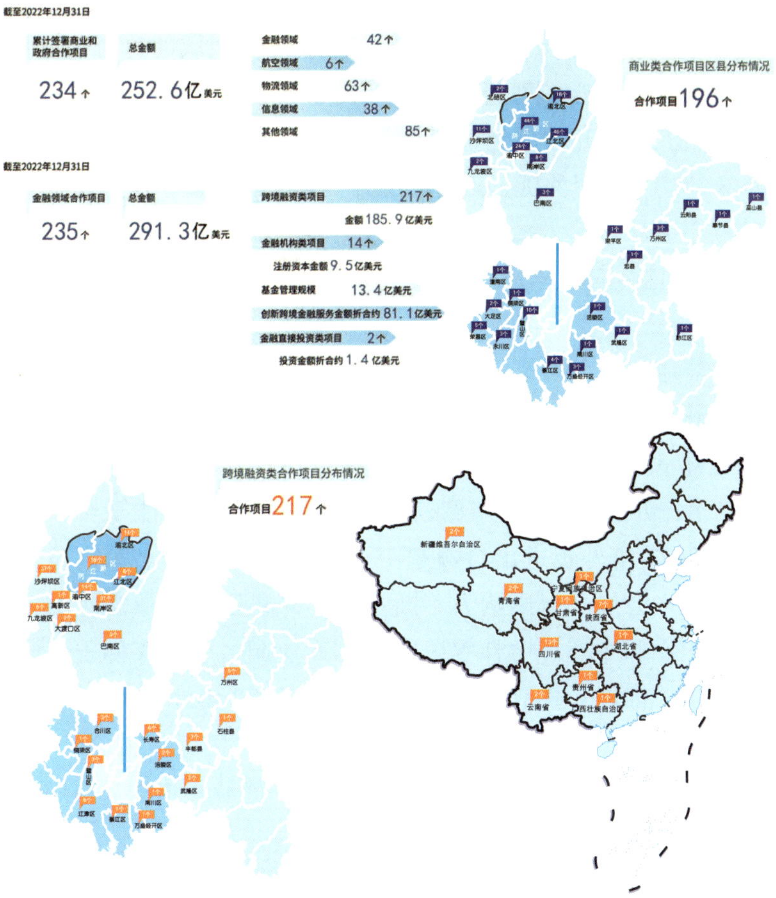

图 6　中新（重庆）战略性互联互通示范项目总体进展情况

资料来源：中新（重庆）战略性互联互通示范项目综合服务网，http：//www.cciserv.com/kcg.htm

2. 创新推进中国（重庆）自由贸易试验区建设，打造了重庆开放创新“试验田”和“排头兵”

重庆自贸试验区 2017 年挂牌以来，依托中欧班列和西部陆海新通道，在全国率先探索以铁路提单和多式联运“一单制”为核心的陆上贸易规则，开立全球首份“铁路提单国际信用证”并实现批量化运用，制定国际货运代理铁路联运作业规范等3项国家标准，实现通道网络和国际货物集散能力进一步增强。促进贸易投资自由便利，首创海关特殊监管区域“四自一简”监管模式，被国务院纳入自贸试验区第四批改革试点经验在全国复制推广。开展本外币合一账户体系、合格境内有限合伙人（QDLP）、贸易外汇收支便利化等20多项创新试点，进口付汇、跨境运费支付业务办理时间分别缩减至2分钟、10分钟。成立全国首家覆盖全域的自贸试验区法院，设立商标审查协作中心，创新推出涉外商事诉讼、仲裁与调解“一站式”纠纷解决机制。推动开放型经济高质量发展，以全市1.46‰的面积贡献了全市近1/2的实际使用外资、近2/3的外贸进出口总额，成为重庆开放型经济发展的核心引擎。

3. 推动两江新区高水平开发开放，打造了重庆在西部地区带头开放、带动开放的重要平台

作为内陆地区首个国家级开发开放新区，两江新区加快建设重庆自贸试验区和中新互联互通项目核心区，截至2023年6月，两江自贸片区累计新增市场主体3.9万家；两江新区累计签约中新合作项目45个、总金额109.8亿美元，分别占全市的18%和43%。持续优化功能平台，两路寸滩综合保税区2022年外贸进出口额超1900亿元、全国排名第六位，江北嘴金融平台、悦来会展平台影响力不断提升。深化国际产业文化交流，打造了欧洲重庆中心和中意、中韩等国际合作产业园，引进莱佛士医院、常青藤国际学校等。推进开放型经济高质量发展。2022年外贸进出口额3062亿元，占全市的38%，跨境电商交易额达到89.3亿元，占全市比重超过80%，实际使用外资规模稳居全市首位，服务贸易额占全市比重超40%，连续4年稳居全市第一。

（四）“五型”国家物流枢纽为重庆全面融入共建“一带一路”提供有效服务和有力支撑

按照《国家物流枢纽布局和建设规划》，重庆依据城市空间布局、存量基础设施等，统筹考虑国家重大战略实施以及对外物流大通道建设基本格局，积极布局国家物流枢纽，自2019年起，连续五年先后成功创建港口型、陆港型、空港型、生产服务型、商贸服务型国家物流枢纽，成为首个拥有“五型”国家物流枢纽城市，内陆国际物流枢纽和口岸高地地位

进一步巩固。

1. 成功创建港口型国家物流枢纽，建设长江上游多式联运综合交通枢纽和物流贸易集散中心

重庆港口型国家物流枢纽位于两江新区，拥有长江上游最大的集装箱港口果园港、国家级铁路枢纽站鱼嘴站、两路果园港综保区以及中新（重庆）多式联运示范基地等功能设施，中欧班列、西部陆海新通道和长江黄金水道在此汇聚。依托“水铁公空”一体的交通优势，构建内陆型开放口岸、国际物流枢纽和大宗商品交易中心“三合一”的现代化枢纽港。目前，两路果园港综保区正式验收，鱼嘴铁路货运站建设有序推进，中新（重庆）多式联运示范基地一期建成运营。2022 年果园港国家物流枢纽货物总吞吐量 2548 万吨，集装箱量 88.95 万标准箱，物流业务收入 31.4 亿元，进出口额 46.3 亿元。

2. 成功创建陆港型国家物流枢纽，建设服务全国、辐射亚欧、无缝连接“一带一路”和长江经济带的亚欧国际多式联运枢纽中心

重庆陆港型国家物流枢纽由重庆国际物流枢纽园和江津珞璜物流园组成，拥有团结村铁路集装箱中心站、小南垭铁路物流中心、珞璜港、重庆铁路口岸、江津综保区等功能设施。目前，建成陆海新通道重庆无水港（一期）、内陆国际物流枢纽展示中心，集装箱共享调拨中心投入试运行，国际物流城“升级版”加快打造。2022 年陆港型国家物流枢纽货物吞吐量约 3300 万吨，集装箱量约 93.1 万标准箱，其中国际集装箱量 34.6 万标准箱，枢纽物流业务总收入 4370 亿元，累计在册企业 5292 家。

3. 成功创建空港型国家物流枢纽，打造辐射全球的国际航空物流枢纽、中新“双枢纽”航空物流运营中心

重庆空港型国家物流枢纽以江北国际机场为核心，是重庆临空经济示范区核心地带以及重庆自贸区、中新航空产业园的承载地，打造辐射全球的国际航空物流枢纽、中新“双枢纽”航空物流运营中心、临空经济创新发展示范区、国家战略安全保障基地，是西部地区首个具备“空铁公水”多式联运条件的空港型国家物流枢纽。重点发展航空运输、区域分拨、保税物流、供应链服务等业态，入驻物流企业 200 余家。提升枢纽物流设施，空港型国家物流枢纽江北机场 T3B 航站楼及第四跑道工程加快建设。2022 年重庆江北机场货邮吞吐量约 41 万吨，其中国际货邮量 21.6 万吨，连续两年突破 20 万吨大关，连续多年保持西部第一；临空经济示范区实现规模以上工业产值

1070.28 亿元，外贸进出口总额约 1871 亿元。

4. 成功创建生产服务型国家物流枢纽，建成服务“一带一路”的西南地区国际制造业供应链运营中心

重庆生产服务型国家物流枢纽由万州区新田港物流园区和长寿区沿江现代物流园区两个片区共同构成，依托长江黄金水道铁公水多式联运条件和现代制造业发展基础，通过优化临港产业布局，创新供应链组织模式，以坝上内循环航运与陆海联运通道为支撑，搭建制造业供应链平台，构建坝上地区的世界级产业集群、沿长江的产业链分工合作的经济廊道。2022 年枢纽货物吞吐量 1768 万吨，多式联运货运量 81.6 万吨；枢纽业务收入 3.12 亿元，其中物流业务收入 1.8 亿元。万州新田港铁路集疏运中心建成投用。

5. 成功创建商贸服务型国家物流枢纽，提升重庆面向西南腹地、西部陆海新通道沿线、RCEP 地区的商贸辐射能级

重庆商贸服务型国家物流枢纽位于巴南区重庆公路物流基地，获批国家示范物流园、国家骨干冷链物流基地、中国（重庆）自由贸易试验区联动创新区，是重庆重点打造的四大货运枢纽之一、西部陆海新通道跨境公路班车首发地，也是首批市级重点物流园区、电子商务示范园区、商贸服务型物流枢纽分拨运营基地，已形成国际贸易、电子商务、专业市场、现代物流为支柱的千亿级商贸物流产业集群。2022 年市场交易额约 1065 亿元，商贸、电商、国际贸易等业态处于高速发展阶段，为重庆商贸服务型枢纽的建设运营形成良好支撑。

（五）重点企业成为重庆全面融入共建“一带一路”的先锋队

重点国有企业及民营企业积极参与共建“一带一路”，在承接境外基础设施建设，物流通道建设、国际贸易、对外投资及利用外资等方面取得显著成效，成为重庆全面融入共建“一带一路”的生力军和先锋队。

1. 积极参与“一带一路”沿线国家基础设施建设

重庆重点建筑企业采取合作或独立方式，积极走出去参与沿线基础设施建设，取得突出成效。重庆建工集团采取“搭船出海”“借船出海”模式，与中国能建、中设集团、中工国际、保利海外等央企合作，稳妥跟进海外市场，先后开拓了非洲、中东、东南亚、东欧等“一带一路”沿线国家工程承包业务。重庆外建集团参与共建“一带一路”涉及亚洲和非洲 14 个国家道路、桥梁、房建、石油道路和海堤修复等项目。

2. 保障“一带一路”物流大通道稳定运行和资金需求

重庆积极促成“一带一路”沿线“四国五方”合作，重庆物流集团、民生集团、国际物流集团等企业积极参与共建西部陆海新通道、中欧班列等国际物流大通道，合资成立渝新欧供应链管理公司、渝新欧物流公司对中欧班列进行专业运营，保障货物进出口通道正常运行。积极参与国际铁路联运规则和铁路相关国际标准制修订，着力发掘“一带一路”沿线国家人文交流，积极探索开行“人文班列”“医疗班列”“旅游班列”等。国开行重庆分行为京东方、润西微电子、重庆外建公司、重庆明德国际、兴渝投资等企业提供外汇融资保障，支持轻纺集团等一批“一带一路”沿线国家投资或工程承包项目。中国进出口银行重庆分行长期致力于推动重庆市进出口贸易和国际经济合作紧密结合，大力支持“一带一路”建设。截至 2023 年 7 月，重庆分行累计支持“一带一路”贷款超过 612 亿元，贷款余额超过 125 亿元，支持项目近 300 个，融资支持项目和余额逐年稳步提升。

3. 大力发展“一带一路”沿线国家经贸往来

众多国有及民营企业积极融入共建“一带一路”，助推重庆打造世界级电子产业集群和有影响力的汽车产业集群。重点民营企业博赛集团始终坚持以铝和铁合金系列产品生产销售为两大主业深耕发展，在“一带一路”沿线地区拥有 3 亿吨铝土矿和 3000 万吨锰矿等资源储量。通过江海联运模式，运回重庆万州和涪陵两地生产高品质氧化铝和硅锰合金等系列产品，为成渝双城经济圈和西部地区新材料行业的发展作出了开创性贡献。推动中医药“走出去”，太极集团获批成为 14 家国家中医药服务出口基地之一。

图 7 赛力斯整车在重庆铁路口岸装箱出口

4. 扩大境外投资，带头“走出去”

汽车产业是重庆工业支柱，在龙头企业带动下积极“走出去”。长安汽车已经成为中国汽车海外出口头部品牌，通过投资、贸易等方式，在俄罗斯、沙特、智利、巴基斯坦等60多个“一带一路”沿线国家建设了400多家长安品牌汽车销售与服务网点，拥有近90万忠实的用户，在俄罗斯、巴基斯坦、东盟等地建立海外基地，提供高性价比出行产品共建“一带一路”。赛力斯集团将印度尼西亚作为海外投资首选，于2014年开始在印度尼西亚建设现代化生产基地，打造高自动化工厂，生产运动型多用途汽车（SUV）、多功能汽车（MPV）和轻型商用车等车型，最大年产能5万辆。

三、重庆全面融入共建“一带一路”面临新形势

当前，世界百年未有之大变局加速演进，大国博弈更趋激烈复杂，世界之变、时代之变、历史之变的特征更加明显。同时，共建“一带一路”进入新阶段，在陆权复兴，陆海并重和国内国际双循环相互促进的历史新格局下，重庆全面融入推动共建“一带一路”高质量发展既面临现代化新征程开启、国家战略实施以及软硬环境改善等重大历史机遇，也在国际形势、通道建设、贸易投资、制度创新、人文交往等方面面临前所未有的风险挑战。

（一）优势和机遇

1. 全球陆权复兴，陆海并重为重庆新阶段高质量共建“一带一路”带来重大机遇

当前，世界陆权崛起陆海并重、全球化向区域化演变。我国共建“一带一路”卓有成效，拓展了对外开放领域，推动了制度型开放，构建了更加广泛的朋友圈，探索了促进共同发展的新路子，实现了与共建国家互利共赢的新局面，我国对东盟、俄罗斯、中亚、非洲等欧亚板块国家和地区贸易形势向好。重庆全面融入共建“一带一路”的具体探索实践积累了较为丰富的国际化经验，在陆权复兴陆海并重背景下，在全面融入共建“一带一路”进程中，重庆地处“一带一路”和长江经济带联结点的战略区位优势将更加突出，东南西北和空中构建起来的立体综合大通道作用将得到进一步发挥，依托中欧班列向俄罗斯、中亚、东欧辐射，抓住RCEP深入实施契机，依托西部陆海新通道向东盟辐射等面临诸多历史机遇。

2. 我国现代化新征程开启为重庆新阶段高质量共建“一带一路”提供强大动力

我国政治制度优势、物质基础优势更加凸显，中国持续推进共建“一带一路”高质量发展，使之成为深受欢迎的国际公共产品和国际合作平台，顺应时代潮流和道义民心。中共二十大立足新时代新征程的历史方位，描绘了全面建设社会主义现代化国家、全面推进中华民族伟大复兴的宏伟蓝图，提出要推进高水平对外开放，稳步扩大规则、规制、管理、标准等制度型开放；共建“一带一路”高质量发展，优化区域开放布局，巩固东部沿海地区开放先导地位，提高中西部和东北地区开放水平；加快建设西部陆海新通道。我国通过连续举办“一带一路”国际合作高峰论坛，“一带一路”的朋友圈不断扩大，累计已有 150 多个国家、30 多个国际组织共同签署了合作文件。作为地处西部内陆的重庆，高水平构建对外开放“四梁八柱”，进一步发挥“三个作用”，在西部地区带头开放、带动开放，是中央赋予重庆的历史使命。作为西部陆海新通道运营组织中心，将在中国式现代化建设征程中，在我国改革开放总体格局中，在国家战略导向和项目、政策等支持下，通过自身不断创新，在全面融入共建“一带一路”高质量发展中获得强大动力。

3. 多重国家重大战略实施为重庆新阶段高质量共建“一带一路”提供重要支撑

近年来，中央在重庆乃至川渝相继实施中新（重庆）战略性互联互通示范项目、成渝地区双城经济圈建设、西部陆海新通道建设等一系列国家战略。当前，中新互联互通项目合作领域不断延展，已成为“一带一路”国际合作的一张“金名片”，正以建设“一带一路”国际公共产品和国际合作平台为使命，开启中新互联互通项目发展新阶段。成渝地区双城经济圈和西部陆海新通道建设，是以习近平同志为核心的党中央作出的重大战略部署，成为我国推动中国式现代化、国家战略大后方建设等宏大场景的重要部分。西部陆海新通道作为国家开放大通道，为重庆向南出海、加快建设内陆开放高地打开了新大门，为西部地区加快融入全球经济打开了新空间。成渝联手打造内陆改革开放高地，成渝地区双城经济圈一体打造大通道、大枢纽、大口岸、大物流、大平台，更好辐射西部、服务全国、链接东盟、融入全球，将成为支撑我国陆海内外联动、东西双向互济对外开放新格局的战略性枢纽，为新时代新征程新重庆建设提供强大引擎，在推进共建“一带一路”高质量发展中发挥更强带动作用。

4. 软硬环境持续改善为重庆新阶段高质量共建“一带一路”打下坚实基础

重庆从对外交通通道基础设施、营商环境等方面，着力打造最优发展环境，持续扩大在共建“一带一路”中的影响力。硬件设施和通道建设方面，国际物流大通道体系基本构建，内畅外联水平不断提升。目前，国家综合立体交通网主骨架“6 轴 7 廊 8 通道”中有“3 轴 2 廊 1 通道”在重庆汇集，中欧班列西向通道能力持续提升，有效支撑重庆全面融入丝绸之路经济带发展；西部陆海新通道基本形成铁海联运班列、跨境公路班车、国际铁路联运班列三种运输模式协同发展格局；长江黄金水道通航能力提升；江北国际机场成为中西部首个拥有三座航站楼、实现三条跑道同时运行的机场，全市形成了“铁公水空”完善的多式联运体系，物流网络通达全球 119 个国家和 393 个港口。软环境方面，作为全国首批营商环境创新试点的六大城市之一，2022 年重庆市场准入便利度跻身全国一流行列，市委、市政府提出把重庆打造成为西部地区营商环境排头兵，着力营造市场化、法治化、国际化的一流营商环境，将提升重庆在“一带一路”乃至全球范围内集聚和配置各类资源要素的能力。

（二）风险和挑战

1. 国际形势更加复杂严峻

当前经济全球化遭遇逆流，保护主义、单边主义上升，国际产业链、供应链向区域化、本土化深刻调整。世界经济持续低迷，美联储连续加息进一步加剧全球流动性紧缩，导致国际市场需求疲软，国际贸易和投资大幅萎缩。美国及其同盟对华“精准脱钩”与“去中国化”，在产业、科技、文化、教育等重点领域极力设限，对我国国际贸易与投资、高科技、供应链等领域发展造成较大影响，部分劳动密集型产业制造环节和加工贸易产业向南亚、东南亚转移，部分技术密集型产业制造环节也呈现向美国、日本、欧洲等发达经济体回流的趋势。同时，俄乌冲突加剧“丝绸之路经济带”安全风险，供应链安全受到严重威胁，短期内难以恢复稳定局势。

2. 沿线国家政策环境变化

“一带一路”涉及多国政府间的合作和协调，稳定性值得关注。随着时间推移，参与国家可能会逐步明确政策框架，税收政策、贸易政策等也可能发生变化，可能影响“走出去”企业的投资和运营决策。同时，环保和可持续发展已经成为全球关注的焦点，“一带一路”沿线国家的环保法规逐步完善，环保标准日益严格，对重庆企业及产品“走出去”提出更高要求。此外，“一带一路”沿线部分区域政治风险高、法治环境差、资金及汇率风险大，宗教和民族问题关系复杂，加大了重庆与“一带一路”沿线国家和地区经济合作的不稳定性和不确定性风险。

3. 通道拓展提质制约较多

重庆与“一带一路”沿线国家和地区通道互联互通格局已基本形成，但通道基础设施等需要进一步完善。中欧班列中通道、南通道以及南线的拓展面临地缘政治、基础设施等诸多挑战，沿线国家铁路老化、港口场站能力有限，跨里海黑海的南通道新线路综合运输竞争力较弱，短期内运力难以提升，西向中欧班列整体拓展欧盟市场的难度仍较大。西部陆海新通道干线存在堵点断点，其中东线通路货运能力未有效释放，中线通路运力饱和，西线通路建设相对滞后。在 RCEP 生效后，重庆与东盟地区贸易往来不断加强，但三条通道运力释放不均衡，南向通道货运提速增量面临巨大瓶颈。长江黄金水道受航道水运运力、三峡大坝过闸货运总量的多种因素制约，东向航道运能提升空间较为有限。渝满俄国际铁路班列面向蒙古国与俄罗斯远东地区，市场规模相对较小，北向通道难以大规模拓展。兰渝铁路运价相对较高，制约重庆对西北地区的通道物流辐射作用发挥。

4. 国内省市间竞争日趋激烈

目前国内开行中欧班列的城市已超过 100 个，导致城市之间货源竞争加大，加之国内线路多，出境后的线路大多重复，不仅造成铁路资源的严重浪费，也使对外谈判铁路运价难度无形增加，导致国际物流成本上升。同时，随着共建“一带一路”、长江经济带发展、新时代西部大开发、成渝地区双城经济圈等国家战略相继实施，四川、陕西等周边省份积极争取开放资源和布局重大平台，并出台更大力度的优惠政策，对重庆参与高质量共建“一带一路”、建设内陆开放高地将形成较大竞争挑战。

四、重庆全面融入共建“一带一路”思路建议

坚持从全局谋划一域、以一域服务全局，始终把融入共建“一带一路”作为重大战略使命，以成渝地区双城经济圈建设为引领，以西部陆海新通道建设为支撑，推动政策沟通持续拓展、设施联通持续改善、贸易畅通持续壮大、资金融通持续增强、民心相通持续优化，高起点推进开放通道建设，高

水平提升开放平台能级，高质量发展开放型经济，高标准营造一流营商环境，实施更大范围、更宽领域、更深层次对外开放，构建内陆开放高地“四梁八柱”，努力在共建“一带一路”中发挥带动作用。

（一）推动开放通道互联互通

1. 高水平建设西部陆海新通道

发挥重庆通道物流和运营组织中心作用，提升通道物流运输能力、服务效率、数字赋能水平，全面增强重庆在西部陆海新通道建设中的战略地位和竞争力。一是提升综合立体交通内畅外联水平。加快推进重庆—北部湾走廊、重庆—滇中走廊、重庆—成都—拉萨走廊、重庆—兰西—天山北坡走廊、重庆—宁夏沿黄交通走廊、重庆沿长江走廊、空中走廊等西部陆海新通道“七大交通走廊”建设。二是优化物流运营组织。加密开行重庆至广西北部湾港、至广东湛江港铁海联运班列，将现有中越、中老国际铁路班列拓展至泰国、柬埔寨、马来西亚、新加坡、缅甸等国家。探索建立西部陆海新通道跨境公路班车联盟，加密开行覆盖中南半岛的跨境公路班车。加大面向新加坡、曼谷、胡志明市等重要枢纽的航线密度，鼓励航空物流、快递、货代等企业协同打造航空货运平台。三是着力打造数字通道。加快多式联运“一单制”和数字提单的创新应用和试点推广，探索跨境数据流动安全管理机制，加快建设覆盖通道全线的公共信息平台，提升跨区域、跨行业、跨部门、跨运输方式信息互联互通水平，促进通关、物流、贸易、金融等服务高效便利，实现全域统筹、实时调度、可视可控的数字化发展格局。

2. 提升中欧班列（成渝）功能

依托成渝地区双城经济圈建设，联合四川完善西向国际贸易大通道基础设施、运营模式和集散体系，共同提升成渝两地中欧班列品牌影响力，推动中欧班列（成渝）高质量发展。一是强化与西北地区的协同联动。协调推动兰渝高铁尽快开工建设，充分置换兰渝铁路货运能力，推动襄渝铁路、宝成铁路等扩能改造，提升重庆至新疆阿拉山口、霍尔果斯口岸主要通道运输能力，联动兰州—西宁、天山北坡城市群、藏中经济圈，融入中巴经济走廊和新亚欧大陆桥，联通中亚、西亚，对接欧洲发达国家和地区。二是布局完善境内外集散中心和运输线路网络。壮大集结分拨体系，加快中欧班列集结中心建设，充分发挥沙坪坝团结村中心站、两江新区鱼嘴铁路货运站、江津小南垭站等主要发运场站优势，实现协同错位发展。推动境外运控中心、海外仓等建设，推进重庆—杜伊斯堡的主要线路提档升级，探索开行重庆—哈萨克斯坦—伊朗—土耳其等铁海联运线路，大力提升通道和线路在“一带一路”沿线国家的覆盖水平，更好发挥中欧班列通道对中亚、欧洲等“一带一路”沿线的辐射作用。三是加快推进班列信息化建设。着力打造中欧班列物流信息集成平台，积极发展数字班列，强化物流智能安全装备、冷链装备应用，促进班列数字化、智能化升级。加快中欧班列信息、数据交换共享，联合其他中欧班列集结中心，开展信息共享标准化探索，加快形成多式联运、物流信息等一批可复制可推广的标准、规范。

3. 提升长江黄金水道航运效能

加快推进航道系统治理，着力增强长江黄金水道航运能力。一是加快长江黄金水道航道整治。深化川渝鄂合作，携手川鄂共同争取国家尽快启动三峡枢纽水运新通道建设，着力疏解长江水运瓶颈。加强航道整治，推动长江航道重庆主城至涪陵段提升改造，实现 5000 吨级船舶常年直达重庆中心城区。二是推动航运提质增效。持续优化沪渝直达快线运行品质，协同忠县、丰都等区县推动长江航运班轮化运营，巩固拓展重庆外贸集装箱运输主通道优势。强化与太仓港、南京港近洋航线合作，试点开行“渝苏沪”滚动班轮，优化内河航运服务水平。鼓励推动江海直达联运，畅通嘉陵江、乌江干支联运，推进“小改大”“散改集”，加密水水中转班轮。推动组建重庆港航联盟、长江上游港口联盟，协同相关区县加快重点港口临港产业集群集聚，促进沿江产业分工协作，逐步探索发展三峡坝上航运内循环。三是加快推进智慧长江物流工程。深入推进智慧长江工程建设，合力构建长江航运信用管理体系，打造长江航运智能管理平台、综合保障平台和公共服务平台，建设统一开放的长江航运市场，加快推动长江航运转型升级，促进长江航运高质量发展。

4. 挖掘渝满俄国际铁路班列潜能

积极对接中蒙俄经济走廊，重点加强与俄罗斯跨欧亚大铁路、蒙古国草原之路倡议的战略对接，推动渝满俄国际铁路班列高质量发展。一是持续优化班列基础设施网络。推动蒙古国和俄罗斯铁路对陈旧线路进行升级改造，改善沿线国境站、换装站的场站布局和配套设施设备，促进中俄蒙三方铁路点线能力的匹配衔接。推进铁路、公路等互联互通建设，拓展向北经二连浩特直达蒙古国、俄罗斯、白俄罗斯的国际综合运输通道，有效覆盖独联体国家。二是提升国际班列发展质量。继续加大“渝满俄”班列开行力度，共同支持班列运营企业发展，推动班列与沿线区域产业发展深度融合，打造稳定的国际产业链供应链体系。争取国家支持开展与蒙古国、俄罗斯的国际协调，完善渝满俄国际铁路班列出口转关监管机制，提升通关和运输便利化水平。三是提高班列信息化、数字化、智能化水平。协调推动中蒙俄共同加强相关法律法规和技术标准对接，通过搭建信息集成平台，推进国际联运单证电子化，提升口岸通关效率，促进渝满俄国际铁路班列数据化应用和信息共享，实现多元数据资源的软联通。

5. 加快国际航空通道建设

加强国际航空货运能力建设，优化空中开放通道航线网络，推动形成内外联通、安全高效的物流网络。一是构建“双枢纽+多支线”的运输机场体系。积极推动重庆江北国际机场扩容，加快江北机场第四跑道和 T3B 航站楼的建设，规划建设重庆第二国际机场，积极拓展国际货运网络，加密至法兰克福、阿姆斯特丹等欧洲货运枢纽航线，增强航空服务辐射能力，争取空中通道基本覆盖全球主要经济体。加快布局主基地航空公司，吸引国内外航空物流巨头在重庆建立基地或设立地区性营运总部，争取航权、时刻、空域等航运资源配置，扩大面向“一带一路”沿线国家的航权开放。二是提升国际航空货运物流集疏运能力。依托中新（重庆）互联互通项目，深化与新加坡机场间合作，创新以重庆为运营中心、新加坡为转运中心的国际集散货物流模式，提升航空口岸功能，大力发展点式中转货运，积极开展空空中转、空地联运，提升国际中转效率和服务水平。同时，加大对国际航空物流政策的支持力度，提高航空运力，降低航空运价，保障航空货源。

6. 提升通道间互联互通水平

统筹全市出海出境大通道建设，提升开放通道间的互联互通水平。一是促进多通道协同联动。建立西部陆海新通道、中欧班列（成渝）、长江航运、渝满俄班列、国际航空通道高效衔接机制，以开放通道枢纽节点无缝衔接为核心，加快实现重点物流节点铁路直通，加快铁路、公路、重要港口、物流园区和产业园区的有序对接，推动开放通道高效互联互通。二是强化多式联运组织能力。深入推进国家级多式联运示范工程建设，积极推进市级多式联运示范工程建设，积极开展铁空、铁水、铁铁等多式联运，提升铁公水空四式联运能力。加快开展多式联运服务规则标准体系研究，推动不同行业、运输方式和企业间服务规则衔接，促进多种交通方式相互衔接，构建四式联运无缝衔接的运输体系。三是推进多式联运信息资源互联互通。加大信息资源共享力度，推动开放通道数字化平台互联互通，促进跨区域、跨行业、跨方式和跨企业的物流信息系统对接和数据共享，开放班列到发时刻、货物装卸、船舶进离港等信息，实现多式联运信息协同共享、联动运营。

（二）推动开放平台协作协同

1. 深化拓展中新（重庆）互联互通项目

立足中新全方位高质量的前瞻性伙伴关系，继续围绕金融服务、航空产业、交通物流、信息通信等重点领域开展项目合作，深度拓展绿色发展、数字经济、智慧城市、科技创新等合作空间。一是深化拓展重点领域合作。积极探索绿色金融、金融科技等合作，持续办好中新金融峰会，推动金融领域合作取得新成效。加快陆上、空中交通走廊建设，提高物流枢纽联动能力，提升跨境贸易便利化水平，推动交通物流合作实现新突破。共同打造临空经济产业集群，推动“航空+旅游”发展，促进航空产业合作迈出新步伐。积极扩大科技创新合作，举办“一带一路”科技交流大会，深化高端人才交流，推动科技创新合作迈上新台阶。做优做精“新加坡·重庆周”活动，合作开发重庆新加坡连线旅游产品，深入拓展医养国际合作，推动人文交流合作结出新硕果。二是共同深化第三方合作。发挥重庆和新加坡“双枢纽”作用，依托新加坡国际金融、贸易、创新中心功能，以新加坡企业、商协会、国际社团等民间力量为纽带，拓展重庆乃至整个西部地区在东南亚地区以及“一带一路”的投资贸易合作，创新和深化构建金融、航空、物流、信息、低碳、智慧等领域第三方合作事项清单。三是拓展数字化、数据互联互通合作。加强数字经济、数字贸易、数字通道等方面合作，加快推进中新（重庆）大数据智能化产业示范园区建设，建设数字化产品出海平台，推动落地一批跨境数字经济合作项目。用好国际智能产业博览会平台，持续拓展中新（重庆）国际互联网数据专用通道应用场景，推进多式联运数字信息高效交换，探索开展铁海联运数字提单互联互认合作，打造产业链供应链数字生态圈。

2. 创新推进中国（重庆）自由贸易试验区建设

以制度创新为核心，不断提高自贸试验区发展水平。一是对标高标准国际经贸规则，完善开放制度体系。对标国际通行规则，聚焦贸易、投资、金融便利化等领域，积极探索推动适宜重庆的制度创新和政策创新。全面落实自贸试验区外商投资准入负面清单，探索实施自贸试验区跨境服务贸易负面清单管理模式。加快推动铁路运输单证金融服务试点，上线运行重庆自贸试验区陆路贸易金融服务平台。加强知识产权保护，研究制定符合知识产权案件规律的诉讼规范，建立健全知识产权领域市场主体信用分类监管、失信惩戒等机制。二是深化川渝自贸试验区协同开放示范区改革创新。坚持共商共建共享原则，强化目标、领域、政策、产业、机制和时序协同，联动推进贸易投资、物流枢纽、产业发展、开放平台、营商环境等领域协同改革开放，培育一批国际区域开放合作平台，打造一批川渝特色的开放产业集群，建设成为投资贸易自由便利、经济要素循环畅通、产业集群优势凸显、监管服务优质高效、区域协同联动发展、辐射带动作用突出的新时代改革开放新高地。三是推动数字经济创新发展。培育数字贸易新业态，加快建设中国（重庆）跨境电子商务综合试验区，加快创建国家数字服务出口基地，积极建设市级数字服务出口示范基地，推进全国一体化算力网络国家枢纽节点等数字基础设施建设，加快建设西部数据交易中心，探索建设国际贸易“单一窗口”数字贸易板块，深化数据创新与监管沙盒、金融科技与电子支付等领域探索，创新数字合规和监管体系。

3. 完善优化开发开放平台体系

突出产业集聚平台核心功能，以两江新区、重庆高新区等国家级平台为核心载体，着力促进各类开放平台提档升级、错位发展、协同发力，打造面向“一带一路”的内陆开放门户。一是深化国家级开发平台开放发展。聚焦两江新区、西部科学城重庆高新区、重庆经开区以及荣昌、永川、璧山高新区和长寿、万州经开区等国家级开发平台，发挥重点平台对战略性新兴产业、现代服务业以及创新要素的集聚功能，加强电子信息、汽车制造、装备制造、新能源、生物医药、节能环保、商贸物流等领域与西欧、中东欧等“一带一路”沿线国家的紧密合作。二是优化开发开放平台布局。重庆重大开放平台主要集中在主城区，应进一步优化开发平台空间布局，切实推动主城以外其他地区开放平台及功能提档升级，形成全市区域开放平台协调布局发展的良好局面。推动铜梁、潼南、涪陵等高新区升级为国家级高新区，大足工业园区升级为国家级经开区，推进万州经开区扩容，切实提升双桥经开区、万盛经开区等平台开放发展水平。三是推动开放平台差异化协同发展。引导全市各开发平台依托自身区位交通、产业基础、资源要素等特点，布局适合自身发展的产业链环节，着力建链、强链、补链。构建完善开发平台产业协同发展机制，推动各类平台在产业对接、招商联动、创新协同等方面加强合作和信息共享，形成对接“一带一路”引进来和走出去的发展合力。

4. 完善提升口岸和保税区功能

结合重庆区域发展布局和产业发展需求，优化口岸和综合保税区布局，提升口岸和保税区功能。一是完善口岸开放功能。以重庆水运口岸寸滩港区和果园港区、江北国际机场航空口岸、重庆铁路口岸、万州机场等国家开放口岸为核心，促进铁路、航空、水运三类口岸资质及设施互享，推动重庆港水运口岸扩大开放万州新田港区、涪陵龙头港区、江津珞璜港区，重点完善铁路口岸粮食、水果、肉类、活牛、木材等口岸功能，支持航空口岸完善药品进口功能，加快航空口岸离境免税店发展，为口岸经济发展提供支撑。二是强化与中西部地区口岸对接联动。以成渝地区双城经济圈建设为契机，推进建立成渝两地口岸功能共享共用机制，共建成渝大通道机制，促进两地口岸与沿线国家海关间的信息互换、监管互认、执法互助，促进保税货物跨关区便捷流转。三是优化提升保税区功能。完善两路寸滩保税港区、西永综合保税区、江津综合保税区、涪陵综合保税区、万州综合保税区功能，积极向国家争取设立新的保税（港）区，进一步完善全市保税（港）区发展体系，加快发展保税加工贸易，打造面向“一带一路”的保税贸易中心。

5. 拓展强化物流枢纽功能

稳步推进陆港型、港口型、空港型、生产服务型和商贸服务型“五型”国家物流枢纽建设，构建多层级物流枢纽节点体系，强化国际物流枢纽分拨集散功能。一是建强国家物流枢纽。加快重庆国际物流枢纽园区、江津珞璜物流园区陆港型国家物流枢纽建设，争取将北碚陆港物流园区纳入陆港型国家物流枢纽。加快果园港港口型国家物流枢纽建设，争取将洛碛港及后方园区纳入港口型国家物流枢纽。加快万州新田港物流园区、长寿沿江现代物流园区生产服务型国家物流枢纽建设，争取将涪陵龙头港物流园区纳入生产服务型国家物流枢纽。加快重庆公路物流基地商贸型国家物流枢纽建设。加快江北国际机场空港型国家物流枢纽建设，远期将重庆新机场纳入空港型国家物流枢纽。加强物流枢纽间集疏运、多式联运的衔接联动，推动水运港加快建设铁海货物直装作业的专用铁路设施，打通铁路进港“最后一公里”。二是做大做强重庆无水港。加快投用西部陆海新通道重庆无水港，继续完善重庆无水港功能，搭建国际海运箱共享调拨中心，推行“铁箱下海，海箱进陆”，打造集“物流、贸易、产业、金融”于一体的国际物流分拨中心，构建综合一站式、全场景服务体系，引导重庆及周边更大范围的货源向西部陆海新通道集聚。加快西部陆海新通道渝黔综合服务区重庆（万盛）内陆无水港建设，打造重庆南部国际物流枢纽、无水港产业新城、城乡融合高质量创新发展示范区。

（三）推动经贸合作做大做强

1. 全面扩大产业开放

推进一、二、三产业扩大开放，增强参与国际产业链供应链重塑的能力。一是深入实施服务业扩大开放综合试点。放宽服务业外资市场准入限制，逐步扩大物流、金融、科技、教育、医疗、电信、贸易和数字经济等领域开放，实施赋予科研人员职务科技成果所有权或长期使用权试点、进口商品展示交易创新试点等改革，推动在创新服务贸易、知识产权、数据跨境流动等规则方面形成一批首创性、开拓性、可视化创新成果。探索建立适应改革创新的开放账户体系，便利跨境资本双向流动，开展 QDLP 试点，允许外资银行参与进出口通关缴税和关税保函业务，强化与“一带一路”沿线国家及金融机构在人才、资金、管理、风控、数据等方面的金融保障合作。二是提升制造业开放水平。紧扣“33618”现代制造业集群，聚焦智能网联新能源汽车、新一代电子信息制造业、先进材料、智能装备及智能制造等领域，拓展与“一带一路”沿线国家和地区合作，积极参与全球制造业产业链供应链分工和合作，在标准制定、技术研发、产业合作、园区建设等方面推出一批合作项目，提升在全球价值链中的地位。三是推进农业开放合作。扩大三峡柑橘、涪陵榨菜、潼南柠檬等特色农产品和农副产品出口规模，打造全球榨菜出口基地，建设区域化、规模化和标准化农产品出口示范基地，提升重庆农产品国际知名度。

2. 培育壮大服务贸易

全面深化服务贸易创新发展试点，不断扩大服务贸易规模，建设全国重要的服务贸易基地。一是优化服务贸易结构。培育计算机和信息服务、咨询、通信、金融、保税研发、检测维修等新兴服务贸易，扩大先进服务、先进技术进口，提升服务贸易附加值。推动文化创意、广播影视、数字出版、动漫游戏、教育等文化服务出口，加强中医药、体育、餐饮等特色服务领域的国际交流合作，积极争取创建国家级对外文化贸易基地、中医药服务出口基地、数字服务出口基地。二是创新服务贸易模式。推动服务贸易交易模式创新，扩大跨境交付服务贸易规模。加快建设新型服务贸易促进和交易平台，大力发展“保税+商品展示交易”“保税+维修”等保税贸易新业态，开展海关监管仓及海外仓建设。做大做强服务贸易发展集聚区，打造对外文化、中医药服务、数字服务等特色服务出口基地。三是拓展国际服务外包业务。聚焦软件研发服务、集成电路和电子电路设计服务、电子商务平台服务、大数据服务、信息安全服务、人工智能服务、检验检测服务等领域，布局建设服务外包产业集聚区，培育众包、云外包、平台分包等新模式，打造服务外包示范城市。

3. 优化升级货物贸易

持续优化市场布局、商品结构、贸易方式，促进货物贸易高质量发展。一是做强一般贸易。推动汽车、摩托车、通用机械、装备、医药等优势产业加快向产业链、价值链高端延伸，培育以质量、技术、品牌、服务为核心的外贸竞争新优势，增强关键技术、核心零部件生产和供给能力，提升产业外向度。积极创建进口贸易促进创新示范区，扩大先进技术、重要装备和零部件等进口，增加国内紧缺和满足消费升级需求的农产品进口，打造西部进口高地。二是做优加工贸易。加快建设国家加工贸易产业园，推动西永、两路果园港等综合保税区加工贸易企业向品牌、研发、分拨和结算中心等产业链高端延伸，探索拓展高技术含量、高附加值的境内外检测维修和再制造业务。积极创建国家加工贸易产业园，推进市级加工贸易转型升级示范区建设，承接东部产业梯度转移，拓展加工贸易品类，打造加工贸易产业集群。三是积极培育外贸新业态。加快跨境电商综合试验区建设，推广“产业带+跨境电商”模式，培育建设一批线下跨境电商产业园，打造国际快件分拨中心、公共海外仓。深入推进采购贸易方式试点，提升试点区域集货、物流、品牌、配套、国际合作承载能力，打造“一带一路”中小企业外贸集聚区。加快发展总部贸易、转口贸易，加快进出口货物报关、保险、仓储、国际运输、装箱分拨、金融结算等业务创新。不断扩大二手车出口等贸易新业务规模。

4. 加大吸引外商投资力度

拓宽吸引外资渠道，更大力度、更加有效吸引和利用外商投资，建设高质量外资集聚地。一是加速聚集外资高端资源。发挥两江新区、西部科学城重庆高新区等开放平台优势，编制发布外商投资指引，建立外资重点项目库和企业库，大力引进境外产业链龙头企业，在渝设立投资性公司、地区总部，以及管理、采购、品牌、结算、研发中心等各类功能性机构。积极参与构建中国—中南半岛、孟中印缅、新亚欧大陆桥、中国—中亚—西亚、中蒙俄等国际经济走廊和国际多双边合作机制，重点加强与东盟投资贸易等全方位合作。扩大与“一带一路”沿线国家和地区经贸往来，大力发展总部贸易、转口贸易，建设“一带一路”进出口商品集散中心。二是创新利用外资方式。引导外资设立私募股权投资基金、风险投资基金、创业投资基金，依法参与不良债权重组与处置，优化完善相关管理和退出机制。发布外资并购项目机会清单，引导外资通过合资、并购重组等方式参与市内制造业企业转型升级和国有企业混合所有制改革。推动市内企业以跨境并购、境外上市、房地产信托投资基金（REITs）发行、返程投资等方式，集聚国际高端外资要素资源。深化合格境外有限合伙人（Qualified Foreign Limited Partner，QFLP）境内股权投资试点，提升外商在上市公司投资水平。三是优化利用外资产业结构。引导外资积极投资医药制造、航空航天器及设备制造、电子通信及设备制造、计算机及办公设备制造、医疗仪器设备及仪器仪表制造等高技术制造业，推动汽车、电子、化工、装备等制造业领域外商投资企业向研发、设计、营销、维修等领域延伸，提升金融服务、现代物流、供应链管理等生产性服务业和医疗、健康、养老等生活性服务业外商投资水平，促进外商投资向高端化转型。

（四）推动营商环境优化升级

1. 深入对接国际高标准经贸规则

顺应全球经贸规则重构新趋势，精准对接《全面与进步跨太平洋伙伴关系协定》（*Comprehensive and Progressive Agreement for Trans-Pacific Partnership*，CPTPP）、《中欧全面投资协定》（*China-EU Comprehensive Agreement on Investment*，CAI）等国际高标准经贸规则，扩大制度型开放。一是落实负面清单管理制度。全面落实外商投资准入负面清单，深化服务业准入后管理制度改革，推动放开经营模式、牌照、业务范围、经营条件、业务许可等负面清单之外的准入限制措施，确保“非禁即入”全面落实。对接国家跨境服务贸易负面清单，完善跨境交付、境外消费、自然人流动等模式下服务贸易市场准入制度，逐步在人员流动、资格互认、市场监管等领域实现与国际接轨。二是强化知识产权保护。推动建设中国（重庆）知识产权保护中心，搭建知识产权运营服务平台，争创国家级知识产权保护试点示范区。充分发挥重庆知识产权法庭作用，深化知识产权审判领域改革创新，提高知识产权司法救济的及时性和便利性。完善专利侵权纠纷行政裁决制度，搭建涉外知识产权纠纷调解平台，争取设立国家海外知识产权纠纷应对指导中心。三是建立健全公平竞争规则。持续清理废除妨碍统一市场和公平竞争的政策，构建公平竞争审查制度和争议解决机制，强化信息披露，提升各类市场主体参与竞争的公开透明度。加强公平竞争审查的刚性约束，构建公平竞争市场环境指标体系，建立违反公平竞争问题反映和举报绿色通道。四是强化国际标准衔接。对标 CPTPP 中技术性贸易壁垒协议（Agreement on Technical Barriers to Trade，TBT），实施标准体系认证，推进出口产品标准化发展。制定地方低碳技术规范和标准，推行产品碳标准认证和碳标识制度。调整完善产品合格评定机制，争取允许境外合格评定机构从事境内认证、检测和检验业务试点。积极参与国际标准研制，提升“重庆造”标准在国际中的话语权。

2. 强化国际经贸规则探索创新

深化国际合作制度创新，积极探索新兴领域规则，提升国际经贸新规则引领能力。一是积极探索陆上贸易规则。拓展铁路提单应用场景和融资功能，强化铁路提单及其融资产品市场化运用。推动铁路运输单证物权化试点与多式联运规则、贸易金融创新等有效对接，力争形成完备的贸易规则体系。持续推进多式联运服务规则创新，积极开展国际多式联运“一单制”试点，推动跨境公路领域探索突破。建立西部陆海新通道集装箱共享分拨体系，探索海运集装箱和铁路集装箱的共享和调拨规则。探索创新铁海联运、江海联运沿线衔接合作模式，推动国际贸易“单一窗口”合作扩大到“一带一路”沿线国家。二是探索跨境数据流动的规则体系。推动跨境数据安全有序流动，探索建立以数据分级分类规则、数据跨境流动安全评估规则、数据保护能力认证规则、跨境数据交易规则、跨境数字贸易“沙盒机制”等为核心的数字贸易规则体系。引导企业运用前沿技术探索数据安全有序跨境流动，探索以高端服务为先导的“数字+服务”新业态新模式。加强数字经济领域国际标准研究制定，推动标准行业互信互认。三是探索建立离岸贸易政策体系。探索制定重庆自贸试验区全球贸易商计划，积极争取“一带一路”沿线国家对在重庆从事离岸贸易服务的企业实施具有国际竞争力的税收制度和政策。稳定外汇管理政策，支持金融机构探索开展离岸贸易真实性管理创新，提升结算便利化水平。

3. 提升外贸外资服务水平

持续对标国际一流，优环境、强服务、降成本，努力营造外贸外资优质服务环境。一是促进跨境贸易便利化。推广应用“提前申报”模式，试点进口货物“船边直提”和出口货物的“抵港直装”，开展“两步申报”“两段准入”改革试点。动态调整口岸进出口收费目录清单，推广口岸收费“一站式阳光价格”。推动集装箱设备交接单、装箱单、提货单、码头作业收据、电放保函、换单委托书等港航物流类单证无纸化，提升全流程电子化水平。全面推行网上申报和限时办结制度，优化简化出口退税事项办理流程。二是优化外商投资服务。深入清理外商投资准入负面清单外的限制性措施，促进外商投资企业公平参与政府采购招投标、标准制定。设立外商投资企业“一站式”服务窗口，对外商投资企业和项目提供全流程服务，及时协调解决企业物流、用工、用能等问题。用好商务往来“快捷通道”，为商务人员往来提供便利。三是提升涉外法治水平。持续推进开放领域地方立法进程，保护外商投资合法权益。推动建设内陆国际争议解决中心，完善诉讼、仲裁与调解一站式纠纷解决机制，加大外商投诉事项协调处理力度。拓展商事法律服务领域，创新服务模式，协助企业更好地参与国际竞争。规范涉外行政处罚自由裁量权，加强涉外行政执法监督检查力度。

（五）推动国际交往走深走实

1. 拓展国际交往朋友圈

主动对接重点交往国家和地区，全面深化经贸、人文等深度合作，构建全方位对外交往新格局。一是强化与 RCEP 成员国友好交往。以 RCEP 成员国为重点，依托中新互联互通项目、西部陆海新通道等建设，深化与新加坡、越南、泰国、柬埔寨、马来西亚、缅甸等东盟重点地区等经贸、领馆及传统文化交流，积极巩固拓展国际交往合作。二是优化与中东欧地区友好交往。依托“渝新欧”“蓉欧”等中欧大通道，以及中国—中东欧、中俄“两河流域”等平台，加强与各国驻华机构对接联系，强化领事沟通和涉外服务，拓展与波兰、立陶宛、匈牙利、俄罗斯、白俄罗斯、乌克兰、捷克等中东欧国家在国际贸易、引资引智、市场开发等方面务实合作。三是深化与中亚、南亚、西亚地区友好交往。依托孟中印缅经济走廊建设优势，不断加密哈萨克斯坦、乌兹别克斯坦、印度、巴基斯坦、尼泊尔、伊朗、土耳其等中亚、南亚、西亚地区国际通航城市和铁路通道，丰富完善会展平台、公共事务平台、“走出去”平台和开放型经济载体，不断提高签证、通关和运输便利化水平。四是深化与非洲国家友好交往。充分发掘重庆与非洲国家在建材、建筑工程、劳务、农产品、手工艺品贸易等领域合作契机，积极拓展渝新欧非洲班列，加强与埃及、尼日利亚、加纳、埃塞俄比亚、喀麦隆、南非等非洲国家在商贸、旅游、矿产等领域合作，推进“渝货精品”在非洲的大力推广，高水平建设中非（重庆）人文交流教育试验区和对外文化贸易基地。

2. 深化多领域国际交流合作

深化对外交往、贸易投资、科技创新、文化旅游等领域国际合作，提高重庆在世界的传播力和声誉。一是做强国际对外交往活动。吸引更多国家、地区和国际组织来渝设立领事、商务和办事机构，积极邀请外国元首、政府首脑、前政要和国际组织负责人、国际名人贤达等来渝参访，争取在渝举办国家元首主场外交活动。高水平举办更多国际会议、国际论坛、国际赛事和国家主场外交活动，将“一带一路”陆海联动发展论坛、“一带一路”国际技能大赛等打造成为在渝举办的机制性会议，提档升级中国国际智能产业博览会、中国西部国际投资贸易洽谈会等国际赛事活动。二是深化国际科技创新合作。大力引进国际知名科研院校、世界500强企业等来渝设立研发机构和科技服务机构，深度参与“一带一路”科技创新行动计划，建设“一带一路”科技创新合作区和国际技术转移中心，加快全球高端科技创新资源集聚。加强对外科技合作基地建设，引导企业在海外建立研发中心、联合实验室、技术转移机构、孵化器，打造一批国际创新示范园和中外联合研究院（中心）。三是强化国际文旅交流。提升“三峡”“山城”“人文”“温泉”“乡村”特色文化和旅游国际品牌，打造有国际范、中国味、巴蜀韵的国际知名文化旅游目的地。用好用活重庆川剧院、歌剧院、铜梁龙舞等本土特色文化品牌，办好“重庆日”“重庆周”“重庆之夜”等国际交流活动，创建具有国际影响力的文旅融合品牌，打造富有内涵的文化名城。

3. 提升国际化生活服务功能

对接国际化的标准和要求，优化公共服务配套供给，提升国际化服务水平。一是完善国际化生活服务设施。加快完善与国际高水平接轨的公共服务体系，打造优质国际街区、国际社区，科学规划国际化博物馆、美术馆、文化馆、体育馆等场所建设，打造舒心悦心的人居环境。开展国际化标识标牌改造，规范交通系统、旅游服务设施系统、提示导视系统等服务系统双语标识，提升涉外管理、涉外教育、窗口行业国际化标识水平。二是优化国际教育服务供给。用好现有国际化教育窗口学校、示范学校，大力引进国（境）外优质教育机构来渝举办外籍人员子女学校，吸引外商投资各级民办教育机构和职业教育培训机构，加强中德职业教育联盟西部中职示范基地合作共建，高水平建设国际教育园区、留学生基地、中外人文交流教育实验区。积极开展国（境）外优质教育资源引进、中外合作办学、中国特色国际课程开发推广。三是完善国际化医疗服务体系。加快创办一批先进涉外医疗服务医院，引导大型三甲医院设立外宾医疗科或涉外医疗门诊部，建立适宜外籍人士就诊的“一站式”标准化服务体系，推动医学检验检查结果跨地区、跨机构互认。强化国际高端医疗技术交流和人才培养，积极邀请国际知名医疗机构与专家来渝教研交流。四是畅通外籍人员来渝渠道。进一步加强在渝外籍人士服务，探索实施更加便利的出入境、停居留政策措施，打造优质高效的出入境“软环境”。落实外国人永久居留服务管理意见，深入推进外籍高端人才永久居留便利化试点，吸引更多外籍人才来渝创新创业。

参考文献

［1］重庆市人民政府．重庆市人民政府关于印发重庆市全面融入共建“一带一路”加快建设内陆开放高地“十四五”规划（2021—2025 年）的通知［EB/OL］. https：//www. cq. gov. cn/zwgk/zfxxgkml/szfwj/qtgw/202110/t20211013_9801241. html.

［2］重庆市人民政府办公厅．重庆市人民政府办公厅关于印发重庆市推动外贸高质量发展三年行动计划（2022—2024 年）和重庆市建设高质量外资集聚地三年行动计划（2022—2024 年）的通知［EB/OL］. https：//www. cq. gov. cn/zwgk/zfxxgkml/zfgb/2022/d18q/202210/t20221020_11207173. html.

［3］重庆市人民政府办公厅．重庆市人民政府办公厅关于印发中国（重庆）自由贸易试验区“十四五”规划（2021—2025 年）的通知［EB/OL］. http：//wap. cq. gov. cn/zwgk/zfxxgkml/szfwj/qtgw/202205/t20220520_10738390. html.

［4］重庆市人民政府．重庆市人民政府关于印发重庆市国民经济和社会发展第十四个五年规划和二〇三五年远景目标纲要的通知［EB/OL］. https：//www. cq. gov. cn/zwgk/zfxxgkml/szfwj/qtgw/202103/t20210301_8953012. html.

［5］重庆市人民政府．重庆市人民政府关于印发重庆市推动成渝地区双城经济圈建设行动方案（2023—2027 年）的通知［EB/OL］. http：//news. chengdu. cn/2023/0325/2336151. shtml.

［6］重庆市人民政府办公厅．重庆市人民政府办公厅关于印发重庆市促进跨境贸易便利化工作方案的通知［EB/OL］. https：//www. cq. gov. cn/

ykbzt/yhyshj/zcjj/kjmy/202001/t20200111_8740833. html.

［7］商务部．商务部关于印发重庆市服务业扩大开放综合试点总体方案的通知［EB/OL］. http：//www. mofcom. gov. cn/article/zcfb/zcwg/202107/20210703174183. shtml.

［8］国务院办公厅．国务院办公厅关于推进对外贸易创新发展的实施意见［EB/OL］. https：//www. gov. cn/zhengce/content/2020-11/09/content_5559659. htm.

［9］国务院．国务院关于进一步优化外商投资环境加大吸引外商投资力度的意见［EB/OL］. https：//www. gov. cn/govweb/zhengce/content/202308/content_6898048. htm.

［10］重庆市人民政府．重庆市人民政府关于印发重庆市建设中西部国际交往中心“十四五”规划［Z］.

［11］重庆市人民政府口岸和物流办公室．重庆市加快建设西部陆海新通道五年行动方案（2023—2027 年）［EB/OL］. https：//www. yidaiyilu. gov. cn/p/319211. html.

［12］重庆市人民政府口岸和物流办公室．重庆市人民政府口岸和物流办公室关于印发 2023 年全市口岸和物流工作要点的通知［EB/OL］. https：//zfkawlb. cq. gov. cn/zwgk/zcwj/qtwj_345067/202303/t20230322_11794079. html.

［13］中新（重庆）战略性互联互通示范项目总体发展规划（2021—2025 年）［EB/OL］. http：//www. cq. gov. cn/zwgk/zfxxgkml/zcjd _ 120614/mtsj/202110/t20211013_9801480. html.

［14］重庆市人民政府办公厅．重庆市人民政府办公厅关于印发重庆市推进多式联运发展优化调整运输结构工作方案（2021—2025 年）的通知［EB/OL］. https：//www. cq. gov. cn/zwgk/zfxxgkml/szfwj/qtgw/202208/t20220829 _ 11048525. html.

［15］重庆市人民政府办公厅．重庆市人民政府办公厅关于印发重庆市现代物流业发展“十四五”规划（2021—2025 年）和重庆市口岸发展“十四五”规划（2021—2025 年）的通知［EB/OL］. https：//www. cq. gov. cn/zwgk/zfxxgkml/szfwj/qtgw/202201/t20220119_10349223. html.

［16］王明高，雷云锋．塑造全球互联互通全新格局［N］. 中国改革报，2023-05-19.

［17］杨帆，何春阳，周尤，等．共享“一带一路”发展新机遇　共创陆

海联动发展新未来［N］. 重庆日报，2023-05-18.

［18］陈诚．陆海牵手　拥抱全球——重庆推动西部陆海新通道建设纪实［J］. 当代党员，2023，(4)：16-19.

［19］唐余方，陈诚．陆海之道——聚焦新重庆最具辨识度的标志性成果“西部陆海新通道”［J］. 当代党员，2023，(4)：12.

［20］王艳波．中欧班列建设发展规划研究［J］. 铁道运输与经济，2017，39（1）：41-45.

［21］龙希成，杨东平，刘洋，等．以“一带一路”建设为引领，联手打造内陆开放高地的成渝地区双城经济圈主要成效、挑战与对策建议［J］. 丝路百科，2022（10）：70-74.

［22］韩梁，赵嫣，刘品然．毅行大道天地阔——新征程上的中国将为人类发展进步作出更大贡献［J］. 中国产经，2023：50-54.

［重庆市综合经济研究院“一带一路”蓝皮书课题组
易小光　丁　瑶　余贵玲　李　霞　王　利
蒋安玲　陈　殊　李　俊　王春宇　简华球
郑秋霞　戴方尧　赵　燕］

Ⅱ

专题报告

之一：重庆加快推进西部陆海新通道建设的进展、形势和展望

西部陆海新通道位于我国西部地区腹地，北接丝绸之路经济带，南连21世纪海上丝绸之路，协同衔接长江经济带，在区域协调发展格局中具有重要战略地位。重庆作为通道物流和运营组织中心，坚持“以一域服务全局”，把通道建设作为重大战略任务抓紧抓实，促进资源要素跨区域跨国界加快流动，有力支撑重庆内陆开放高地建设，更好提升西部地区经济高质量发展和融入新发展格局。

一、重庆推进西部陆海新通道建设主要进展

在国家发展改革委、商务部、海关总署等相关部委、央企等的大力支持下，重庆牵头会同沿线各省（区、市）加快建设西部陆海新通道。经过6年多的发展，西部陆海新通道已成为中国西部地区与东盟等国家合作建设的综合性国际大通道，成为开放包容、互利互惠、合作共赢的国际合作平台，正在打造成为“一带一路”的合作典范。

（一）发展成效

1. 共建机制不断完善

国家层面，国家发展改革委会同交通运输部、海关总署等14个国家部委以及重庆、广西、四川、贵州、海南等5个省（区、市）建立省部际联席会议制度，统筹推进西部陆海新通道建设。由国铁集团倡议，中铁集装箱等6家单位共同发起成立通道班列运输协调委员会，着力解决货源组织、物流衔接等班列发展关键问题。商务部会同外交部、国家发展改革委、工业和信息化部、交通运输部、人民银行、海关总署、国家金融监管总局、国铁集团以及通道沿线13个省（区、市）建立推进国际陆海贸易新通道建设合作工作机制，深化国际交流与合作。省际层面，重庆牵头会同西部12个省（区、市）、

海南省和广东湛江、湖南怀化，建立“13+2”合作共建格局。市级层面，成立市通道建设领导小组，市长任组长，分管副市长任副组长，35 个市级部门、区县政府等任小组成员。设立西部陆海新通道物流和运营组织中心，负责完成国家发展改革委牵头的省部际联席会议机制交办的工作，负责商务部牵头的推进国际陆海贸易新通道建设合作工作机制秘书处、省际协商合作联席会议办公室、市领导小组办公室日常工作，承担通道建设综合协调、规划发展、区域合作、项目推进、信息服务等方面工作。

2. 运行质效不断提升

2017—2022 年，重庆铁海联运班列年开行量从 48 列增至 2553 列（占全线班列开行量近三成），开行量增长 52 倍；货物品类从 53 种增长到 948 种，物流网络由 33 个国家（地区）的 59 个港口扩展至 119 个国家（地区）的 393 个港口。协同联动持续深化，西部陆海新通道加速与中欧班列、长江黄金水道在重庆高效衔接，2022 年联运超过 7 万标准箱。

3. 协同联动不断深化

充分发挥市场主导作用，形成以统一运营主体为引领，各地物流平台共同推进的市场化运作方式。按照“统一品牌、统一运作、统一规则”原则，牵头会同“13+2”组建跨区域综合运营平台公司，负责统筹运营陆海新通道国内国际各类运输，并在贵州、宁夏、甘肃、新疆、重庆、湖南怀化、广东湛江等 7 个省（区、市）和地级市设立区域运营平台。设立陆海新通道老挝海外公司，积极研究筹建专业化子公司，有效提升平台集聚效应。

图 1 2020 年 11 月 17 日，西部陆海新通道省际协商合作联席会议第一次会议在重庆召开

4. 创新应用不断突破

扩大铁海联运“一单制”应用，截至2023年6月，累计签发铁海联运“一单制”提单超过3103单。西部陆海新通道建设铁海联运“一单制”创新入选2021年中国（重庆）自由贸易试验区十佳制度创新案例。上线国际贸易“单一窗口”西部陆海新通道平台。2022年7月，创新建设的“单一窗口”西部陆海新通道平台，正式上升为国家标准版，成为首个被国家推广的区域“单一窗口”平台。上线全国首个跨境金融区块链西部陆海新通道融资结算应用场景，提供境内运费外汇支付、进口到货后融资、物流对账单融资等多项服务。自上线以来，便利企业融资及支付超过34亿美元，服务企业620余家。

5. 枢纽网络体系不断拓展

渝怀铁路扩能项目建成投运。成功获批港口型、陆港型、空港型、生产服务型、商贸服务型“五型”国家物流枢纽，成为首个拥有“五型”国家物流枢纽的城市。通道已形成“一主两辅多节点”体系，市域内全部区县已融入通道建设，区域辐射带动效应不断放大。

6. 综合服务水平不断提升

参与起草《国家发展改革委“十四五”推进西部陆海新通道高质量建设实施方案》《商务部陆海新通道国际合作工作方案（2022—2023）》《重庆市加快建设西部陆海新通道五年行动方案（2023—2027年）》，牵头编制《沿线省（区、市）与东盟国家合作行动方案（2022—2025）》。会同部委直属机构编制《西部陆海新通道建设三周年发展报告》《国际陆海贸易新通道发展报告（2017—2022）》。牵头起草2021年度、2022年度、2023年度全国两会重庆代表团全团建议，推动渝贵高铁等重大项目纳入“十四五”建设计划。牵头组建西部陆海新通道专家库，推动建立统一、规范、权威的陆海新通道运行统计和信息发布工作机制，定期发布通道发展指数。

（二）存在问题

虽然通道建设取得一定成效，但也存在不足。一是基础设施有待完善。渝怀铁路也存在客货运共线，运能瓶颈逐步凸显的问题。沿线货场、中心站等节点设施普遍存在设施老旧、效率不高等问题，需加快优化基础设施建设。二是区域合作有待加强。跨区域综合运营平台——陆海新通道运营有限公司

图 2 2023 年 5 月 17 日，陆海新通道国际交流合作中心揭牌

尚未实现“13+2”全覆盖，青海、云南、陕西、四川、内蒙古、西藏、海南 7 个省（区、市）暂未正式加入。三是信息化水平有待提升。沿线各省（区、市）尚未完成口岸物流职能整合，数据信息涉及多个部门和企业主体，数字陆海新通道建设存在短板。

二、重庆推进西部陆海新通道建设的特色做法与典型案例

（一）特色做法

1. 提升通道共建格局

2022 年 7 月，湖南怀化正式加入西部陆海新通道“大家庭”，正式成为西部陆海新通道“朋友圈”成员之一，标志着西部陆海新通道由“13+1”省际共建格局进一步拓展为“13+2”共建新格局。至此，西部陆海新通道既包含东部地区的海南和广东湛江，也首次将中部城市纳入通道范围。

2. 完善通道线路网络布局

新开行重庆—湛江铁海联运班列、疆煤入渝暨农产品出疆组合测试班列等，首发中老铁路（达州—万象）国际班列，试行重庆至圣彼得堡、阿拉木图、尼泊尔等跨境铁路联运班列，2022 年西部陆海新通道新开通线路已达到 78 条，是 2021 年的 5 倍多，创造了 5 年来的新高。

3. 定期发布通道发展指数

西部陆海新通道发展指数，是反映通道当前发展规模和结构，观测沿线

区域发展和变化趋势，全面衡量和展现西部陆海新通道的综合发展状态。其中，2022 年西部陆海新通道发展指数为 135.2，较 2021 年的 122.6 增长 10.3%，表明 2022 年西部陆海新通道战略整体执行情况良好，运行成效递增。

（二）典型案例

西部陆海新通道的高效运行，为企业带来极大改变和实实在在的实惠。

1. 以重庆小康集团为代表的中国西部企业，依托陆海新通道深度融入全球产业格局

在陆海新通道的支持下，重庆小康工业集团在印度尼西亚投资 10 多亿元，建立汽车制造基地。新冠疫情发生后，陆海新通道提供了稳定高效的供应链保障。该集团进出口公司总经理张兴燕曾经算了一笔账："从重庆到雅加达，通过传统江海联运需要 30 多天，而陆海新通道将物流时间控制在 20 天以内，节约 10 天以上。"

2. 切实为重庆理文造纸有限公司拓展了市场辐射范围

重庆理文造纸有限公司将进口原材料由传统的江海联运转变为通过陆海新通道海铁联运班列进口，再经由陆海新通道将半成品纸浆运输至广东等沿海区域，成品纸出口至越南等国家，准确找到与东南亚国家合作的最优路径，助力企业实现飞速发展，有效提高了运输效率，降低了运营成本。

3. 为全球知名零配件生产企业伍尔特公司量身定制综合物流服务方案，为企业降本增效

没有陆海新通道之前，伍尔特公司产品主要通过海运从东盟国家发往欧洲，耗时约 2 个月，货物在途时效长，风险较高。该企业与陆海新通道跨境公路班车合作后，在东盟国家先用跨境公路班车将货物运往重庆，再换乘中欧班列运往欧洲，平均运输时间只需 20 天，比传统海运方式节约 1 个多月时间，架起了重庆连接东南亚和欧洲市场的桥梁。

（三）数字陆海新通道建设情况

数字陆海新通道是西部陆海新通道的数字化集成改革，将统筹运用数字技术、数字思维、数字认知，通过系统融合、数字赋能、综合集成，聚焦与通道相关联的通关、物流、贸易、金融等领域，力争构建一地创新、通道沿线省（区、市）共享的新信息体系。一是推进陆海新通道公共信息平台建设。2022 年开展公共信息平台初步设计，在前期赴广西、新疆两地相关部门和企业调研的基础上，西部陆海新通道公共信息平台（基础版）可行性研究报告

编制完成。二是推进“单一窗口”陆海新通道建设。在国家口岸办指导下，重庆牵头，联合“13+2”省（区、市），在全国首创单一窗口区域平台——“单一窗口”西部陆海新通道平台。平台具备智能通关、业务协同、数据应用、国际合作、金融创新五大板块12项功能。平台与国家外汇局跨境金融区块链服务平台合作创新西部陆海新通道物流融资结算应用场景，提升结算效率50%以上，累计便利650余家企业办理融资和结算业务超过253亿元。三是推进陆海新通道公司物流信息平台建设。公司物流信息平台二期已上线运行，平台通过整合“单一窗口”、铁路、港口、船公司、金融机构、堆场、拖车等各方物流系统，实现了部分信息互联互通，可为客户提供一站式公铁海国际多式联运订舱服务、线上提单打印和签发，系统集成了铁路班列运营、集装箱共享调拨管理、拖车配送、线上对账结算、货物全程动态跟踪等国际多式联运物流服务。公司物流信息平台连通了市外管局区块链平台系统，结合“单一窗口”、各大银行为物流企业提供线上支付、线上融资等服务，已累计通过数字提单融资2600万元。

三、重庆推进西部陆海新通道建设面临的新形势

西部陆海新通道是以习近平同志为核心的党中央着眼共建高质量“一带一路”，构建国家区域发展和对外开放新格局作出的战略部署，有利于推动丝绸之路经济带和21世纪海上丝绸之路有机衔接，加强中国西部、东南亚和世界其他区域的互联互通，为稳定产业链供应链发挥了重要支撑作用。西部陆海新通道发展面临很多发展机遇。如我国自2009年起连续13年保持东盟第一大贸易伙伴地位，东盟自2020年起连续2年成为中国第一大贸易伙伴，随着2022年RCEP正式生效，以及中国—东盟自贸区建设的深入推进，中国和东盟间的经贸合作潜力将进一步释放，西部陆海新通道将成为串接超大规模国内市场和巨大东南亚市场的重要桥梁纽带。以俄乌冲突为典型的地缘政治冲突给国际陆路运输造成一定冲击，为以海运航线衔接全球的西部陆海新通道提供发展良机。以国内大循环为主体、国内国际双循环相互促进的新发展格局加快构建，西部陆海新通道建设将驶入“快车道”。但推进西部陆海新通道建设也面临挑战，如跨国、跨区域通道不畅，制约了产业要素集聚度、集成度的提高，数字化、智慧化、绿色化赋能不足，整体智治能力和绿色转型水平不高，产业、贸易走廊的“溢出效应”不够明显。

四、未来发展展望

随着西部陆海新通道建设加快推进，铁海联运班列开行规模稳步扩大，物流成本显著降低，辐射带动效应明显，为我国西南地区高质量发展和高水平对外开放装上了强劲引擎。下一步，我们将紧紧围绕深入贯彻落实党的二十大精神，认真落实习近平总书记关于西部陆海新通道建设的重要论述和对重庆作出的系列重要指示批示精神，全面加强党对西部陆海新通道建设的领导，充分发挥重庆作为通道运营组织中心机制作用，服务沿线省（区、市）共同加快推进西部陆海新通道建设。

一是深化省际协商共建合作水平。更好发挥三级机制作用，持续完善重庆作为通道物流和运营组织中心和商务部合作机制秘书处作用，协调解决通道推进过程中重大项目和关键进展。做大做强跨区域综合运营平台，力争“13+2”省（区、市）全覆盖。

二是构建互联互通国际供应链网络。加密至北部湾港、湛江港、洋浦港铁海联运班列。拓展中越、中老国际联运班列至泰国、马来西亚、缅甸等国家，提升跨境公路班车运输效率。高标准建设港口型、陆港型、空港型、生产服务型、商贸服务型“五型”国家物流枢纽，在东盟等国家建设一批海外仓和分拨中心。

三是推动通道规则标准“软联通”。推动国际铁海联运规则体系创新，促进通道跨境运输标准规则互认。深入推广铁路“快速通关模式”，深化“两步申报”“两段准入”改革，扩大与东盟成员国海关“经认证的经营者”（Authorized Economic Operator，AEO）互认，开展国际海关监管合作，提高 RCEP 成员国享惠力度和过境便利化程度。

四是着力培育壮大通道经济。联合通道沿线地区制定“产业链图谱”，做强做优本地优势产业集群，打造面向东盟的 4 个标志性合作产业链，建立东盟农产品集散中心等大宗商品交易市场。

五是提升通道综合服务保障能力。组建西部陆海新通道金融服务联合体，深化金融外汇改革创新试点，建设数字陆海新通道，创新应用数字提单、舱单、交易，推动在结算、融资等供应链金融领域的延伸。

展望未来，《西部陆海新通道总体规划》提出，到 2035 年，西部陆海新通道全面建成，通道运输能力更强、枢纽布局更合理、多式联运更便捷，物流服务和通关效率达到国际一流水平，物流成本大幅下降，整体发展质量显著提升，为建设现代化经济体系提供有力支撑。《重庆市加快建设西部陆海新通道五年行动方案（2023—2027 年）》提出，到 2027 年，重庆通道网络和物流体系更加完备，要素集散效益更加凸显，综合服务能级显著提高，对经济和产业发展带动作用显著增强，跨区域合作共建水平显著提升，为建成经济、高效、便捷、绿色、安全的西部陆海新通道作出更大贡献，更好在西部地区带头开放、带动开放。

［西部陆海新通道物流和运营组织中心　刘　玮］

之二：重庆推进中欧班列（成渝）建设的进展、形势和展望

全面融入共建“一带一路”，加快建设内陆开放高地，是党中央在新时代赋予重庆的重大使命。“十三五”时期，重庆在西部地区带头开放、带动开放能力显著增强，为推动形成陆海空内外联动、东西双向互济新开放格局做出了重要贡献。“十四五”时期是重庆开启社会主义现代化建设新征程的关键阶段。其中，出海出境大通道体系的建设和完善对重庆经济社会高质量发展至关重要。十多年来，以渝新欧铁路班列为先导的中欧班列（成渝）从无到有，从小到大，全程见证了重庆全面融入共建“一带一路”的高光时刻。

一、建设进展：日积跬步以至千里

中欧班列（渝新欧）是中欧班列（成渝）的重要组成部分，也是推动中欧班列（成渝）开行增量的重要力量。2011 年 3 月 19 日，首趟中欧班列（渝新欧）从沙坪坝团结村中心站驶出，自此开启了重庆西向大通道的建设。2012 年 4 月 12 日，渝新欧（重庆）物流有限公司正式成立，重庆中欧班列品牌有了专业的运营平台。十多年来，渝新欧埋头精进，阔步向前，凭借全国开行最早、运行最稳定、辐射范围最广、带动产业最强等发展优势，逐步形成“3+8+N”集结分拨体系和“东南西北”多点扩散的国际铁路联运大通道网络，成为重庆出海出境和连接“一带一路”沿线国家的重要通道，为推动重庆打造联通国内国际双循环的国际化物流战略枢纽注入动力。

物流通道的建设完善必然伴随着区域联动发展的切实深化。2020 年以来，随着成渝地区双城经济圈建设上升为国家战略以及相关配套政策的落地，西部地区两大“重要增长极”加强合作成为必然趋势。重庆积极主动携手成都探索中欧班列合作运营，于 2021 年 1 月 1 日同时发出中欧班列（成渝）首趟列车，首创跨省共商共建共享合作机制，为全国中欧班列开展区域合作提供

优秀样本，成为西部地区高水平对外开放的典型范例，并为重庆市深入推进“一带一路”建设、构建国内国际双循环新发展格局提供了源源不断的动力。

（一）蓬勃发展，范围拓至亚欧全域

渝新欧发自中国重庆，终点为德国杜伊斯堡，先于“一带一路”倡议而行，又因“一带一路”倡议而发展壮大，是重庆“行千里，致广大”的最佳代表。这条全长11179千米，平均运行时间16天左右的西向物流大通道高效、稳定、便捷、环保，以物流促开放，助推重庆外向型经济发展，将重庆原有的区位劣势转化为辐射四周的通道优势。向北——重庆以渝新欧为基础，于2014年成功开行首趟直达俄罗斯的“渝满俄”班列，将长江中上游地区和俄罗斯伏尔加河沿岸联邦区以及中亚各国紧密串联到了一起。向南——重庆推动中欧班列与西部陆海新通道衔接，于2018年首次开行“重庆—河内”国际铁水联运班列，随后以多式联运方式实现了与越南、老挝、泰国等东南亚国家的常态化往返开行。向东——重庆以两江新区果园港为重点，谋划建设中欧班列与长江经济带的铁水联运示范工程，进一步拓展了重庆物流大通道网络。

中欧班列（渝新欧）发展十余年，目前稳定运行线路近50条，境外辐射近40个国家100多个城市，境内通达59个铁路站点和29个港口，汇集全国30多个城市和地区，干支网络基本覆盖亚欧大陆全境，开行的中欧、渝满俄、中亚、中越、中老泰等班列不仅拉近了重庆与世界的距离，也为深化我国与共建“一带一路”国家经贸合作作出了重大贡献。作为中欧班列的开创者和引领者，重庆积极探索新发展道路，以定制化班列和线路推动中欧班列高质量运营。2020年4月，重庆首次开行中欧班列（渝新欧）重庆—布达佩斯直达专列。到2022年底，中欧班列（渝新欧）开行的定制路线已近40条，这既是中欧班列（渝新欧）坚持创新、勇于开拓精神的体现，也是市场和企业对其高度认可的体现。

（二）变身“邮差”，改写铁路运邮历史

根据铁路合作组织（Organization for Cooperration of Railways，OSJD）1956年颁布的《国际铁路货物联运协定》，国际铁路直通货物联运中不准运送邮政转运物品。渝新欧则突破了这一禁邮规则，开创了一套兼容铁路、海关、邮政部门认可的国际货运列车常态化运邮标准流程。2013年以来，重庆市牵头先后组织9次国内段测试。2014年，渝新欧成功完成重庆至哈萨克斯坦的邮

包运输测试。2016年，海关总署批复重庆为唯一的中欧货运班列运邮试点城市。2017年，渝新欧去程至波兰全程运邮测试成功。2018年，重庆被明确为中国邮政第一个铁路口岸；同年，渝新欧首次国际回邮运邮测试成功，至此实现了国际铁路运邮双向互通。2020年新冠疫情期间，重庆邮政承担了全国邮政欧向邮件疏运任务，首创“整箱转关模式”。2020年，渝新欧共发出14趟“中国邮政号”运邮专列，在全球防疫的关键时刻，疏运了全网60%的欧向邮件。

以应急疏运国际邮件为契机，中欧班列（渝新欧）成为亚欧大陆上的“新邮差”。为此，重庆积极创新，大胆改革。以重庆国际邮件互换局和重庆邮局海关同场地办公作业为例，重庆海关建立了中欧班列（渝新欧）出口邮包日清工作机制，利用智能化监管系统实现出口邮包在海关作业环节“零等待、零延迟”，保障了渝新欧运邮的顺利开展，大幅提升了邮件通关效率。2021年，受多方面因素影响，国内多地铁路国际运邮探索暂缓，但重庆仍保持每周至少一个固定班次发运，并于2022年提高到每周2班。据统计，截至2023年初，中欧班列（渝新欧）累计运输国际邮包超3000万件，货值约21亿元，运邮总量居全国首位。2023年上半年，中欧班列（渝新欧）重庆—白俄罗斯—欧洲13国运邮专线已实现常态化运行。此外，2023年2月，重庆市中欧班列运邮项目还成功入选商务部“国家服务业扩大开放综合试点示范最佳案例”，成为全国邮政快递业唯一入选的优秀案例。

（三）携手共进，创新班列运营模式

积跬步以至千里，经年累月，重庆在中欧班列发展、运营等方面积攒了众多宝贵经验。为响应国家关于加强成渝地区双城经济圈建设的号召，重庆主动与成都携手共进，以合作运营的新模式改变原先川渝地区中欧班列各自为政的局面，深入推进中欧班列共商共建共享，充分发挥两地在中欧班列中的带头作用，进一步引领和促进中欧班列高质量发展，加速建设“多通道跨境、多口岸过境”的国际班列大通道。

自2021年1月1日首发以来，仅开行第一年，中欧班列（成渝）全年总开行数量即超过4800列，占全国开行量的30%，运输货值超2000亿元，均列全国首位。截至2022年，成渝两地中欧班列累计开行数量突破2万列，运输线路覆盖欧亚超过40个国家100个节点城市，是全国开行量最多、开行最均衡、运输货值最高、货源结构最优的中欧班列品牌。另据成都国际铁路港

数据，2023年1—6月，中欧班列（成渝）开行2732列，仍居全国首位，同比增长29.6%；运输货物超过22万标准箱，同比增长24%。中欧班列（成渝）运行线路拓展近40条，境外可辐射亚欧多个国家近百个城市，境内可辐射59个铁路站点和29个港口，惠及全国30多个城市和地区。中欧班列（成渝）交出的优秀答卷既是重庆和成都两市通力协作的成果，也是双方树牢"一盘棋"思维的体现。

重庆市积极主动开展合作，大力支持中欧班列运营改革，通过与成都共营中欧班列，整合两地优势资源，优化物流运输通道，错位布局境外主枢纽，为中欧班列运营模式改革翻开新篇章。重庆在通道口岸互联、产业招商互补、开放创新互享、机制协同共促四个方面与成都强强联手，充分发挥重庆运营中心和成都商贸中心功能，大力提升了中欧班列（成渝）的吸引力和抗风险能力，为其他区域中欧班列的运营改革做出了表率。

二、建设形势：规划布局方向明确

（一）以国家发展战略谋势

2022年12月15日，国务院办公厅印发《"十四五"现代物流发展规划》，明确指出要巩固提升中欧班列等国际铁路运输组织水平，加快构建高效畅通的多元化国际物流干线通道，提高国际物流综合服务能力。这一要求为重庆推进中欧班列（成渝）转型升级、提质增效、运营创新指明了发展方向。在国家西部地区经济发展蓝图中，重庆的战略定位是"两中心两枢纽"，即国家重要先进制造业中心、西部金融中心、西部国际综合交通枢纽和国际门户枢纽。为匹配这一定位，重庆在立足新发展阶段的当下，力图以西部陆海新通道建设为支撑，以全面深化改革为动力，建设中欧班列、长江经济带、西部陆海新通道联动发展的战略枢纽，构建内陆开放高地"四梁八柱"，切实提升重庆对外开放竞争力。

为加快建设中欧班列集结中心，推动中欧班列与西部陆海新通道和长江经济带的无缝衔接，进一步提升中欧班列的货源集结和运行效率，推进重庆在西部大开发中发挥支撑作用、在共建"一带一路"中发挥带动作用、在长江经济带绿色发展中发挥示范作用，重庆需要在国家政策引领下继续加快提升高质量发展的支撑引领能力和物流组织能力，以中欧班列为载体，加强与欧洲和通道沿线国家的经贸往来，并通过日益完善的大通道网络将中欧班列

（成渝）的辐射范围继续拓展延伸到其他区域。

（二）以区域发展战略为纲

《重庆市推动成渝地区双城经济圈建设行动方案（2023—2027 年）》提出的“十项行动”中，专辟一章要求开展“实施打造内陆开放高地行动”。该项行动为重庆实施更大范围、更宽领域、更深层次对外开放明确了发展方向——要求重庆加快建成“一带一路”倡议枢纽。其中，增强西部陆海新通道与中欧班列、长江黄金水道、国际航空网络接驳联系；高质量发展中欧班列（成渝），统筹优化去回程线路和运力，加快建设中欧班列集结中心，力争累计开行超过 3.2 万列。这一具体行动要求明确了中欧班列（成渝）的未来发展任务。

围绕中欧班列合作共营，重庆与成都两地建立了常态化沟通交流机制，制定了近、中、远期“三步走”发展战略规划，携手打造“全国运营网络最优、运行效率最优、服务体验最优”的中欧班列第一品牌。在区域合作战略的引领下，重庆推动中欧班列发展改革的步履不停、创新不止，这一物流大通道吸引着越来越多的企业开拓市场，利用通道优势助力产业升级。同时，吸引前来的企业在成渝地区逐步形成产业集群，既有利于两地经济发展，也有助于企业进一步壮大。重庆与成都在中欧班列运营上的紧密合作不仅推动了成渝地区协同发展，还有效整合了两地优势资源，对推动西部地区高质量发展意义重大。

（三）以城市发展战略注力

2022 年，重庆市政府办公厅发布的《重庆市现代物流业发展“十四五”规划（2021—2025 年）》（简称《规划》）指出，“十三五”期间，重庆出海出境大通道建设形成新格局，初步建成以重庆为中心，立足西部、辐射全国，东南西北四个方向互联互通、铁公水空多式联运的国际物流通道体系。其中，推进中欧班列线路优化和资源整合为重庆物流通道体系建设注入强劲动力。作为西部地区经济社会发展和对外开放的龙头，重庆市大力支持中欧班列改革，与成都协作优化重复线路，提升运营效率，降低运输成本，高质量发展中欧班列，以国际直达为重点拓展国际及地区线路，优化西部地区大通道体系建设，更好助力重庆打造内陆开放新高地和“一带一路”倡议枢纽。《规划》还指出，“十四五”期间，重庆基本建成中欧班列集结中心，并加快构建中欧班列集结中心体系，形成“干支结合、枢纽集散”的高效集疏运网络。

在具体目标指引下，重庆市推动中欧班列高质量发展更具针对性，可进一步发挥中欧班列在共建“一带一路”中的载体作用，并通过真正的资源共享、机制共建，与成都一道打造中欧班列“第一品牌”，保持班列多路径、多通道安全稳定运营。依托政策引领和班列优势，未来实现通道带动物流、贸易、产业高标准融合、高质量互促，形成西部地区对外开放新高地的目标将指日可待。

三、建设展望：多层推进融合共生

（一）增强风险防控，安全稳定运营

2023 年，百年未有之大变局加速演进，地缘政治冲突加剧，世界经济增速放缓。在复杂的国际环境下，中欧班列运营的通道风险和短期困境也逐步显现。对于可能面临的风险，重庆应完善风险防范措施，协调各部门、企业制定切实可行的防范措施，安全稳定开展运输服务。同时，政府应与沿线国家协调合作，在海外设置物流节点以减小或规避突发状况造成的风险和损失，并对可能预见的各类风险进行划级评判，为中欧班列高质量安全化发展保驾护航。

（二）建设智能平台，统筹信息对接

在新一轮科技革命和产业革命已成为必然趋势的当下，重庆需要加强物流信息平台对接，继续增强中欧班列、长江黄金水道、西部陆海新通道三大通道无缝衔接，构建各运营主体的常态化协作机制，推动线路运行信息有效整合，完善数字化、智能化信息集成平台，与中欧班列沿线国家共建服务网络，实现数据资源的软联通，打造新时代的数字智能中欧班列。

（三）深化成渝合作，加强品牌建设

在合力运营中欧班列（成渝）的过程中，重庆应与成都一道秉持共商共建共享的原则进行合作，提倡良性竞合，注重实际需求，健全有效的常态化沟通和协调机制，定期讨论班列开行和运营中的各项问题，积极发挥区位优势和品牌效应，促进两地通道与物流、贸易、产业的融合发展，以更好建设内地物流枢纽和口岸高地。

（四）推动均衡运输，提高集结效率

在优化中欧班列开行和货物运输方案，保障国际产业链供应链稳定的基

础上，重庆应继续发挥中欧班列（渝新欧）运营平台公司的对接和组织作用，加大对高质量农产品、整车和零配件、医疗器械、冷链产品等货源的进口规模，推动中欧班列双向均衡运输，并继续提高货源集结能力和班列运行效率，提升国际物流综合服务能力。

（五）加强多式联运，推动高效衔接

重庆应立足全局，助推现代物流运营体系建设完善，深度挖掘重点领域潜力，实现开放平台优势互补，推动中欧班列（成渝）与西部陆海新通道、长江黄金水道以及国际航空枢纽之间无缝衔接，提高口岸和通道协同发展水平，有效促进口岸和通道融合发展，以通道促物流、以物流促经贸、以经贸促产业，推动重庆全面融入共建“一带一路”，加快建设成为内陆开放新高地。

［四川外国语大学陆海新通道研究院　宋国华　赵子宁］

之三：重庆推进长江黄金水道建设的进展、形势和展望

重庆位于长江上游地区，处在“一带一路”和长江经济带的联结点上，是中国中西部地区唯一的直辖市、西部大开发的重要战略支点和国家确定的三大航运中心之一，在国家区域发展和对外开放中具有独特而重要的作用。近年来，重庆以全面融入“一带一路”建设为契机，统筹东西南北四个方向、铁陆水空四种方式，构建了东向长江黄金水道、西向中欧班列（渝新欧、成渝）、南向西部陆海新通道、北向“渝满俄”班列等较为完善的开放通道体系，多条国际物流大通道在重庆交会，助推重庆加快“拥抱”世界。长江黄金水道贯穿我国东中西部，是连接丝绸之路经济带和21世纪海上丝绸之路的重要纽带。一直以来，重庆因水而兴，因江而盛，长江黄金水道是重庆经济发展的重要支撑。对于重庆而言，这条东向开放通道具有十分重要的战略意义，为重庆的全球化联系和陆海联动发展奠定了坚实基础。

一、重庆推进长江黄金水道建设成果丰硕

（一）建设绿色东向开放通道成效显著

习近平总书记站在历史和全局的高度，亲自谋划、亲自部署、亲自推动长江经济带发展重大战略，提出了关于长江经济带发展的重要论述。总书记强调，推动长江经济带发展，前提是坚持生态优先，把修复长江生态环境摆在压倒性位置。党的十八大以来，习近平总书记多次就相关重点难点问题作出重要指示，明确了“生态优先、绿色发展、共抓大保护、不搞大开发”的十八字方针，为推动长江经济带发展指明了方向。重庆市深入学习贯彻习近平总书记关于推动长江经济带发展重要论述精神，准确把握践行习近平新时代中国特色社会主义思想的实践要求，坚持把生态摆在优先位置，奋力谱写长江经济带高质量发展新篇章，取得一系列令人瞩目的成绩。十年禁渔获阶段

性成效，重庆退捕渔民安定有序，非法捕捞得到有效遏制，江河水面基本实现“四清四无”（即清船、清网、清江、清湖；无捕捞渔船、无捕捞渔网、无捕捞渔民、无捕捞生产），水生生物多样性初步呈现恢复向好趋势。三江排污口整治完成，重庆市针对“三江”（长江、嘉陵江、乌江）干流排污口多以雨洪排口、农村生活污水散排口类型为主的特征，扎实推进截污治污重点工程，强化问题整改，推动标本兼治。截至目前，全市三江干流入河排污口4012个已全部完成监测、溯源工作，其中80%已完成整治。

（二）建设贸易东向开放通道成绩斐然

长江是连接我国成渝、华中、长三角三大经济区的交通运输大动脉，长江干线年货运量35亿吨左右，连续十八年稳居世界内河第一，长江已成为全球内河运输最繁忙、运量最大的“黄金水道”，不断推动长江经济带高质量发展，成为中国经济高质量发展的重要支撑。作为长江黄金水道的核心城市之一，如今的重庆已成为上游地区最大的集装箱集并港、大宗散货中转港、滚装汽车运输港、长江三峡旅游集散地，长江黄金水道为重庆发挥了“黄金效益”。果园港物流枢纽建设备受瞩目，长江上游航运中心初步建成。2022年，重庆各港口货物吞吐能力突破2亿吨，集装箱吞吐能力达到500万标准箱，三级及以上航道突破1100千米，船舶运力达到830万载重吨，船型标准化率现居全国内河第一。长江上游首座万吨级港口——新生港于2021年正式开港运营，该港设有5000吨级泊位14个、年吞吐量2500万吨，因为其独特的区位和水深优势，新生港在重庆港区规划中占有重要地位，也是重庆打造长江上游航运中心的重要支撑。

图3　重庆果园港（新华社记者　李前磊 摄）

（三）建设合作东向开放通道稳步推进

三峡成库以来，川江的急流险滩得到有效治理，长江黄金水道的作用不断凸显。重庆市提出以重庆为中心，枢纽型港口为节点，航运服务集聚区为支撑，依托长江黄金水道、高速公路和铁路网，构建沿江综合立体交通走廊，衔接贯通“一带一路”和长江经济带，把重庆建设成为辐射国内、联通国际的长江上游中心港口城市。各兄弟省市携手发力，2021 年重庆、四川、贵州、云南、陕西五省市港航部门以“云签约”形式共同签署“1+4”合作协议，33 家航运企业共达成 19 项省际合作项目。2023 年 6 月，13 个长江水系省市交通运输主管部门相关负责人在宜宾召开合力推进长江航运高质量发展座谈会，各代表在会上积极为合力推进长江航运高质量发展建言献策，凝聚了奋力谱写新时代交通强国建设长江航运新篇章的坚实力量。各大企业合作不断深化，重庆港务物流集团和四川省港航投资合资集团签约活动于 2021 年 9 月正式举行，双方将统筹发挥东向长江黄金水道作用，优化两地港口水运航线布局，促进物流运输降本增效。2023 年 3 月，央地携手合作落实成渝地区双城经济圈建设国家战略共建现代化新重庆座谈会在北京举行。

二、特色做法与典型案例

（一）全面筑牢重要生态屏障

2016 年，习近平总书记在重庆调研时指出，保护好三峡库区和长江母亲河，事关重庆长远发展，事关国家发展全局，并叮嘱重庆“建设长江上游重要生态屏障”。重庆广大干部群众牢记总书记嘱托，大力推进生态优先、绿色低碳发展，深入打好长江保护修复攻坚战。为推进长江生态环境保护和修复，重庆法院全面贯彻实施长江保护法，引领带动长江生态保护修复、服务保障经济绿色发展，共审结各类环境资源案件 3500 余件，入选最高人民法院环境资源审批类指导案例及长江流域生态环境司法保护典型案例数量位居全国前列，在推进长江经济带绿色发展中发挥了示范作用。

（二）初步建成长江上游航运中心

目前，重庆市已初步建成果园港、新田港、龙头港和珞璜港四大枢纽港口，重庆长江上游航运中心已初具雏形，重庆依托长江黄金水道加快建设智慧物流工程，开通渝沪直达快线，开行渝甬沿江铁海联运国际班列，与长江航运相互补充。2023年，重庆市将加快建设完善现代化港口集群，提升航道通行能力，加速打造长江上游航运中心，同时推进大宗货物铁水联运和干支直达运输，探索试点江海直达运输，加快九龙坡黄磏一期、万州新田二期、涪陵龙头二期等货运港口建设以及寸滩邮轮母港等客运港口建设。

（三）加快建设我国最大的内河水、铁、公联运枢纽港

果园港位于重庆市两江新区核心区域，是我国最大的内河水、铁、公联运枢纽港，它利用重庆通江达海、连接亚欧的联结点作用，目前已实现水运、铁路、公路等多种交通方式相互衔接，形成内陆地区与东部沿海地区以及长江经济带与欧洲、南亚等地区的物流大枢纽。作为重庆现代化港口群的主枢纽港，果园港拥有5000吨级泊位16个，设计年吞吐能力3000万吨，同时拥有13条铁路专用线，可以实现铁水公联运。“陆海明珠”果园港2022年货物吞吐量已达到2452万吨。从曾经的散杂货运输小码头到我国内河上最大的水铁公多式联运枢纽港，十年来，果园港向着更快捷、更智慧、更绿色快速“奔跑”，逐渐成为成渝地区双城经济圈开放门户和长江上游联通世界的“中转站”。

（四）积极畅通畅联三大物流通道

长江黄金水道是贯穿我国东、中、西部的水路交通大通道，中欧班列贯通“一带一路”和长江经济带，西部陆海新通道是“一带一路”与新一轮西部大开发有机衔接的重要纽带。三条物流通道构建了东西互济、南北互联、双向开放的局面，对推动西部高质量发展意义重大。近年来，三大物流通道衔接日益紧密，如果未来能够更加强化通道之间的机制和信息联动，会进一步形成有利于经济要素流动的国际运输通道格局。

三、推进长江黄金水道建设“危”“机”并存

（一）前所未有的机遇

重庆推进长江黄金水道建设“危”中有“机”。迈向新时代新征程，面对世界百年未有之大变局，重庆市积极发挥自身优势，全面融入“一带一路”建设内陆开放高地。在此时代背景下，推进东向开放通道建设工作面临着前所未有的机遇。

“一带一路”成就全球瞩目。十年来，共建“一带一路”已在深化各国

政策沟通、推动全球互联互通、重塑国际贸易格局、拉动世界经济增长等方面发挥了重要作用；十年来，共建“一带一路”倡议得到越来越多国家和国际组织的积极响应，成为当今世界深受欢迎的全球公共产品和国际合作平台；十年来，各国合作共识不断凝聚，国际感召力持续增强，共建“一带一路”的朋友圈持续扩大，中国的国际影响力不断提升。随着“一带一路”倡议的深入人心，“一带一路”陆海联动实践备受关注，重庆中心枢纽地位更加突出，推进长江黄金水道建设迫在眉睫。

长江经济带战略地位提升。2013 年，习近平总书记在武汉调研时指出，长江流域要加强合作，发挥内河航运作用，把全流域打造成黄金水道。2014 年，习近平总书记强调，长江通道是中国国土空间开发最重要的东西轴线，在区域发展总体格局中具有重要战略地位。2016 年，中共中央、国务院印发《长江经济带发展规划纲要》，进一步明确了长江经济带发展必须坚持生态优先、绿色发展的战略定位。党的二十大进一步明确将推进长江经济带发展作为加快构建新发展格局、着力推动高质量发展的重点任务。随着长江经济带战略地位的提升，推进长江黄金水道建设是大势所趋。

水路运输优势日益显现。以前的水运，曾一度给人以效率低下等印象，甚至掩盖了它投资省、运能大、成本低等优点，但如今，随着航运高质量发展，其占地少、能耗小、排放低等生态优势越发凸显。当前应对气候变化、推动全球碳达峰碳中和、实现全球经济尽早重振与复苏至关重要，促进经济绿色、韧性和可持续复苏已成为后疫情时代的全球共识，越来越多的企业选择运能更大、成本更低的水路运输，这种运输方式受到越来越多人的关注，推进黄金水道建设面临着时代的机遇。

（二）面对的挑战

10 年来，重庆依托长江黄金水道建设东向通道获得阶段性成果。重庆也依托长江黄金水道这一运输优势，实现了经济的快速发展。但在长江黄金水道建设不断推进的同时，也面临着三方面的挑战：

生态形势依然严峻。目前，长江经济带生态环境依然严峻，流域生态功能退化依然严重，沿江产业发展惯性较大，污染物排放基数较大。在长江岸线和港口，乱占滥用、占而不用、多占少用和粗放利用等问题仍然突出。此外，流域环境风险隐患突出，固体危废品跨区域违法倾倒呈多发态势，污染产业向中上游转移风险隐患加剧。对于重庆而言，“水脏”问题仍不可忽视，

“水浑”问题急需加大力度，水土流失问题仍然存在，“水损”状况还未得到根本改变。

航运能力有待加强。近年来，长江航运发展快速，但受种种因素制约，长江上游航运能力还有待进一步提升，黄金水道能力仍未得到充分发挥。此外，长江上游干流和重要支流如嘉陵江、乌江等还存在运航能力堵点，三峡船闸拥堵、上游航道等级低、通行能力差，导致水运物流成本高、时效低等问题长期无法根本解决。加强长江上游航运能力，建设三峡水运新通道，对于提升长江干线通航能力、更好发挥长江“黄金水道”作用意义重大。

协调机制不够完善。着眼于“硬件”基础设施建设的同时，也不能忽略“软件”协调机制的建设。目前，长江航运不同地区之间发展水平明显不平衡，除了经济发展水平、区位条件及航运资源等因素外，理念、模式及技术水平等因素也非常关键。为促进长江航运全面、协调发展，长江不同地区之间有必要建立更完善的沟通协调机制，就各大重要事项进行定期协商，规范行业行为，加强协作联盟，共同促进“黄金水道”的发展。

四、重庆推进长江黄金水道建设迈向新征程

习近平总书记近年对重庆提出的“两点”定位、“两地”“两高”目标、发挥“三个作用”等要求，是重庆加快建设出海出境大通道的根本方向遵循。重庆未来要用好这条黄金水道的既有优势，通过全球化要素和陆海联动发展不断推动重庆水运优势升级，并反过来推动重庆的全球化互动和陆海联动发展。

（一）谱写生态优先绿色发展新篇章

长江黄金水道建设，要在绿色发展中持续推进。重庆市通过牢固树立集约高效利用港口岸线理念，筑牢长江上游重要生态屏障，把践行“共抓大保护、不搞大开发”理念作为发展长江航运的前提。重庆市将推进绿色港口建设，推进港口船舶污染物接收转运设施建设，加快港口岸电应用推广，推进绿色船舶建设，推进新能源、清洁能源应用，推广应用清洁能源船舶。此外，加强水运政策协同，研究区域水运高质量发展政策措施，同步推进航运绿色发展、港口船舶污染防治等工作。

（二）打造区域协调发展新样板

重庆市将强化宽领域协同联动，强化沿线省（区、市）重大事项、重大

政策协同联动，深度融入全国统一大市场建设，特别是作为重庆市委“一号工程”和全市工作总抓手总牵引的成渝地区双城经济圈建设工作持续推进，围绕“两中心两高地”战略定位，部署实施主城都市区极核引领、现代基础设施网络建设、科技创新中心建设等“十项行动”，已形成全市域融入、全方位推进的良好态势。协同推进长江、嘉陵江航道整治，强化珞璜港、朱沱港与泸州港、宜宾港等联动发展，充分释放长江黄金水道的“黄金效应”。

（三）构筑陆海联动对外开放新高地

深入贯彻落实习近平总书记重要讲话精神，坚持从全局谋划一域、以一域服务全局，始终把全面融入共建“一带一路”作为重大战略使命，着力构建内陆开放高地，推动政策沟通持续拓展、设施联动持续改善、贸易畅通持续壮大、资金融通持续增强、民心相通持续优化，努力在“一带一路”中发挥带动作用。在下一步的发展中，深入研究如何更好地发挥长江黄金水道战略作用，将水运更好地与多式联运相衔接，高起点谋划，高质量推动，把重庆建设成为辐射国内、联通国际的中国陆海联动发展支点城市。

[四川外国语大学陆海新通道研究院　宋国华　曹诗宜]

之四：重庆推进渝满俄国际铁路班列建设的进展、形势和展望

重庆主动融入“一带一路”，推进以渝满俄国际铁路班列为代表的对外大通道建设，克服物流时间长、成本高、通道不畅等限制，改变了地处西南内陆，不沿边不靠海的地理区位劣势。秉承“通道带物流、物流带经贸、经贸带产业”理念，以修通道、建园区、通口岸、筑平台、酿环境等有效举措，助推重庆更高水平的对外开放，更好地服务“一带一路”建设。

一、重庆推进渝满俄国际铁路班列建设的主要进展

加快“一带一路”建设，重庆积极推进渝满俄国际铁路班列建设，主要进展为创新新模式开辟新通道，辐射带动双边经贸合作和产业融合，维护供应链稳定与安全等。

（一）创新国际班列运行模式，开辟亚欧陆路运输通道

中国铁路依托新亚欧大陆桥和西伯利亚大陆桥，在早期探索开行亚欧国际列车的基础上，以重庆为起点，经新疆阿拉山口口岸出境，开通了到德国的中欧班列“渝新欧”，拉开了中欧班列连通亚欧大陆、推动共建“一带一路”发展的大幕。2014 年 11 月 11 日，渝满俄班列正式开行，班列自重庆国际物流枢纽园出发，北上经满洲里口岸出境，横越西伯利亚到达莫斯科。该班列的开通，填补了中欧班列（渝新欧）北方版图的空白，加强了中国内陆腹地与俄罗斯及东欧国家的经贸合作，同时促进了成渝地区与京津冀的联系。

（二）增大国际铁路班列开行规模，带动双边贸易与发展

渝满俄班列的开通极大地缩短了重庆和俄罗斯之间的时空距离，两地之间的物流运输效率大幅提升，使得两地之间的经贸合作更加频繁，拓宽了重庆地区汽车零配件、工业机械配件、日用百货等商品的市场渠道，经贸联系更加密切，贸易市场进一步拓展。2014—2017 年，渝满俄国际铁路班列共计

开行48班，均由满洲里口岸进出境。2018年后开始呈现快速增长，全年开行360班；2019年开行819列；2020年开行1355列；2021年开行1034列；2022年开行2000列。重庆发往俄罗斯的货物主要为汽车零配件、工业机械配件、日用百货等，俄罗斯回程重庆的货物主要为大宗货物、肉类、葵花油等农副产品。随着开行班列规模的增加，运输货值也在不断提高，从而带动了双边的经贸合作与发展。

（三）降低货物流通成本，促进两国经贸合作和产业融合

渝满俄国际铁路班列的开通与常态化运营，极大地缩短了两大城市之间的时空距离，降低了双边贸易的物流运输成本。国际铁路班列运输费用约为空运的1/5，运输时间约为海运的1/4，综合考虑高附加值货物在途时间成本，国际铁路相比传统铁海联运可节约8%～20%的物流成本。便利的交通和较低的物流成本，促进了重庆与莫斯科、中国与俄罗斯、亚洲与欧洲之间的经贸合作，为重庆汽车零配件、工业机械、日用百货等多种产品走向欧洲和俄罗斯大宗货物、肉类、葵花油等农副产品走入中国提供了便捷，极大地带动了相关产业链和供应链的融合发展。货物商品的流动，也增强了两国人民对彼此文化的了解。同时，渝满俄国际铁路班列在稳定国际供应链、产业链和推动国际经济融合中发挥了重要作用，极大地推动了国内国际双循环发展格局，落实了“一带一路”倡议。

（四）发挥组织运转优势，维护“一带一路”沿线国家的供应链安全稳定

新冠疫情暴发后，全球海运、空运受阻，为稳定全球供应链，重庆加快渝满俄国际铁路班列组织与运行，将医疗物资从重庆运输到俄罗斯等欧洲国家，为共同抗疫发挥重要作用。面对新冠疫情的严重冲击，重庆全力保障渝满俄班列的安全稳定运行，逆势增长。2020年开行1355列，比2019年增长65.4%；2021年开行1034列，比2019年增长26.3%；2022年开行2000列，比2019年增长144.2%。俄乌冲突爆发后，渝满俄班列依然正常有序、安全稳定开行，有力保障生产生活物资的畅通运输，为俄罗斯乃至欧洲国家复工复产提供了重要支撑，维护了“一带一路”沿线国家供应链的安全与稳定。

二、重庆推进渝满俄国际铁路班列建设的特色做法

在国家战略规划中找准自身定位，充分发挥资源优势，加快推进渝满俄国际铁路班列建设，形成东南西北四向开放的国际大通道、功能齐备的国际大口岸、多层级互补的国际大平台、多式联运的国际物流大枢纽和产业集聚联动发展的大环境发展格局。

（一）打造国际枢纽构建四向国际大通道，“一带”和“一路”无缝连接向外延伸

重庆积极拓展对外通道，构建东南西北四向通道，加强对内连通与对外延伸，实现“一带”和“一路”无缝连接，为形成以国内大循环为主体、国内国际双循环相互促进的新发展格局创造基础和条件。2011 年 6 月 30 日，“渝新欧”国际物流大通道正式全线打通，重庆至德国杜伊斯堡间有了国际铁路班列。2014 年 11 月 11 日，渝满俄班列由重庆始发至内蒙古满洲里口岸出关，开创了中国内陆以集装箱专列模式发往俄罗斯的先例。2017 年 9 月 25 日，“渝黔桂新”铁海联运常态化班列开行，实现了“一带”和“一路”在重庆衔接。2018 年 1 月 23 日，“渝甬”沿江班列首发，到达宁波港舟山港出海，缓解长江水运“肠梗阻”。重庆加快建设国际贸易大通道，建设形成国际枢纽，发挥推动共建“一带一路”的节点带动作用。

（二）构建多元化的大口岸与多层级的大平台，提升渝满俄国际铁路班列服务能级

重庆打造“战略平台+园区平台+活动平台”等多层级多功能的开放平台和口岸体系，支撑渝满俄国际班列高质量发展。目前拥有国家级战略平台 4 个，国家级开发区 7 个，海关特殊监管区 6 个，保税物流中心 3 个。开放平台和口岸发展机制不断健全、能级不断提升，内陆开放主战场作用发挥明显，集聚了全市 80%的外贸和 60%以上的外商直接投资。为适应国际班列开行规模扩大和贸易总量提升的市场需求，重庆加强口岸和平台服务能力等数字化建设，提升口岸服务质量和通关效率。一方面，重庆率先在内陆铁路口岸完成了铁路新舱单系统切换，实现了铁路与海关的数据联通。另一方面，不断加强数据的互联共享，将海关数据信息与国际贸易“单一窗口”联通，力求线下业务全流程线上办理。此制度创新实现铁路口岸平均通关时长相比 2017

年压缩近90%。重庆率先形成“五国六方”铁路联席会议和跨国海关协调机制，促进跨国铁路运输和通关便捷化；率先研发控温集装箱、海关和铁路共用的“关铁通”电子锁，破解沿途低温和安全难题；率先迎来回程班列，实现所有中欧班列回程货“零的突破”；开出第一单“铁路提单国际信用证”，首次赋予铁路运单金融属性，大大减轻企业资金压力。

（三）以制度创新营造良好营商环境，提升国际贸易服务效率与水平

《重庆市全面融入共建“一带一路”加快建设内陆开放高地“十四五”规划（2021—2025年）》中明确要求全面优化开放发展环境，深化“放管服”改革，不断提升贸易投资自由化便利化水平，不断完善涉外法治建设，全面改善市场环境、政务环境、法律环境、人居环境等。在沿线国家共商共建共享的氛围下，渝满俄国际铁路班列进入“统一运单”时代，为“一关通”和“五定”夯实基础。与中新互联互通项目融合，催生国际陆海贸易新通道的成型和进一步延伸。越来越多的供应链、产业链从沿海转移到园区，越来越多的跨境交易、转口贸易在园区实现，商业机会和就业机会不断涌现。

重庆在2018年把握自贸区建设，不断优化营商环境，提升经贸服务水平，将30个具有行政审批职能的部门全部入驻行政服务中心，让行政审批时间缩短一半以上。同时，在全市“三十一证合一”基础上实行“四十一证合一”，有近1000家企业实现多证合一。实施建设项目行政审批改革绿色通道机制，企业投资项目建设审批综合总体办结时限缩短2/3，红星美凯龙物流城、丰树跨境物流平台等20个入驻建设项目按照新流程进行办理。探索陆上贸易规则取得阶段性突破，以进口整车为切入口，铁路信用证在园区得到了批量化使用。2022年5月，重庆获批成为首个可开展中欧班列进口运邮的城市，进出双向铁路运邮新篇章正式开启。重庆先后成为首个突破国际铁路运邮禁令的城市、首个获批开展铁路运邮试点且率先完成双向铁路运邮的城市、首个开展邮包疏运并全国首发“中国邮政号”专列的城市、首个开行跨境电商进口及B2B出口专列的城市，也是全国唯一常态化开展中欧班列进出境快件运输的城市。

（四）发挥物流和产业的联动效应，延长物流链供应链产业链

重庆扩大对外开放，在西部物流园叠加市场主体等核心要素，促使园区

形成以物流产业为基础，一般进出口、转口贸易为主要业态的企业集群，提高园区自我造血能力。2013 年，公运项目完工。2014 年，永辉、远成、中集物流、中石油项目完工。2016 年，重庆医药、中集汽车、远成项目完工。2017 年，传化、民生项目完工。此外，维龙、丰树、安博、普洛斯、嘉民、交运、中外运、红星美凯龙等一大批项目都正在或即将对号入座，占位铁路口岸产业发展的前沿。2018 年底，共有 1500 余家企业入驻园区，主要涵盖物流、贸易、金融及配套服务。在物流和产业联动、规模效应和集聚效应的基础上，西部物流园打造内陆国际中转、保税分拨中心，冷链、整车内陆分拨中心，发展国际中转、保税仓储物流、流通性加工物流、冷链物流、汽车整车国际国内物流，同时打造国际邮（快）件互换中心，实现铁路国际邮（快）件进出口物流功能。在物流园区，入园企业依托各项开放资源进行海外拓展已经蔚然成风，重庆医药操作的欧洲药品班列、传化智联主推的白俄罗斯乳制品常态化专列，以及中欧班列（重庆）回程运邮全线测试都是很有代表性的案例。

（五）挖掘组织与运转潜能，联合抵御全球新冠疫情

2020 年全球出现新冠疫情，海运、空运受阻，造成全球医疗物资短缺。面对全球公共卫生危机，渝满俄国际铁路班列充分发挥其运时短、成本低、运能大、零接触、经济环保、安全高效等组织和运转优势，持续有序发行班列，将医疗物资从重庆始发运抵莫斯科再集散到欧洲各地区。班列发行数量呈现逆势增长，2020 年开行 1355 列，较 2019 年增长 536 列，2021 年开行 1034 列，2022 年开行 2000 列。新冠疫情期间，渝满俄国际铁路班列已成为紧密联系中国与欧洲防疫合作的典型代表，对全球防疫和国际供应链通畅注入了中国力量，同时也彰显着中国的大国担当。渝满俄国际班列的“破阻”前行，为推进疫情防控全球化构筑起坚固桥梁，不仅打通了疫情防控的“补给线”，也推动了“一带一路”沿线国家深化卫生领域的合作。

三、面临的新形势

面对百年未有之大变局和世纪疫情叠加、国际经济政治格局深刻调整、全球经济不确定不稳定性增强的外部环境，以及区域物流成本长期居高不下、地区封锁和行政壁垒尚待破除、统一大市场建设亟须加快推进的国内形势，重庆需要立足国家战略需要，充分发挥自身综合优势，进一步提高开放通道

效率，推动出海出境大通道健康运行、提质增效，拓展口岸辐射功能，强化内陆国际物流枢纽支撑，从而进一步推动开放型经济高质量发展，稳住外贸基本盘。目前，重庆推进渝满俄班列建设与发展将面临中欧班列规模继续增长、境外路线增多的变化和地缘政治风险、海运市场挤压、转型升级的挑战。

中欧班列运行规模将持续增长。自 2011 年中欧班列开通以来，开行班列规模不断增长。2011 年开行量仅 17 列，2018 年开行总量突破 10000 列，2020 年开行量达到 12406 列，2022 年开行量达 16000 列。目前，中欧班列联通了中国境内 108 个城市，通达欧洲等地 25 个国家、208 个城市，覆盖范围广阔。随着国际班列的不断运营与发展，亚欧大陆将有更多的城市纳入网络体系，进而需要建立覆盖范围更广的服务体系。与此同时，2022 年，西部陆海新通道班列发送货物 75.6 万标准箱，同比增长 18.5%；中老铁路开通运营一周年累计发送旅客 850 万人次，运送货物 1120 万吨，开行跨境货物列车 3000 列，跨境运输货值超过 130 亿元。

境外通道线路增多。受俄乌冲突影响，中欧班列遭遇军事冲突截断线路和地缘风险危及运行的双重冲击，在此背景下，中欧班列运营公司为了降低俄乌冲突带来的风险、维持班列运营，探索了中通道、南通道以及南线的拓展，极大改变了原有中欧班列线路布局。中通道、南通道以及南线的拓展将继续成为班列企业的选择，进而需要克服地缘政治、基础设施等诸多困难。

地缘政治风险危及运营。俄乌冲突暂时没有出现终结的迹象，其对中欧班列线路和市场会有持续影响，此为首个地缘政治风险。由于俄乌冲突不仅影响了过境乌克兰的运行线路，还影响了欧盟企业对待中欧班列的态度，导致中欧班列拓展欧盟市场依旧艰难。此外，欧美实施的多轮经济金融制裁也给中欧班列业务操作带来一定困难和挑战。

海运市场的恢复将挤压班列。由于新冠疫情的影响逐渐缩小甚至消除，海运市场将慢慢恢复，此将成为一股推动全球物流市场调整的重要力量。一直以来，国际班列被视为海运的替代者，其部分服务对象也是以海运转移为主。因此，海运市场的恢复必将影响国际班列市场。在海运价格快速下降的情况下，中欧班列的竞争优势将逐渐被弱化，其压力将会传递到运营主体。

升级转型提升核心竞争力。经过十多年的发展，中欧班列目前已经达到了较大规模，现正处于由数量扩张向质量提升的转型升级关键时期，这需要中欧班列运营主体不断提升参与市场竞争、应对风险挑战的能力，尤其是形成服务细分市场、提升运行效率、降低运营成本的核心竞争力。只有升级转型，才能在真正参与国际物流市场竞争中占据优势和主动地位。目前，国内中欧班列市场主体大多处于向市场转型的过程中，市场竞争力、生存力正在逐步变强。

四、未来发展展望

当今世界正处在百年未有之大变局，和平与发展仍然是时代主题，新一轮科技革命和产业变革深入发展，经济全球化亦不可逆转，各国相互联系和彼此依存日益频繁和紧密。面向未来，渝满俄国际铁路班列正站在新的起点，需要继续秉持共商共建共享的原则，弘扬丝绸之路精神，共同应对潜在风险和挑战，不断巩固发展态势，推动“一带一路”高质量发展。

（一）进一步巩固班列发展的基础

不断巩固中俄经贸合作基本盘。贸易是经济增长的重要引擎，也是渝满俄国际铁路班列发展的重要基础。共同促进贸易和投资自由化便利化，推动经济朝着更加开放、包容、共赢的方向发展，加强海关、税收、审计监管等领域合作，建立共建“一带一路”税收征管联合机制，继续扩大双方市场合作，进一步挖掘内需潜力，鼓励进口更多优质商品，实现中俄两大市场、两方资源的更好连通、更大效益，做大做强中俄经贸合作基本盘，奠定稳定的基础。

持续优化班列基础设施网络。设施连通是合作的基础和条件，进一步提升渝满俄基础设施互联互通水平，打通通道瓶颈。进一步深化规划对接、标准对接，提升铁铁联运综合能力，打通卡点和堵点。全面提升基础设施的保障能力。

继续完善服务体系。服务体系是竞争力的关键，打造渝满俄国际班列品牌，推广已经形成的运行经验。持续优化全程运输组织能力，创新“班列+”服务新业态、新模式，提供“一站式”跨境物流服务解决方案，创造市场化法治化国际化营商环境。

（二）持续稳定班列发展态势

强化双方合作。加强中俄间密切合作，研究建立合作机制，在政策制定、规划对接、设施联通、便利通关、运输组织、安全保障等方面加强沟通协商。共同支持班列运营企业发展，推动班列与本国产业发展深度融合，打造稳定的国际产业链供应链体系。

防范化解潜在风险。加强班列安全风险评估和监测预警，精准研判、识别和妥善应对各类潜在风险。深化信息交流和合作，携手稳固已有的中欧班列沿线国家执法安全合作机制，制定各方安保防范措施，织密渝满俄国际班列风险防控网络。

进一步深化市场发展。充分发挥市场在资源配置中的作用，遵循市场发展规律，尊重双方企业主体地位，建立公平、规范、透明的市场经营准则，构建市场化经营秩序，公同营造开放、公平、公正的市场发展环境。

（三）不断提升班列发展质量

促进通道与产业联动融合发展。充分发挥渝满俄国际铁路班列对经济发展的带动和示范作用，按照市场对接、规划对接、平台对接、项目对接的工作思路，拓展中欧班列合作的深度与广度，促进渝满俄班列与制造、商贸、金融、信息等产业联动融合发展。

信息化、数字化、智能化是新一轮科技革命和产业变革的必然趋势。中俄两国应共同加强相关法律法规和技术标准对接，推动中欧班列数据化应用和信息共享。共建信息集成平台，实现多元数据资源的软联通，进一步提升口岸通关效率。推进国际联运单证电子化，加快区块链技术应用，打造数字化班列。

[重庆交通大学欧洲研究中心　关海长　雷　洋　黄承锋]

之五：重庆推进世界级机场群建设的进展、形势和展望

党中央、国务院印发的《成渝地区双城经济圈建设规划纲要》明确提出打造成渝世界级机场群。加快建设具有突出辐射带动作用的世界级机场群，不仅是新时期国家战略赋予重庆新的历史使命的必然要求，也是重庆抢抓重要战略机遇期，打造互联互通现代基础设施网络，有力支撑交通强市建设，更好地服务共建“一带一路”等的重要战略举措。

一、进展情况

近年来，在军民航有关单位的大力支持下，重庆民航基础设施不断完善、辐射带动作用不断增强，实现了持续快速发展。

（一）枢纽功能持续增强

江北国际机场T3A航站楼和第三跑道2017年建成投用，成为我国中西部地区第一个拥有三座航站楼、实现三条跑道同时运行的机场；T3B航站楼及第四跑道工程2020年开工建设，目前T3B航站楼钢结构主体工程全部完成、第四跑道土石方工程基本完成。重庆新机场选址获批，前期工作取得重大阶段性成果，“一市两场”初具格局。

（二）航空业务规模快速增长

江北国际机场旅客吞吐量分别于2012年、2015年、2018年突破2000万人次、3000万人次、4000万人次，2019年达到4478.7万人次，迈入全球繁忙机场行列。受疫情影响，2022年江北机场完成旅客吞吐量2167.3万人次、货邮吞吐量41.5万吨，分别列全国机场第二位、第八位，吞吐量排名为历史最好，充分体现了重庆地区航空市场韧性足、潜力大的特点。截至2023年6月，江北国际机场累计开通国际及地区航线110条，通达36个国家80个城市，航线网络覆盖五大洲主要经济体和城市。

（三）支线航空快速发展

巫山机场、武隆仙女山机场相继建成投用，“一大四小”运输机场布局全面形成，运输机场100千米半径覆盖全市国土面积的92%。万州、黔江机场旅客吞吐量于2019年分别突破100万人次、50万人次，万州机场成为重庆市第二个开放的航空口岸。黔江机场T2航站楼和万州机场T2航站楼相继建成投用，支线机场保障能力持续提升。

（四）通用航空有力起步

建成投用两江龙兴、永川大安2个A1类通用机场，实现梁平机场军民合用发展通用航空，通用航空飞行小时于2019年达到1.3万小时，“十三五”年均增长66.7%，通航业务量高速发展。忠县、开州等5个通用机场选址获批，短途航空运输试点积极推进，全市民航发展“两翼齐飞”迈出坚实步伐。

虽然重庆市民航建设发展取得了较好成效，但在基础设施保障能力、核心竞争力等方面还存在制约瓶颈。一是设施保障能力不足。2035年、2050年重庆都市圈航空旅客将分别达到1.2亿人次、1.5亿人次，而江北国际机场终端设计年保障能力仅为8000万人次，存在较大缺口。同时，重庆市运输机场密度明显偏低，仅为1.7个/千万人，在全国各省（区市）中排名第19位，低于全国2.7个/千万人的平均水平，航空服务覆盖率和旅客航空出行便捷性不高。二是空域瓶颈制约大。重庆及周边地区军民航机场密集，空域结构复杂，空域资源紧张，运行冲突大。江北机场现有三条跑道因空域条件受限，运行容量难以充分发挥。三是航空枢纽核心竞争力偏弱。在旅客吞吐量、中转比、国际航线等方面与北京首都、昆明长水、成都双流等机场存在较大差距，同时缺乏引领重庆航空发展的主基地航空公司，尚无货运基地航空公司。四是协同保障机制亟待完善。成渝两地核心机场发展同质化，航线网络重合度高，客货资市场腹地重叠，综合交通衔接不够，不利于两地民航可持续发展，亟待在航权资源配置、市场开发拓展等方面构建协同发展机制。

二、特色做法与典型案例

（一）完善工作机制，高层次协调推动

运输机场选址需空军审查、西部战区空军出具意见，民航局多个司会签审批，环节多、层级高、协调难度大。市政府成立由市政府主要领导担任组

长的机场工作专班，统筹研究推进新机场工作；并专门成立重庆新机场建设指挥部，由市政府分管副市长任指挥长，协调推进新机场规划建设中的重大问题。市政府领导多次带队赴北京、成都，先后与西部战区空军司令员等有关领导会谈 4 次，与民航局局长、副局长会谈 4 次。在市领导的统筹调度和亲自协调推动下，2021 年 4 月，民航局两位局领导同时来渝参加新机场选址审查会，西部战区空军有关领导亲自踏勘新机场推荐场址，凸显了民航局和军方对重庆新机场的高度重视，为新机场选址顺利获批奠定了良好的基础。

图 4　四川省、重庆市共同签订《加快建设成渝世界级机场群、打造空中陆海新通道战略合作协议》

（二）超前谋划启动，推动纳入国家战略规划

民航运输具有快速、高效、便捷的比较优势，对提高区域对外开放程度、促进产业结构调整与优化具有非常重要的作用。为推动重庆市民航高质量发展，按照市委、市政府要求，2018 年 6 月，市交通局牵头开展新机场选址研究工作，委托设计单位结合产业发展、设施保障、人民出行等需求，系统论证规划建设重庆新机场在推动成渝地区双城经济圈建设、加快建设国际性综合交通枢纽城市方面的重要作用，为推动新机场进入国家层面规划提供有力支撑。2019 年 9 月，民航局会同市政府编制印发《重庆国际航空枢纽战略规划》，提出规划建设重庆新机场的重大任务，并将新机场定位为区域航空枢纽和航空货运枢纽，重庆新机场首次纳入行业规划。2020 年 11 月，党中央、国务院印发《成渝地区双城经济圈建设规划纲要》，明确提出规划研究重庆新机

场建设，标志着重庆新机场上升为国家战略重大项目。

（三）科学论证决策，高质量打造示范工程

新机场选址坚持“从全局谋划一域、以一域服务全局”的思路，把新机场放在成渝双城经济圈、支撑国家区域发展和对外开放的格局中统筹谋划、系统论证、科学决策。一是扎实全面选址踏勘。新机场选址工作由国内权威民航设计单位（民航规划设计总院）牵头开展，按年旅客吞吐量7000万人次、货邮吞吐量350万吨的保障能力，在距市中心100千米左右范围内的璧山、永川、江津、合川、荣昌、万盛等区县初选了22个意向场址。市交通局会同设计单位行程上千千米对意向场址及周边区域逐一踏勘，确保有条件的区域应选尽选。二是创新开展数字化选址。在民航局指导下，新机场选址首次在国内大型机场选址中融合GIS（地理信息系统）、BIM（建筑信息模型）、大数据和无人机等新技术、新手段。民航局与市交通局、重庆机场集团、设计单位建立周调度机制，以重庆新机场选址为案例，开发出全国首个机场数字化选址辅助系统。通过系统分析比选，形成璧山正兴、璧山广普、合川大石3个预选场址方案，创新性选址工作受到民航局的高度肯定。三是科学研究决策。2019年底，市交通局委托咨询单位按照民航局选址审查要求，召开了3次咨询会对选址研究成果开展评估，形成场址意见。2020年3月、4月，市规委会、市委常委会相继召开专题会议，审议通过璧山正兴场址推荐方案。2021年4月，民航局在渝组织召开新机场选址审查会，对重庆新机场选址报告进行了深入细致的审查，与会专家一致认可璧山正兴场址方案。市交通局牵头加强向军方、民航有关单位汇报衔接，先后赴北京、成都近200次，协调西部战区空军召开新机场空域论证会2次，2022年11月，西部战区空军正式复函重庆市，同意璧山正兴场址作为新机场推荐场址，有力推动了新机场场址顺利获批。

三、形势分析

2020年以来，党中央、国务院先后印发《成渝地区双城经济圈建设规划纲要》《国家综合立体交通网规划纲要》，明确提出把成渝地区双城经济圈建设成为全国交通“第四极”，打造国际航空门户枢纽，建设成渝世界级机场群。2022年，为加快成渝世界级机场群高质量发展，民航局又印发《加快成渝世界级机场群建设的指导意见》，从坚持双核引领，加快提升国际航空枢纽

竞争力；坚持协同发展，加快提升机场群综合保障能力；坚持共建共享，打造便捷高效的航空服务网络等方面为成渝世界级机场群建设指明了具体实施路径。“国家战略”与“行业战略”叠加，为重庆建设世界级机场群发展提供了重大历史机遇和战略指引，也为重庆民航发展赋予了全新优势、创造了有利条件、提供了广阔政策空间。在新的发展形势下，重庆民航业肩负着新的历史使命和战略担当，必须紧扣国家战略落实，加快成渝世界级机场群建设，奋力谱写重庆市民航高质量发展新篇章，有力助推成渝地区双城经济圈、交通强市建设，为新时代新征程新重庆建设提供新动力。

四、未来发展展望

（一）加快构建现代化机场体系

一是完善机场规划布局。规划建设重庆新机场，深化成渝世界级机场群和重庆“一市两场”机场功能定位，研究新增万盛、城口、涪陵、秀山等支线机场布局，规划建设一批通用机场，构建以江北机场、新机场为核心，以万州机场为区域枢纽和巫山、仙女山机场等支线机场为支撑以及两江龙兴、永川大安为补充的“2+1+7+N”现代化民用机场体系。二是加快基础设施建设。建成投用江北机场 T3B 航站楼及第四跑道工程。加快推进重庆新机场前期工作，力争“十四五”期间实现开工建设。推进万州机场航空口岸开放，研究飞行区等级提升至 4E 级建设项目前期工作，适时启动黔江机场跑道延长工程。研究提升巫山机场、仙女山机场的综合保障能力，加快忠县等一批通用机场建设，满足航空枢纽发展需要。

（二）优化提升空域保障能力

一是优化调整空域结构。统筹军民航空域需求，优化调整重庆地区空域结构，逐步建立与成渝世界级机场群建设相匹配的空域格局。加快白市驿机场迁建，争取军方支持重新规划重庆地区空域和航路航线，打破重庆地区空域和航路航线“三进四出”的现有格局，重新划设军民航空域和航路航线，有效解决影响重庆民航发展的限制因素。二是着力提升江北机场时刻容量。加强同民航局沟通衔接，推动江北机场高峰小时起降架次由 54 提升到 60 方案获批，满足江北机场日益增长的航空运输需求。

（三）强化航空门户枢纽功能

一是构筑骨干客货运航空网络。推进区域性国际航线“快线工程”，实施洲际远程航线“精品工程”，打造日均一班以上的洲际精品骨干网络，构建以通达全球主要国际航空枢纽和科教经济文化中心城市为核心的远程国际航线网络。完善国内航线网络服务体系，进一步增强与华北、华东、中南地区重点枢纽机场的联系，进一步提升北上广深等航空快线的服务品质。加强国内国际中转能力建设，提升中转服务水平。积极推进通用航空短途运输试点，实现“干支通、全网联”。二是打造引领航空枢纽建设的主基地航空公司。引导和鼓励航空公司通过整合市场、资本等业务资源，做大做强一家由重庆市控股的航空公司。结合重庆新机场建设，抓紧培育或引入一家以全货机为主的货运基地航空公司或大型快件物流企业，支撑国际货运航空枢纽建设。

（四）完善综合交通服务体系

一是完善机场地面综合交通网络。研究利用铁路枢纽东环线机场支线引入高速铁路，实现成渝、渝万、渝昆等高铁与江北机场的互联互通。加快实施地铁和城轨快线等轨道项目建设，连接江北机场、重庆北站、重庆西站等重要交通枢纽，增强机场城市轨道交通服务能力。按照“统筹兼顾、适度超前”原则，结合新机场功能定位，抓紧研究规划新机场综合交通体系，尽快开展前期工作。二是提升机场综合交通枢纽功能。构建集多种快速、大运力交通方式于一体的机场交通换乘中心，以高铁和城市轨道交通立体换乘站为核心，实现与长途大巴、机场巴士、出租车等多种交通的高效换乘，完善城市候机楼体系，积极发展空地联运，增强对都市区及周边地区客流的有效覆盖。

（五）强化组织机制保障

一是争取政策支持。积极争取国家层面对项目建设前期工作、航权开放、时刻资源、民航建设资金补助等方面的政策支持。加强与军民航部门的沟通协调，争取其支持军民航协同、空域优化，空管放行效率提升、低空空域开放等方面工作。二是推进区域协同。推动民航局加强对成渝地区民航发展规划指导，明确功能定位分工，统筹规划布局区域民航基础设施。成渝两地共同强化城市群机场协同运营，鼓励两地城市和航空公司加强合作，创新区域一体化航空服务产品，共同打造世界级机场群。

[重庆市交通局　吴　斌]

之六：重庆建设国家重要先进制造业中心的进展、形势和展望

近年来，重庆全面融入共建“一带一路”倡议，紧扣建设国家重要先进制造业中心总体目标，坚持以推动高质量发展为主题，以深化供给侧结构性改革为主线，以大数据智能化为主攻方向，加快发展先进制造业，大力推动数字经济与实体经济、先进制造业与现代服务业深度融合，积极构建竞争力强、可持续的现代产业体系，着力扩大重庆制造在“一带一路”国家和地区的影响力，经济总量不断壮大，取得显著工作成效。

一、重庆建设国家重要先进制造业中心的主要进展

（一）工业经济规模不断壮大，经济总量连上新台阶

一是工业生产跨越发展，有力支撑全市经济稳步增长。2012 年，全口径工业增加值为 4291.40 亿元，2017 年达到 6000 亿元，2022 年突破至 8275.99 亿元。同时，生产增速也高于全国水平，2018—2022 年，工业增加值年均增长 5%。2022 年，全口径工业增加值同比增长 2.9%，占 GDP 比重为 28.4%，是全市经济稳步增长的有力支撑。二是主要产品产量猛增，部分产品市场占有率较高。截至 2022 年底，全市生产计算机 7411.21 万台，是 2012 年的 1.8 倍，全球每三台笔记本电脑中就有一台产自重庆；集成电路 51.5 亿块，是 2012 年的 117.4 倍；液晶显示屏 2.8 亿片，实现从无到有。从市场占有率看，2022 年重庆市生产的汽车、摩托车、手机在全国具有较大影响，占比分别达到 7.6%、21.1%、4.8%。三是工业运行质量稳步提升，企业效益不断改善。2018—2022 年，规模以上工业企业营业收入年均增长 7.8%，高于全国 0.3 个百分点，工业利润总额年均增长 5.8%，2022 年，规模以上工业企业实现利润总额 1683.8 亿元，是 2018 年的 1.4 倍。

（二）结构调整有序推进，优化升级成效显现

一是加快构建现代产业体系，支柱产业多点支撑格局逐步形成。党的十八大以来，重庆规模以上工业结构逐步由“双轮驱动”向“多点支撑”转变，按增加值总量排序，前三大行业由2012年的汽车、消费品、材料转变为2022年的材料、消费品和电子产业。材料产业实现较快发展，增加值占规模以上工业比重达到22.8%，成为规模以上工业增加值占比最高的产业；消费品产业和电子产业比重分别提高到17.9%和16.6%。二是新兴产业持续发展壮大，高端制造快速增长。2022年，高技术和战略性新兴制造业增加值分别增长16.2%和6.2%，增速分别高于规模以上工业13个和3个百分点；高技术和战略性新兴制造业增加值占规模以上工业的比重为19%和31.1%，分别比2016年提高了4个和14.8个百分点。三是节能降耗成效显著，绿色转型步伐加快。规模以上单位工业增加值能耗累计下降6%左右，大宗工业固废利用率达到79%。截至2022年底，全市累计建成国家绿色工厂52家、绿色园区5个、绿色设计产品48种、绿色供应链5条。四是各种经济类型蓬勃发展，多元化市场主体格局逐步形成。规模以上股份制工业企业迅猛发展，2022年，工业总产值27493.7亿元，同比增长4.7%，近五年年均增长7.3%，是支持工业经济发展的主要力量。国有企业改革进一步推进，2022年，国有控股企业工业总产值达到6517亿元，同比增长8.2%，高于工业总产值增速3.5个百分点。民营企业工业总产值同比增长5.2%，民营经济增加值占全市比重59.7%。

（三）区域协同成效显著，联动效应加快凸显

一是成渝地区双城经济圈建设走深走实，产业协作步伐加快。2022年，成渝地区双城经济圈地区生产总值达到7.8万亿元，增速3.0%，比2019年增加1.45万亿元。部署首批20家产业合作园区，上线运行汽车、电子信息线上供需对接平台，汇聚企业超过3600家，汽车产量全国占比11.8%。建成川渝间省际高速公路“电走廊”11条、加氢站15座。获批建设成渝国家网络安全产业园区。二是区域协同发展成效明显。引导资源要素差异化聚集，主城都市区规模以上企业产值占比90.8%，其中，中心城区和主城新区占比分别为43.6%和47.2%。渝东北片区初步培育形成绿色建材、食品加工、电子信息、汽车制造等特色产业集群。渝东南片区文旅融合快速发展，食品加工、纺织服装、生物医药等特色主导产业不断壮大。

（四）技术创新能力提升，创新驱动形成新优势

一是创新主体和平台显著增加，产业核心竞争力不断提升。企业创新活力不断增强，有研发机构和研发活动的规模以上工业企业占比分别达到30%和47%左右。累计建成10个国家级工业设计中心，建立国家级企业技术中心40家。二是创新投入继续加大，创新动力不断增强。2021年，全市规模以上工业企业R&D经费内部支出424.53亿元，比2012年增加307.43亿元，占全社会R&D经费内部支出的70.3%，研发经费投入强度为1.54%。2022年，规模以上工业企业研发投入强度达到1.62%。三是智能化发展战略增添助力，构筑产业发展新优势。智能制造加快推进，已累计实施5500余个智能化改造项目，认定127个智能工厂和734个数字化车间，示范项目建成后生产效率平均提升58.9%，运营成本平均降低22.5%，单位生产能耗平均降低19.5%。忽米网、广域铭岛成功入选国家级"双跨"工业互联网平台，工业互联网标识解析国家顶级节点（重庆）联结10省市、38个二级节点、2万家企业；每万人5G基站数量19个。

（五）经贸合作持续加强，国际市场不断拓展

一是工业招商引资量质并进。组织参与历届智博会、西洽会、进博会、金砖国家新工业革命伙伴关系论坛等大型平台国际嘉宾邀请和合作活动，推动奥特斯、康宁、博世、三安意法半导体、梅塞尔气体等一批外资项目签约。二是保产业链供应链稳定。疫情期间，制定《重庆市汽车电子装备行业海外供应链保供实施方案》，保障重庆市汽车、电子、装备行业在"一带一路"沿线国家和地区的进口原材料及零部件正常供应，帮助企业实现稳定正常生产。三是积极开拓国际市场。充分利用西部陆海新通道、中欧班列（渝新欧）等开放通道优势，推动与"一带一路"沿线国家和地区共同发展。持续加强与东盟国家特别是新加坡在智能制造、电子、软件、生物医药等领域合作。支持汽车、摩托车、手机、通机等传统优势产业拓展以东盟为重点的"一带一路"市场和非洲、南美等新兴市场，打造"重庆造"出口品牌。长安汽车海外市场覆盖全球近50个国家，"一带一路"国家占比约90%。宗申集团越南公司已形成较完整的摩托车发动机生产体系，机电产品制造商润通公司主要出口"一带一路"国家和地区。

虽然重庆建设国家重要先进制造业中心取得了显著成效，但也存在一些问题和不足。一是规模总量偏小。2022年全口径工业增加值8276亿元，占全

国比重 2.1%。二是优质企业偏少。全市规模以上工业企业 7454 家，占全国比重 1.65%。单项冠军企业 13 家，占全国比重 1%。国家专精特新“小巨人”企业 255 家，占全国比重 2.8%。三是质量效益偏低。全年规模以上工业企业营业收入利润率 5.97%，低于全国 0.12 个百分点。工业每百元增加值产税 10.3 元，低于全国平均（15.8 元）水平。四是创新能力偏弱。规模以上工业企业建立有研发机构比例 30%，研发投入强度 1.62%，且结构上多为试验费用，基础研究占比偏低。五是主导产业能级不高。重庆市仅有与四川联合申报的电子信息先进制造业集群上榜工业和信息化部公布的 45 个集群。新一代信息技术产业仍然以附加值较低的电子终端组装为主，附加值较高的核心零部件生产占比依然偏低。

二、重庆建设国家重要先进制造业中心的特色做法及亮点

（一）着力加快产业优化升级

大力推动传统产业改造升级，组建汽车、电子产业发展专班，做大做强重点优势产业，基本形成以电子、汽车、装备、化工、材料、消费品和能源等为主导的多点支撑产业体系。实施“个十百千万”工程，加快企业数字化、网络化、智能化改造迈出新步伐。构建起“1+10+1000”的汽车产业集群和世界级智能终端产业集群。获批国家级车联网先导区，电子制造业产值年均增长 17.5%，华峰化工建成国内最大已二酸、氨纶生产基地，材料、医药、消费品等产业发展总体平稳。深入实施战略性新兴产业集群发展工程，制定实施世界级智能网联新能源汽车产业集群发展规划，形成“1+4”顶层设计体系；构建形成玻璃基板到终端显示的液晶显示全产业链；着力打造机器人、轨道交通等高端装备集群；大力实施软件和信息服务业“满天星”行动计划，出台“1+4”政策文件，软件信息服务业年均增长 18.2%，获批建设成渝国家网络安全产业园区。加速推动数字经济和实体经济融合发展，以数智赋能激活发展新引擎，成立制造强市、大数据智能化发展等领导小组，出台智能制造实施方案，实施“一链一网一平台”工业互联网生态体系，加快推动企业“上云”、智能制造新模式应用。

（二）持续增强产业技术创新能力

坚持把创新作为引领发展的第一动力，围绕产业链部署创新链，围绕创新链布局产业链，将产业技术创新作为主战场，着力补强产业链薄弱环节，

以科技成果产生转化应用作为主抓手，持续优化创新生态，加快实现由要素驱动向创新驱动转变。实施规模以上工业企业研发机构倍增计划，着力构建企业主体、市场导向、政产学研深度融合的产业创新体系，提升产业核心竞争力。创新平台体系不断完善，联合微电子中心成功获批国家级制造业创新中心，英特尔 FPGA 中国创新中心、康佳光电技术研究院等高端研发机构建成投用。12 英寸电源管理芯片、硅基光电子成套工艺在国内率先突破。全球最小间距 Micro-LED 显示技术引领未来方向。创新构建“产业研究院+产业园区+产业基金”中小企业生成生态体系，国家级专精特新“小巨人”企业累计达到 255 家，全国占比达 2.8%。

（三）聚力深化区域协同合作

坚持“从全局谋划一域、以一域服务全局”，探索区域协同规划，深耕重点领域，构建产业链协同体系，提升区域整体竞争力。持续深入川渝协同，锚定“两中心两地”战略定位，贯彻落实双城经济圈建设规划纲要，持续优化电子信息、汽车产业链供需对接平台，启动贯通“成渝氢走廊”，加快建设成渝电走廊。成立汽车产教融合、川渝产业园区发展、川渝大数据产业生态等联盟，形成产业发展共同体。川渝汽车、电子全域配套率分别达到 80%、50%。首批 20 个成渝产业合作示范园区序时推进。分类引导资源要素向不同功能区域聚集，持续巩固主城都市区产业“极核”优势，加速发展战略性新兴产业、生产性服务业和数字经济等高端产业和产业链高端环节，建设全市制造业高质量发展引领地，贡献了 78%的 GDP、74%的固定资产投资、88%的规模以上工业增加值、93%的数字产业增加值；渝东南、渝东北片区聚焦细分领域，打造一批“小而精”特色产业集群，建设全市制造业绿色发展示范区。

（四）全面构建开放型经济格局

坚持把扩大对外开放作为高质量发展的根本动力，积极融入“双循环”新格局，实施全面融入共建“一带一路”加快建设内陆开放高地行动计划，发挥西部陆海新通道、中欧班列（渝新欧）等开放通道优势，以高水平开放激发高质量发展动能。“十三五”期间，组织参与 120 余场次外经外事活动，接待德国、法国、新加坡等国来渝考察外宾 300 余人次，与各国驻川渝领事馆和投促机构建立良好关系和沟通协调机制。成功举办五届智博会，众多国内外知名企业、高校院所和各界来宾结缘重庆，智博会已成为数字中国建设的一张崭新名片，全市数字经济增加值占GDP比重达到27.2%。中欧班列（成渝）运营水平保持全国领先，成渝世界级机场群正加快建设。形成“2+6+6+36”产业园区体系，2022年，全市园区规模工业总产值2.3万亿元，同比增长6%，进入园区的规模以上工业企业超过5200家，占全市总量的70%。

三、面临形势

重庆市制造业发展面临的形势总体上有利条件多于不利因素。

从国际来看，全球产业链供应链格局深度调整，是重庆工业最大的外部红利；而发达国家再工业化进程加速，则构成了重庆工业的最大外部压力。当前全球产业链供应链分工体系加速内向收缩和区域重构，RCEP、CPTTP、CAI等区域经济一体化进程加快。同时，随着全球科技革命与产业变革重构全球创新版图和竞争新优势，新能源、生物医药、氢能等新兴产业格局加速构建，以人工智能、大数据等为核心的新一代信息技术加速渗透，将为重庆吸引战略性新兴产业导入提供难得的战略窗口。但世界经济复苏艰难曲折，国际贸易和投资大幅萎缩，美国在产业、科技、贸易等领域加速脱钩断链，重庆工业发展面临较大的外部挑战。

从国内来看，积极融入和服务以国内大循环为主体、国内国际双循环相互促进的新发展格局，是重庆工业最大的内部红利；而竞争力、创新力、控制力、影响力、抗风险能力爬坡过坎则构成了重庆工业最大的内部挑战。当前我国着力推进中国式现代化，加快重大生产力布局调整，正积极在中西部地区构建战略大后方及战略性新兴产业备份基地，引导东部沿海重点产业有序转移，有利于重庆吸引和承接东部发达地区优质产业项目，加速构建现代化产业体系。同时，由于重庆工业竞争力不足，招商引资、招才引智、争取创新资源的难度增大，推动产业体系迭代升级面临“瓶颈”制约。

从市内来看，成渝地区双城经济圈建设、西部陆海新通道建设等系列国家战略叠加汇集，是重庆工业最大的机遇优势；而规模总量偏小、优质企业偏少、质量效益偏低、创新能力偏弱、产业能级偏低等问题，是重庆工业最大的劣势所在。重庆支柱产业“大而不强”，整体处在产业链和价值链中低端，尚无万亿级产业集群，对“一带一路”沿线国家或地区的辐射带动能力还需要进一步提升。

四、未来发展展望

以习近平新时代中国特色社会主义思想为指导，深入贯彻党的二十大精神，完整、准确、全面贯彻新发展理念，加快融入新发展格局，坚持把制造业高质量发展放到更加突出位置，坚持高端化、智能化、绿色化发展方向，坚持稳进增效、除险清患、改革求变、惠民有感工作导向，以数字化变革为引领，优化制造业产业体系、发展动能、市场主体、组织方式和空间布局，提升产业生成能力、产业迭代能力和产业把控能力，推动制造业发展质量变革、效率变革、动力变革，促进重庆制造业实现质的有效提升和量的较快增长，为新时代新征程新重庆建设夯实产业支撑。

图 5　2023 年 6 月 5 日，重庆市推动制造业高质量发展大会召开，重庆市委书记袁家军出席会议并讲话

（一）构建重庆制造产业新体系

实施传统支柱产业提升行动和先进制造业产业集聚提升培育行动，加速电子、汽车、摩托车、装备制造、消费品、材料等传统支柱产业高端化、智能化、绿色化转型；聚力打造智能网联新能源汽车、新一代电子信息制造业、先进材料 3 个主导产业集群；升级打造智能装备及智能制造、食品及农产品加工、软件信息服务 3 个支柱产业集群；创新打造新型显示、高端摩托车、轻合金材料、轻纺、生物医药、新能源及新型储能 6 个特色优势产业集群；培育壮大卫星互联网、生物制造、生命科学、元宇宙、前沿新材料、未来能源 6 个“新星”产业集群和功率半导体及集成电路、AI 及机器人、服务器、智能家居、传感器及仪器仪表、智能制造装备、动力装备、农机装备、纤维及复合材料、合成材料、现代中药、医疗器械等一批高成长性产业集群。

（二）提升重庆制造企业竞争力

聚焦战略性、前瞻性、基础性需求，推进产业技术创新，构建优质企业梯度培育体系。围绕选种、育苗、创新型中小企业、专精特新中小企业、国家“小巨人”企业、单项冠军企业和上市企业等环节，打通“项目遴选、小试中试、产品上市、生成企业”通道，源源不断生成一批又一批高新技术企业，推动创新链、产业链、资金链、人才链深度耦合。坚持引进来与走出去并重、招商引资和招才引智并举，培育一批核心技术能力突出、集成创新能力强的创新型领军企业，形成大企业顶天立地、中小企业铺天盖地的良性格局。

（三）培育重庆制造数字新动能

深入推进数字产业化和产业数字化，推动数字经济和实体经济深度融合。大力发展数字产品制造业，实施软件和信息服务业“满天星”行动计划，推动场景创新赋能人工智能产业发展，培育卫星互联网创新创业生态，升级打造“芯屏端核网”数字产业集群。部署建设“产业大脑+一链一网一平台+智能制造单元”，促进工业软件和行业深度融合，加快制造业数字化转型，打造重庆智能制造“升级版”。继续高标准办好智博会，深度参与数字经济国际合作。

（四）打造重庆制造绿色新模式

深入践行绿水青山就是金山银山理念，把绿色低碳融入工业化发展各环节和全过程，大力推进生态优先、节约集约、绿色低碳发展。不断培育壮大绿色产业，大力推进绿色低碳技术攻关，推动产业绿色低碳化转型。构建绿色低碳制造体系，滚动推进绿色工厂、绿色产品和绿色园区建设，降低单位工业增加值能耗，提高资源能源利用效率，坚定不移走好行业绿色低碳发展之路。

［重庆市经济和信息化委员会　赵　刚　付　驰　陈叔弘］

之七：重庆建设西部金融中心的进展、形势和展望

建设西部金融中心是党中央、国务院助力成渝地区双城经济圈建设的一项重大决策，也是重庆深入实施双城经济圈建设“一号工程”的重大任务。近年来，重庆金融市场发展格局不断完善，金融服务实体经济的力度明显增强，在金融改革创新、对外开放和金融生态上持续发力，金融业发展势头良好，西部金融中心建设成效初显。

一、重庆建设西部金融中心的主要进展

（一）金融市场发展格局日益完善

作为西部重要的经济中心和金融中心，近年来重庆金融业得到长足发展，聚集了大量不同种类的金融机构，多项指标居于西部前列。截至 2022 年 9 月，重庆金融机构数量达 1919 家，实现银行、证券、保险、基金、信托和消费金融等 20 余类金融机构牌照全覆盖。重庆消费金融公司数量规模（3 家）居全国第一，保险法人机构数量（5 家）和“A+H”股上市银行数量（2 家）居西部省份第一，网络小贷贷款余额占全国比重的 60%，全国注册资本超过 50 亿元的 12 家小贷公司中有 7 家在重庆。

（二）金融服务实体经济质效显著提升

金融业已成为重庆经济增长的重要引擎，对实体经济支持力度持续加强。2022 年，重庆金融业增加值 2491.02 亿元，占全市生产总值的 8.55%。截至 2023 年 6 月，全市普惠小微贷款余额同比增长 19.3%，获授信支持的小微市场主体达到 107.2 万家，小微市场主体贷款户数达到 92.4 万家。“信易贷·渝惠融”平台运用信用信息服务小微企业，获评全国中小企业融资综合信用服务示范平台。重庆普惠型商业补充医疗保险“渝快保”总参保人数突破 620 万人，同比增长近 35%，居全国第二位。

（三）金融改革创新深入推进

重庆坚持从全局谋划一域、以一域服务全局，聚焦中央交给的重大任务，

积极推进金融改革先行先试，全力服务国家战略。2020 年 12 月，国家外汇管理局正式同意在重庆市开展 QDLP 试点。2022 年 2 月，重庆获批开展中西部首个区域性股权市场制度和业务创新试点。2022 年 4 月，启动数字人民币试点工作，截至 2022 年底，全市数字人民币交易笔数达到 2143 万笔、交易金额达到 36.7 亿元。2022 年 8 月，中国人民银行等六部委印发《重庆市建设绿色金融改革创新试验区总体方案》，重庆市绿色金融改革创新试验区正式启动，成为全国首个全省域覆盖的绿色金融改革创新试验区。

（四）金融业对外开放水平持续提高

重庆基于自由贸易试验区（简称自贸试验区）不断深化金融领域开放创新，实施了优化跨境金融结算，推动跨境人民币业务创新及跨境投融资便利化，对外开放步伐加快。2022 年，中新互联互通项目累计签约政府和商业项目 252.6 亿美元、金融服务项目 291.3 亿美元。重庆自贸试验区总体方案 151 项改革试点任务全面落地，国家部署的复制推广经验案例和深化改革创新举措落实率超过 90%。“汇保通”“科技跨境贷”入选国家服务贸易创新发展试点第三批“最佳实践案例”，案例数量居中西部第一。

（五）金融生态进一步优化

重庆是全国首批营商环境创新试点的六大城市之一，西部唯一的营商环境创新试点城市，发展环境持续改善。金融集聚效应凸显，解放碑—江北嘴—长嘉汇金融核心区集聚千余家金融机构，涵盖了全市主要全国性、区域性、功能性金融总部。金融监管体系不断完善，正常退出类 P2P 网贷机构全部出清、第三方财富管理公司清理规范，处置非法集资工作考评连续 6 年全国第一等次，银行业不良率、小额贷款不良率、融资担保代偿率均优于全国平均水平，全市金融风险总体平稳可控。

图 6　重庆 CBD 建设成效图

二、重庆建设西部金融中心面临的形势

（一）面临的机遇

党的二十大报告明确提出，“推动西部大开发形成新格局”，“构建优势互补、高质量发展的区域经济布局和国土空间体系”。当前，成渝地区双城经济圈建设进入全面提速、整体成势阶段，对西部金融中心建设提出了高要求。从重庆发展全局看，重庆建设西部金融中心面临四个方面的机遇：一是重庆服务国家战略的枢纽地位不断提升。近年来重庆积极融入共建“一带一路”，加快构建中欧班列、西部陆海新通道等东南西北四个方向、铁公水空四式联运的通道体系，依托中新互联互通项目、自贸试验区等开放平台，推动对外开放向更大范围、更宽领域、更深层次拓展，在西部金融中心建设过程中，为实现境内外资金融通和参与全球资源配置提供了契机。二是重庆具备金融业蓬勃发展的产业土壤。作为国家制造业重镇，重庆持续推动电子信息、汽车、装备制造等支柱产业拔节而生，“芯屏器核网”全产业链持续发力，“云联数算用”要素集群进一步完善，为金融机构、金融服务、金融资源聚集提供了沃土。三是重庆创新资源禀赋优势进一步凸显。重庆坚持把创新资源作为高质量发展的核心资源，积极规划建设西部（重庆）科学城，谋划布局大科学装置、国家重点实验室和国家制造业创新中心等载体，启动建设环大学创新生态圈，构建具有重要影响力的科学平台、人才平台、资本平台、交流平台，为西部金融中心驱动金融创新发展注入了强大动力。四是重庆市场潜能进一步释放。重庆拥有广阔的市场空间，持续推动“一区两群”协调发展，加快构建“米字形”高铁网、“850+”城市轨道交通网、“三环十八射”高速公路网和国际航空枢纽，推动以“两江四岸”为主轴的城市有机更新，为西部金融中心建设提供了广阔的发展空间。

（二）面临的挑战

与沿海地区相对成熟的区域性、国际性金融中心比较，与高质量发展对金融支持提出更高要求相比，重庆西部金融中心建设仍存在较大提升空间。一是领军者缺失，金融发展能级不高。重庆仍缺乏具有较强聚集辐射能力的全国性金融基础设施、金融机构或其备份中心，也缺少区域特色金融基础设施和功能性总部机构，金融发展集聚能级和金融中心的要求相比还有差距。2022 年北京、上海、深圳、重庆四地金融业增加值占 GDP 比重分别为

19.7%、19.3%、15.9%、8.6%，重庆金融业发展水平与我国其他金融中心相比仍有较大差距。二是金融市场体系不健全，市场辐射能力有限。目前重庆仍没有全国性证券、期货交易所，也缺少全国性商业银行和系统重要性银行，证券公司仅有西南证券1家，保险公司在全国缺少影响力，证券业以及上市企业的数量与规模远落后于北京、上海、深圳等金融中心。三是金融人才队伍基础较弱，高端人才吸附力不足。相较于东部地区，重庆对境内外金融人才吸引力还不够，金融专业人才的培养基础薄弱，对西部金融中心建设形成一定制约。

三、重庆建设西部金融中心的展望

（一）前景展望

建设西部金融中心是党中央经略西部、推动区域协调发展的战略部署。站在建设现代化新重庆的历史新起点，重庆正加快建设西部金融中心，大力发展数字金融、绿色金融、科创金融，推动重庆打造高质量发展重要增长极。一是加快建设产融结合的西部金融中心，提升金融服务现代产业体系的能力，提升资本市场能级，引导推动金融资源高效配置，进一步提升金融服务的可得性、便利性。二是加快建设开放创新的西部金融中心，推动西部金融中心建设与国家重要先进制造业中心、国际消费中心城市、中新（重庆）战略性互联互通项目、自贸试验区等重大战略协同联动，促进各类创新政策落地见效，培育全链条的金融开放创新生态圈。三是加快建设安全稳健的西部金融中心，持续完善金融风险防控处置体制机制，构筑更为健全的风险吸收和损失分担机制，储备更为成熟的市场化、法治化风险化解工具。四是加快建设协同合作的西部金融中心，推动市场联动，消除机构互设、跨区域展业等壁垒，推进金融基础设施互通、金融风险防控互助和金融标准体系互认，夯实共建共享合作基础。

（二）政策建议

加快发展金融领军机构，增强金融发展能级。培育和引进并举，发展一批具有引领作用的金融领军机构，凝聚各行业各机构合力，增强重庆金融发展能级，提高重庆金融体系在全国和国际范围内的竞争力。一是培育西部地区骨干金融企业，增强地方金融机构实力。以重庆现有的主要金融机构为基础，多措并举壮大资本实力，支持其在西部地区广泛开展金融服务，成为扎根西部、服务西部的金融领军机构。二是引进全国性金融机构，支持其在重庆设立区域营运中心。推动大型商业银行在重庆设立金融市场交易部门，增强重庆在西部地区金融机构交易市场中的地位；吸引证券公司和资产管理机构在重庆设立子公司或区域性总部，集聚金融研究和投资要素，为西部地区企业和投资者提供本地化高质量服务。三是借鉴长三角金融业发展联盟模式，建设西部地区金融发展联盟。在成渝金融合作的基础上，牵头建设西部地区金融发展联盟，推动解决金融机构的区域分割和行业分割问题，探索联盟成员共享营业网点、清算网络等资源，帮助重庆金融机构实现西部地区全域服务，引领西部金融机构发展。

健全金融市场体系，增强市场辐射能力。健全间接融资服务体系，发展多层次资本市场，借助国内国际开放战略，增强市场辐射能力。一是健全面向成渝地区的间接融资服务体系，增强融资服务渗透能力。依托本土主要银行和国有大型银行分支机构，满足成渝地区的企业贷款融资需求；建立中小银行互助合作机制，保持流动性协调，完善资本充实机制，提高服务本地企业的能力。二是大力发展多层次资本市场，增强直接融资服务水平。联合全国性金融资产交易平台，探索在重庆设立区域业务服务中心，在重庆形成联通全国性资本市场的窗口；大力支持重庆股权交易中心这一四板市场，积极同科创板、北交所等进行联系协作，探索重庆乃至西部地区企业通过区域性股权交易市场，进入更高层次资本市场的上升机制；川渝联合牵头，共同建立西部地区多种经济要素的区域交易中心，例如数据资源、环境资源、碳排放权、知识产权等，形成功能完备的资本市场体系。三是借助开放战略，增强重庆金融市场的国际参与水平。向西借助“一带一路”建设，发展服务于“一带一路”建设的跨境结算中心、国际贸易融资中心；向南借助西部陆海新通道，建设连接西部与东南亚的国际融资渠道，带动西部地区企业在新加坡等国际金融市场进行融资。

大力发展普惠金融，均衡区域金融发展差异。加强对农村地区和中小微企业的金融支持，大力建设农村产权交易中心，提高普惠金融水平。一是加强农村地区金融建设。提高农村地区存款储蓄、转账支付等基础金融服务的覆盖面，为农村居民提供基本的金融服务；引导金融机构，针对新型农村经营主体，提供高效便捷的融资服务，探索适合农村地区的多种抵押形式。二是加强对中小微企业的金融支持。借助于社会信用体系，精准描绘企业画像，基于大数据技术评估中小微企业风险等级，减手续、减环节，提高审批效率。

三是大力建设农村产权交易中心。探索建立成渝城市群农村产权流转交易市场，增强农村产权的流动性和吸引力，出台产权交易流程，纾解农村产权抵押质押的困境。

完善金融法治建设，优化金融发展制度环境。充分发挥区域金融法院作用，构建金融争议高效解决机制，完善信用体系建设，优化金融发展的制度环境。一是充分发挥成渝金融法院的作用。完善重庆各级人民法院和仲裁调解机构与金融法院的衔接协同机制，发挥好审判机关间的合力，真正使区域金融法院成为金融司法领域的核心。二是构建金融争议高效解决机制。研究出台重庆市金融纠纷条例，探索整合现有的金融业投诉处理机构，引入国际主流仲裁机构在重庆开设分支机构，发挥好调解仲裁的前置作用，有效提高金融争议的处置效率，及时稳定金融市场参与主体预期。引进国内知名的优质律师事务所和管理咨询机构，为西部金融中心建设提供综合性专业法律服务。三是加强信用城市建设。整合各部门现有的信用名单和失信惩戒机制，扩大非银行信用信息采集面，不断提高信用信息的综合性，对金融活动中的失信主体进行及时惩戒，引导金融市场主体守法守信。

招才育才并举，打造高素质金融人才队伍。营造有利于高端金融人才聚集的制度环境，加快地区金融高等教育建设，提高金融人才队伍水平。一是加强与新加坡人才交流。争取允许重庆市自主优化高端金融人才居留政策，推动渝新互认金融从业资格，有效提升对境内外金融人才吸引力。二是加快地区金融高等教育的建设。不断培育优秀金融人才，推动在渝高校整合现有资源创建国家级金融研究平台，在资金、项目、师资配备、招生规模等方面争取更多倾斜，协调引进更多优质金融科研人才，增强金融科研实力，增强课程设置的实用性和针对性，培育地区金融发展急需的各类人才。三是重视继续教育和职业培训。持续推动金融人才队伍素质提升。鼓励引导地区金融机构对员工的继续教育和专业培训予以支持，利用人社、教育等部门资源，对于职业阶段的能力提升进行适当激励，实现引才、用才、育才一体推进。

［重庆社会科学院财政与金融研究所　谢　攀］

之八：重庆建设国际消费中心城市的进展、形势和展望

2021年7月，重庆市获批率先开展国际消费中心城市培育建设，这是国家赋予的重庆新的历史使命，给重庆带来了重大发展机遇。重庆市委、市政府认真贯彻落实党中央、国务院决策部署，在商务部等国家部委指导下，立足重庆发展基础和特色优势，扎实推进培育建设国际消费中心城市工作有力有效落实。

一、国际消费中心城市培育建设进展及成效

坚持“一盘棋”谋划、“一张图”推进，重庆市国际消费中心城市培育建设开局良好，提质步稳。

图7 2021年7月，经国务院批准，上海、北京、广州、天津、重庆5个城市率先开展国际消费中心城市培育建设工作

（一）工作机制不断完善

成立由市政府主要领导任组长、33个部门为成员单位的领导小组，召开

培育建设工作推进大会，将建设任务纳入市级部门和区县业绩目标考核，印发实施意见和实施方案，制定国际购物、美食、会展名城等系列专项行动方案，出台若干支持政策，一体化推进培育建设工作。

（二）消费规模稳步扩大

统筹实施“巴渝新消费”八大行动（品质提升、数字赋能、绿色健康、市场细分、国际拓展、场景优化、流通顺畅、普惠共享），促进消费提质扩容。2022 年，重庆市社会消费品零售总额为 13926 亿元，西部排名第二；人均社会消费品零售总额约为 4.3 万元，中西部排名第一。

（三）消费载体整体提质

中央商务区提档升级，寸滩国际新城稳步推进，解放碑—朝天门、观音桥世界知名商圈加快建设，持续建成 49 个城市核心商圈（其中百亿级商圈 12 个）、23 条市级特色商业街区、80 个城市消费地标（重点大型商业综合体），解放碑步行街列入首批“全国示范步行街”名单。弹子石老街、大九街、磁器口、鹅岭贰厂等一批具有重庆地域文化特色的新消费场景持续涌现。

（四）融合发展特色鲜明

推动商文旅体深度融合，做特做靓“不夜重庆”“山水旅游”等特色消费品牌，成功创建国家文化和旅游消费示范城市 1 个（渝中）、国家文化和旅游消费试点城市 5 个（九龙坡、江北、沙坪坝、南岸、北碚）。构建线上和线下、商品和服务深度融合的消费市场体系，实施电商直播带货专项工程，成功创建全国示范智慧商圈 1 个（解放碑—朝天门商圈），2022 年实物商品网上零售额同比增长 11%。

（五）辐射影响力不断增强

加强城市营销推介，举办国际消费节、成渝双城消费节、不夜重庆生活节、三峡国际旅游节等“爱尚重庆”系列消费促进活动，持续提升重庆消费美誉度、扩大消费影响力，重庆荣登“2022 福布斯中国消费活力城市榜”第三名（上海、北京分别列第一、第二名），连续三年蝉联“中国十大夜经济影响力城市”榜首。

但对标先进城市，重庆市还存在以下弱项和短板：一是消费水平总体偏低。重庆人均可支配收入、人均消费支出远低于北京、上海等发达城市；本地客单价还处于较低水平，外地来渝旅游消费水平也不高。重庆常住外国人员和年出入境人员相对较少，境外来渝消费拉动有限。二是消费品质不够高。重庆对商业品牌吸引力、集聚力不够强，2022 年引进品质首店仅为成都的41%、上海的 46%，全球十大奢侈品牌尚未全部进驻重庆。三是消费业态不够丰富。主题娱乐、文化演艺、创意展示等新业态、新模式、新场景供给不足，多功能复合型消费供给偏少；电子商务和跨境电商发展能级不高。四是基础环境不够优。开通国际国内航线数量有限，高铁营运里程数在全国排名靠后，涉外医疗服务定点医院、外籍人员子女学校等外籍人士服务机构较少，公共场所双语标识设置不足，城市整体国际化水平不高。

二、主要做法及特点

（一）加强组织领导，健全完善高效工作机制

深入贯彻党中央、国务院决策部署，严格落实商务部等国家部委工作安排，“一盘棋”谋划，“一张图”推进，确保工作按时有力有效落实。一是顶层设计加强统筹。市委主要领导专题调研国际消费中心城市培育建设工作，并作出指示和专项部署。市政府调整充实领导小组组织架构，建立健全工作机制。市委财经委员会会议、市政府常务会议、领导小组会议专题研究部署培育建设工作，召开重庆市培育建设国际消费中心城市推进会，加强统筹协调，加大推进力度。统一将建设任务纳入市级部门专项目标考核，扎实推进工作落实。渝中、江北、九龙坡、沙坪坝等区及两江新区在规划建设、制度保障、政策供给等方面先行先试，市级有关部门加强调度，密切协作，共同推进。二是厘清思路明确目标。《重庆市人民政府关于印发重庆市培育建设国际消费中心城市实施方案的通知》（渝府发〔2021〕33 号）明确统筹实施“十大工程”40 项具体任务；出台《重庆市人民政府办公厅关于培育发展“巴渝新消费”的实施意见》（渝府办发〔2021〕42 号）和《重庆市人民政府办公厅关于印发加快发展新型消费释放消费潜力若干措施的通知》（渝府办发〔2021〕41 号），促进消费提质扩容。《重庆市人民政府办公厅关于印发重庆市培育建设国际消费中心城市若干政策的通知》（渝府办发〔2022〕18 号）明确提出 23 条支持政策，充分发挥政策撬动、支撑作用。编制完成国际购物、美食、会展名城建设实施方案，拟制中央商务区提档升级行动方案、寸滩国际新城产业布局指导意见，明确重点领域、重点区域发展目标、重点任务和工作举措。三是拉单列表狠抓落实。突出项目化、清单化、事项化推进，

建立国际消费中心城市核心承载区、国际消费标志性商圈、国际消费新场景、国际消费特色名街名镇名区、国际文化旅游项目、国际标志性会展项目、国际物流配送体系、国际消费环境优化工程八大板块重点项目库。截至2023年6月，重点项目库中127个项目已经列入市级重大项目清单，总投资达到5045亿元。

（二）突出特色优势，打造多元融合消费场景

结合城市提升行动和城市更新，突出“山城”“江城”“桥都”城市名片，打造特色鲜明、功能完善、业态丰富的消费场景。一是打造核心承载区，增强国际消费聚集力。统筹推进“两江四岸”整体提升、中央商务区提档升级、寸滩国际新城高标准建设，着力打造国际消费核心承载区。推广解放碑步行街成功创建全国首批示范步行街典型经验，培育市级改造提升试点步行街10条。推进解放碑—朝天门、观音桥世界知名商圈建设，国际消费资源集聚效应进一步显现，商圈人气位居全国前列。二是打造创新融合新地标，彰显品质消费吸引力。建成投用荟萃“两江四岸”璀璨夜景的长嘉汇购物公园、全国首个室内森林沉浸式体验的光环购物公园、全国首个商圈高铁TOD项目金沙天街、拥有全国最大室内单体360度柱状水族馆的星光68购物广场以及汇聚三大商业综合体的两江国际商务中心等“网红”新地标、新场景，消费吸引力持续增强。发展以观光旅游、休闲娱乐为主的“江岸经济”“云端经济”，推出来福士“横向摩天轮”等“城市之巅”多元化消费地标。三是打造特色消费新场景，提质巴渝消费影响力。提升磁器口、洪崖洞、弹子石老街等街区，塑造巴渝文化特色消费场景。延续街区和老旧厂房的建筑风格和文化脉络，精雕细琢，塑造富有山城记忆和巴渝特色的“后街支巷”特色消费场景，相继建成戴家巷、十八梯、九龙意库等一批特色文化街区，增添了“巴渝新消费”的独特魅力，提升了城市美誉度。深挖渝东北、渝东南城镇群历史文化、民族民俗和产业特色，加快合川文峰、铜梁安居、酉阳龚滩等特色古镇改造提升，塑造具有巴渝特色的商文旅融合发展消费场景。

（三）着眼品质提升，集聚全球优质消费供给

立足“国际购物名城”定位，发展首店经济，培育“重庆造”品牌，着力打造国际品牌首选地、世界品牌超市、老字号和非物质文化遗产“精品”展示区。一是发展首店经济，汇聚“国际名品”。实施消费品牌拓展计划，依托解放碑、观音桥、江北嘴、杨家坪等重点商圈，发挥消费集聚辐射作用，

2022年引进品牌首店超300家。拓展进口商品集散分拨中心功能，推动建设解放碑进口商品展销中心。拓展江北国际机场口岸免税店功能，完善免税店布局，首家市内免税店成功落户长嘉汇购物公园。2022年，重庆进出口总值达到8158.4亿元，创历史新高，同比增长2%。二是突出品牌培育，打造“渝货精品”。聚焦重庆味道、重庆工艺、重庆制造等重点领域，累计培育中华老字号19个、重庆老字号291个。新能源、智能网联汽车产业及其推广应用发展迅速，长城汽车、吉利汽车先后落户，“重庆造”影响力逐渐彰显。进一步做强7个国家外贸转型升级基地，汽摩、装备、电子等优势产品及特色农产品出口平稳增长。2022年，全市外贸出口额5245.32亿元，同比增长1.5%。三是注重融合发展，培育“网络优品”。推进实体商业创新转型、线上线下融合发展，试点建设智慧商圈10个、智慧菜场30个。支持重庆百货等商贸企业、双福国际农贸城等综合市场发展电商产业，激发线上活力。壮大“互联网+社会服务”消费业态，发展网上商场（店）、网上超市、网上餐厅、云家政、云旅游、云教育等业态。实施电商直播带货专项工程，打造产地直播基地和C2M超级工厂。推进国家电子商务进农村综合示范创建，2022年，全市网络零售额同比增长6.3%，比全国高2.3个百分点。加快发展跨境电商，2022年，重庆实现跨境电商交易额407.1亿元，同比增长27.9%。

（四）促进提质扩容，塑造特色服务消费品牌

厚植重庆历史文化、民俗风情、生态美景等特色元素，加快商文旅体消费扩容提质、深度融合，做靓重庆特色服务消费品牌。一是做靓“不夜重庆”品牌。着力培育“夜味、夜养、夜赏、夜玩、夜购”等“五夜”生活业态。加快“大九街”等夜市街区整合发展，升级渝中洪崖洞、南山壹华里、江北鎏嘉码头等网红夜间经济消费地标，培育打造夜间经济示范创建集聚区16个。提质举办2022不夜重庆生活节，联动区县开展夜间经济特色主题活动200余场次，带动全市夜间消费近150亿元，“不夜重庆”美誉度、知名度进一步提升。二是打响“美食之都”品牌。打响“川菜渝味”品牌，11家餐饮企业入选全国TOP100，6家火锅企业进入全国TOP20，打造美食地标11个，累计培育市级美食街区53条、国家美食地标城市9个、绿色饭店56家、钻级酒家56家、星级农家乐1388家。推动重庆美食走出重庆、走出国门、布局全球，重庆火锅遍布全国，并在20多个国家和地区布局开店。2022年，重庆市餐饮收入1953.3亿元，同比增长28.5%。三是做优“山水旅游”品牌。依

托世界文化遗产、世界自然遗产等文旅资源，打造“大都市、大三峡、大武陵”旅游名片，塑造特色文旅消费品牌，江北区、南岸区、九龙坡区入选第二批国家文化和旅游消费试点城市，武陵山大裂谷景区、金佛山景区被评为全国文明旅游示范单位，“踏寻红岩足迹·感悟红岩精神”等3条精品线路入选全国“建党百年百条精品红色旅游线路”，涪陵北山国际文旅康养度假区等6个项目获评首批国家级夜间文化和旅游消费集聚区。截至2022年底，重庆拥有5A级景区11个。

（五）强化联动发展，创新共建共享培育模式

以强化联动发展为突破，做好通道带物流、物流带经贸、经贸带产业文章，提升全球消费品中转集疏水平。一是完善物流通道。持续开通中东、欧洲、北美等全球主要航空货运枢纽机场航线，拓展“一带一路”“西部陆海新通道”沿线国家和地区航线，搭建重庆至日韩、东南亚、欧洲、北美等重点城市国际客运航线网络。重庆开通国内外航线超过370条、国内外通航城市超过230个。重庆获批空港型国家物流枢纽，成为全国唯一兼具水陆空三类国家物流枢纽的城市，广泛汇集全球优质商品和服务。加快陆海联动网络布局，推进杜伊斯堡、波兹南、布达佩斯等海外仓建设工作。推动共建西部陆海新通道，成功开行重庆至老挝、越南跨境直达公路班车，提升国外货物集聚分拨能力。二是优化开放环境。获批服务业扩大开放综合试点、全面深化服务贸易创新发展试点，出台服务贸易重点发展领域指导目录。获批设立万州综合保税区、永川综合保税区，万州经开区管辖范围实现扩容，开放平台在“一区两群”布局更加合理。铁路口岸获批设立进境肉类指定监管场地，重庆成为西部首个可办理化学药品首次药品进口备案的口岸城市。推动中欧班列（成渝）B2B跨境电商班列提质增效，探索跨境电商B2B新业态出口监管，不断丰富货源品类。三是深化合作交流。持续拓展国际合作载体，白俄罗斯驻渝领事馆开馆，驻渝领事机构数量已达12个，国际友城、国际友好交流城市分别达到52个、110个。成功举办智博会、西洽会等重点展会，创设陆海新通道国际合作论坛，承办上合组织数字经济产业发展论坛、中国—东盟特别外长会和澜湄合作第六次外长会等重要活动，进一步提高国际知名度。加强川渝两地消费促进活动联动，联合四川省商务厅拟制《建设富有巴蜀特色的国际消费目的地实施方案》，与成都市商务局签订《协同建设国际消费目的地合作协议》。

（六）强化服务保障，优化便捷舒适消费环境

深化实施城市提升行动，完善国际消费配套设施，健全消费服务标准和规范，提高国际消费环境安全度、经营者诚信度和消费者满意度。一是美化城市环境。持续推动城市更新，围绕老旧小区、老旧工业区、传统商圈、传统风貌区、公共空间等五大城市更新类型，在主城都市区范围内率先启动31个城市更新试点示范项目建设。深入开展“两江四岸”坡坎崖绿化美化，打造高品质休闲游憩空间。结合山水城市特色，在城市更新中注重彰显重庆市国际消费重要承载区的吸引力，重点打造艺术湾、广阳岛等“城市新名片”。加快公共场所国际化引导标识和便利化服务设施规划建设，完善国际消费配套设施。二是优化营商环境。获批开展营商环境创新试点。全面实行外商投资准入前国民待遇加负面清单管理制度，在中西部地区率先建设外商投资企业智慧服务云平台。开展促进跨境贸易便利化专项行动，推进智慧口岸建设，国际贸易“单一窗口”报关单量保持中西部第一。加大知识产权保护力度，建设智慧法院新生态体系，成立西部首个破产法庭。三是净化监管环境。在全国率先出台《支持消费者集体诉讼工作导则》，全面规范消费者权益保护委员会支持消费者集体诉讼工作。放宽市场主体登记条件，推行实施品牌连锁企业“一照多址”。完善消费直通直联协作机制，成功化解纠纷5万余件，为消费者挽回经济损失2亿余元，切实提高消费者满意度。

图8　2023年7月，全国国际消费中心城市培育建设座谈会在渝召开

三、未来发展展望

下一步，重庆将继续围绕培育建设立足国内、辐射周边、面向世界，具有全球影响力和美誉度的国际消费中心城市，扎实推进“四地”建设，努力推动国际消费中心城市培育建设向更深层次、更实质性的方向发展，全面提升引领国际时尚的消费活力。

（一）打造国际消费资源集聚地

以全面扩大开放为引领，引育国际知名品牌，招引优质市场主体，打造渝货名品精品，升级品质消费载体，提升会展经济能级，促进国际国内“两种资源”有效配置。

（二）打造国际消费创新引领地

以促进消费提质扩容为重点，培育新型消费场景，创新消费业态模式，推进数字消费融合，发挥通道和保税优势，增强国际时尚潮流消费新活力。

（三）打造国际特色消费目的地

以比较优势为着力点，植入重庆历史文化、山水资源、民俗风情等特色元素，加快商文旅体消费深度融合，做靓不夜重庆、山水旅游、美食之都、生态康养、户外运动、文化消费六大特色消费名片。

（四）打造国际消费环境标杆地

以构建“重庆服务+全球市场”新格局为目标，塑造宜居宜业宜游城市形态，营造“近悦远来”国际一流营商环境和“安全、放心”消费环境，打造中西部国际消费中心城市样板。

［重庆市商务委员会　彭和良　王顺辉］

之九：重庆建设具有全国影响力的科技创新中心的进展、形势和展望

近年来，重庆市科技局在科技部的悉心指导下，按照市委、市政府工作部署，深入实施创新驱动发展战略，积极主动融入共建“一带一路”，聚焦建设具有全国影响力的科技创新中心，积极谋划推动开放创新，加快推进“一带一路”科技创新合作区和国际技术转移中心建设，抓紧筹备“一带一路”科技交流大会，深化科技交流合作，夯实国际科技合作基础，取得积极进展。

一、工作进展及成效

（一）创建“一带一路”科技创新合作区呈现新进展

与四川省共同研究制定了《成渝地区共建“一带一路”科技创新合作区实施方案》，提出了优化国际科技人才发展环境、推进多层次宽领域科技人文交流、完善国际科技合作体制机制等 8 个方面 24 项重点任务，与共建“一带一路”国家开展科技交流和创新合作，推动资源共享、人才交流、平台联建、联合研发、成果转化和产业化。实施方案通过重庆四川党政联席会议第五次会议审议，并获科技部批复同意。2023 年 4 月 22 日，川渝两省市政府联合印发实施方案。

（二）筹备“一带一路”科技交流大会取得新成效

首届“一带一路”科技交流大会将于 2023 年 11 月在重庆举办。大会由科学技术部、中国科学院、中国工程院、中国科学技术协会、重庆市人民政府和四川省人民政府共同主办，国家发展改革委作为支持单位。大会以“共建创新之路，同促合作发展”为主题，着眼于新一轮科技革命和产业变革，促进中国与共建“一带一路”国家在建立高规格合作机制、

发布高层次合作倡议、举行高质量成果发布、成立高能级合作平台、推动高水平项目对接等五个方面开展合作，着力打造国际多边科技合作品牌活动。

（三）建设“一带一路”国际技术转移中心实现新突破

联合四川省研讨形成成渝地区“一带一路”国际技术转移中心建设初步方案，拟发挥成渝地区特色和优势，打造全国首个“一带一路”国际技术转移枢纽。充分发挥重庆两江新区作为中国内陆第一个国家级开发开放新区的优势，共同谋划建设国际技术转移中心实体机构，有组织、分步骤建立国际技术转移国别中心，打造多层次国际技术转移体系，提升国际技术转移服务效能。

（四）推动国际科技交流合作展现新活力

市科技局先后与新加坡科技研究局、匈牙利创新与技术部签订战略合作协议，后者是匈牙利创新与技术部签订的首个国内区域性战略合作协议，政府间合作实现新突破。积极推动渝港科技合作，与香港创新科技署签署《渝港创新及科技合作备忘录》。成功举办中国（成渝地区）—匈牙利创新合作大会、中新（重庆）智能制造创新交流大会、“中国—瑞士科技创新精准合作‘云对接’成渝专场活动”、“科创共赢—中韩生物技术合作发展论坛”等活动，科技人文交流取得新成效。承办科技部发展中国家培训班累计 11 期，招收 30 多个共建“一带一路”国家学员 400 余名。

（五）打造科技创新合作平台获得新成果

推动重庆邮电大学中国—韩国工业物联网实验室获批重庆市首个国家“一带一路”联合实验室。中匈技术转移中心（重庆）初步形成了覆盖我国西部 5 个省市的辐射效应，促成 22 个项目签约和 11 个项目落地实施。加强国际科技创新资源引进，引进新加坡国立大学、斯洛文尼亚卢布尔雅那大学、泰国皇家理工大学等来渝联合共建研发机构，目前已经成功获批新型高端研发机构 2 个、联合研发基地（中心）2 个。

（六）实施国际科技联合研究项目得到新提升

积极组织重庆市有关高校、企业等申报科技部国际合作项目，累计获批科技部国际合作重点专项项目 50 个，项目经费累计超过 1.4 亿元，其中“一带一路”国家联合获批重点项目 22 个，占比 44%。2022 年 4 月，市科技局与市财政局联合印发《重庆市国际科技创新合作专项实施方案》，设立市级国际科技创新合作专项。

图 9　中德智能制造科技创新合作峰会、新加坡国立大学重庆研究院

图 10　新加坡国立大学重庆研究院

二、主要做法及特点

（一）突出完善科技合作机制

近年来，重庆市加快完善国际科技合作机制，吸引全球创新资源集聚。2019 年制定出台了《重庆市引进科技创新资源行动计划（2019—2022 年）》

文件，主要围绕大数据、人工智能、高端装备、集成电路、生物医药等重点领域，与国内外知名高校、科研院所、企业以及国家级科研平台深入合作，吸引“高精尖缺”团队和人才落户，形成高端创新资源聚集。2022年制定出台《重庆市国际科技创新合作专项实施方案》，支持重庆高等学校、科研机构和企业等与国（境）外创新主体共同实施国际科技合作项目、建设国际科技合作基地，带动科技创新能力整体提升。

（二）突出搭建国际合作平台

近年来，在完善国际科技合作机制的同时，重庆着力搭建科技合作平台。成功组织2019重庆全球科学家高峰会，邀请全球26位顶尖科学家、30余名全国知名专家学者参会，围绕“未来科学”、前沿化学与医药产业、人工智能与数字产业等科学领域深入探讨全球前沿科学发展趋势。由重庆高校、科研院所等牵头，与国外研发机构相继开展了中国—韩国工业物联网“一带一路”联合实验室、中国—匈牙利技术转移中心（重庆）、中国援坦桑尼亚农业技术示范中心等国际科技合作平台建设，在工业互联网技术、技术转移、农业技术等方面科技合作取得显著成效（见表1）。

表1　合作典型案例

案例名称	合作成效
中国—韩国工业物联网“一带一路”联合实验室	重庆邮电大学积极响应“一带一路”倡议，由自动化学院牵头，基于与韩国合作单位近30年的合作历史及在工业物联网领域的合作基础，集中优势力量建设中韩工业物联网“一带一路”联合实验室。在国家重点研发计划项目等支持下，联合实验室研发团队合作攻关，突破了工业确定性网络通信技术、有线/无线网络异构集成方法、信息纵向集成方法及工业设施动态能源管理方法等基础理论和关键技术难题，研制了工业无线异构网络、时间敏感网络及工厂能耗管控系统，并进行了示范应用。合作成果转化为国际标准，双方联合制定国际标准2项
中国—匈牙利食品科学联合研究中心	中心由重庆西南大学与匈牙利国家农业创新研究中心联合成立，是我国和匈牙利共同成立的第一个在食品领域的合作研究中心。中心成立以来，在食品安全、食品营养、饮食文化以及教师和学生互访等方面进行长期合作，联合举办学术会议，落地实施合作项目，积极推动中匈共建“一带一路”走深走实。共发表学术论文40余篇，双方人员互访达30人次，召开中匈学术会议6次，签订中匈合作协议3份

续表

案例名称	合作成效
中国—匈牙利技术转移中心（重庆）	中国—匈牙利技术转移中心（重庆），是我国与匈牙利相关政府机构搭建的第一个官方技术转移平台。中心采取“政府搭建平台，专业机构服务”的工作方式，在重庆和布达佩斯分设办公室，为两国企业及相关机构间开展科技人才、创新技术、产业资本交流对接和科技成果转移转化等提供专业化配套服务。中心构建了“一站、两库、三系统”（一个网站，项目和人才两个数据库，远程会议、在线翻译和知识产权查询三个系统）线上服务平台和线下服务基地。同时，与四川、云南、贵州、甘肃、广西等地的技术转移服务机构合作搭建了面向匈牙利的国际科技区域协作网络，初步形成以重庆为中心、覆盖我国西部地区、面向匈牙利的国际技术转移创新服务生态体系。截至 2022 年底，累计举办了 14 场大型中匈项目对接会，组织各类洽谈合作 130 余次，促成 22 个项目合作签约，11 个合作项目落地实施。连续 5 届独家承办“智博会”匈牙利国家馆的组展和布展工作，共组织 154 家匈牙利有关企业和机构参与
中国援坦桑尼亚农业技术示范中心	中国援坦桑尼亚农业技术示范中心，是中非合作论坛北京峰会承诺的援非工作八项举措的十四个援非农业技术示范中心项目之一。示范中心的建设和三年技术合作，由重庆市农业科学院控股的重庆中一种业有限公司承建。示范中心自 2010 年以来，在坦桑尼亚围绕水稻、玉米、蔬菜、香蕉组培和蛋鸡养殖五个方面开展了一系列科技合作与人才交流，在小农户依靠中国技术实现减贫方面影响较大，得到了所在国家的高度认可。当地的达卡瓦镇“万亩粮田”计划，每年生产季节种植水稻 36000 亩①，应用中国水稻种植技术后，平均亩产由 1.8 吨/公顷提高到 8～10 吨/公顷②，成为中国技术的高产示范样板。示范中心每年累计筛选 290 个以上作物新品种进行试验，利用非洲气候检验新品种的优势和缺陷，从而对重庆育种的中间材料进行创新和改进
中国—哈萨克斯坦马铃薯品种选育与高产技术示范援助项目	西南大学联合国家马铃薯工程技术研究中心在内蒙古乌兰察布建立了“中—哈马铃薯联合育种基地”，通过 Sherubay Su LLP 公司在哈方 Scherabaj Suu、Naidoroskoe 等农场建立“中—哈马铃薯高产示范基地”，开展品种（系）选育及水肥一体化技术实施，示范推广先进的马铃薯种植技术及优良品种。截至 2022 年底，在哈萨克斯坦建立了 3 个示范点，核心示范面积 500 亩，技术累计辐射面积 40 万亩。示范区平均增产 30%，最高增产 126.3%。辐射区马铃薯亩产由 1.3 吨提高到亩产 1.5 吨，累计增产 8 万吨，增加社会效益 680 万美元，有效地促进了当地马铃薯产业发展及农民增收与经济发展

① 1 亩≈666.67 平方米。

② 1 公顷≈0.01 平方千米。

三、面临的形势

新一轮科技产业变革为各国提供了多元发展机遇，以创新推动经济社会可持续发展已成为全球共识，开放合作成为科技创新的内在要求和重要路径。大力推动“一带一路”科技创新合作，是重庆市抢抓难得契机，积极融入全球创新网络，集聚国际创新资源，补齐科技创新短板，实现高质量发展和建设内陆开放高地的必然选择，对重庆市加快建设具有全国影响力的科技创新中心具有重要意义。从国际竞争格局看，当今世界正经历百年未有之大变局，大国竞争持续加剧，新冠疫情影响广泛深远，中美在科技领域竞争持续深入，地缘政治格局持续动荡，外部环境更趋复杂严峻。开展国际科技合作面临较大压力和不确定性，创新资源流动受限，人员交往、科技合作项目受到冲击，相关科技合作平台引进建设受到一定负面影响。

四、未来发展展望

下一步，重庆市将继续以强烈的使命担当，主动作为、迎难而上，深入贯彻党的二十大精神，全面落实党中央推动成渝地区双城经济圈建设战略部署，深入实施“一带一路”科技创新行动计划，大力推动以“一带一路”为主的科技创新合作工作，助力成渝地区建设具有全国影响力的科技创新中心。

（一）高标准建设“一带一路”科技创新合作区

高标准落实合作区建设的6项量化指标和八大重点任务，按照“高标准、可持续、惠民生”目标要求，聚焦建设面向“一带一路”的科技交往中心、技术转移枢纽、协同创新高地，全方位与共建“一带一路”国家开展科技交流合作，打造辐射西部、支撑全国、面向全球的“一带一路”科技创新合作区。

（二）高水平打造“一带一路”科技交流大会品牌

聚焦成渝地区双城经济圈建设，拟邀请国外政要、科技部部长及顶尖科学家等出席大会，构建多层次多元化的科技人文交流机制，加速与共建国家创新要素对接共享，推动先进适用技术成果在共建国家转移转化，打造全球性多边国际科技合作品牌活动、“一带一路”科技交流标志性活动。

（三）高质量打造“一带一路”国际技术转移中心

做好全国首个“一带一路”国际技术转移中心顶层设计，打造“一带一路”科技成果转移转化重要承载地和辐射源。建设国际技术转移中心实体机构，建立多层次国际技术转移体系，构建国际技术转移协同网络，提升国际技术转移服务效能。建立面向重点国别的国际技术转移分中心，引进优质创新资源，输出先进适用技术。

（四）高效能拓展国际科技交流合作

探索依托驻外机构、高校院所、在渝领馆、友好城市等渠道，稳步推进与新加坡、匈牙利、韩国等国家政府间科技交流和民间人文交流合作。依托“一带一路”科技创新合作区建设，鼓励和支持各类创新主体建设一批国际联合研究中心、国际技术转移中心等国际科技合作平台。结合国家科技战略需求和重庆产业发展实际，组织申报实施一批产学研用深度融合的国际科技合作项目，突破一批产业关键共性技术，以优质国际科技创新资源推动全市科技与经济深度融合。

［重庆市科学技术局　夏令子］

之十：重庆建设中西部国际交往中心的进展、形势和展望

建设中西部国际交往中心，是重庆深入贯彻落实习近平总书记重要指示要求的具体行动，也是重庆全面融入共建“一带一路”和长江经济带发展的重要抓手。重庆制定出台了《重庆市建设中西部国际交往中心三年行动计划（2020—2022 年）》《重庆市建设中西部国际交往中心“十四五”规划（2021—2025 年）》，着力构建立足中西部、面向东盟、联通全球的对外交往格局，着力实现国际事务参与度、国际要素聚集度、对外交往活跃度、开放环境舒适度、城市品牌知名度整体跃升。

一、中西部国际交往中心建设进展

2020 年，重庆启动中西部国际交往中心建设工作以来，积极深化政务、经贸、人文等各领域对外交往，加快推动国际化建设工作，妥善应对错综复杂的国际形势和新冠疫情带来的不利影响，推动中西部国际交往中心建设取得阶段性成效。

（一）全力服务国家总体外交

2020 年重庆启动中西部国际交往中心建设以来，先后承办中国—上海合作组织数字经济产业论坛、纪念中国—东盟建立对话关系 30 周年特别外长会和澜湄合作第六次外长会、中国—拉美企业家高峰会等国家交办的重要外事活动 10 余场。习近平总书记亲自向中国—上海合作组织数字经济产业论坛致贺信。深化对外交往合作，重庆与越南、重庆与白俄罗斯深化经贸合作，分别写入中越元首联合声明和中白元首联合声明。习近平总书记复信中希文明互鉴中心理事会成员，祝贺由西南大学牵头与希方高校共同设立的中希文明互鉴中心成立。重庆与乌兹别克斯坦塔什干州正式结好，纳入习近平主席出访乌兹别克斯坦成果内容。重庆医疗队援巴新 20 周年纪念画册被作为国礼赠

送给来华出席冬奥会开幕式的巴新总理。袁家军书记率中共代表团成功访问新加坡、斯里兰卡、尼泊尔，有效深化中新、中斯、中尼政治认同和务实合作。

（二）积极涵养国际交往资源

乌拉圭、白俄罗斯、缅甸先后在渝设立总领事馆，外国在渝领事机构增至13家。建立渝港合作会议机制，成功举办渝港合作会议第一次会议，深化渝港在11个领域的合作。吸引澜湄旅游城市合作联盟总部落户取得积极进展。深入实施中新（重庆）战略性互联互通示范项目，加快建设中外合作园区，启动运行欧洲重庆中心，累计落户世界500强企业316家。高质量办好智博会、西洽会、中新金融峰会、“一带一路”陆海联动发展论坛、陆海新通道国际合作论坛等重要展会和国际会议，逐步打造成为西部地区参与国际交流合作的重要平台。发布外籍“高精尖缺”人才认定标准等政策，积极引进海外人才。

（三）深化全方位对外交流合作

积极应对疫情影响，创新开展云会见、云巡展、云签约等“云交往”模式。积极参与抗疫国际合作，与数十个国家、友城、国际组织携手互助、共渡难关，深化了友好感情。新冠疫情“乙类乙管”以来，成功接待老挝人革党中央总书记、国家主席通伦，越共中央政治局委员、中央书记处常务书记、中组部部长张氏梅等重要外宾，以及3批驻华使节团、多国驻华使节、友城代表、国际商会代表等来渝访问，2023年1—7月来访外国使节数量超过疫情三年总和。持续深化国际友城交往，新增国际友好城市8对、友好交流城市15对，分别增至53对和118对。发挥涉外历史资源优势，成功举办史迪威将军诞辰140周年纪念活动等民间交往活动。新设立中希文明互鉴中心、中国南亚国家减贫与发展合作中心、西部陆海新通道智库联盟等一批国际合作平台。累计建设国家级国际科技合作基地19个。累计举办中外合作办学机构和项目63个。累计派出援外医疗队17批164人次，诊治当地患者超过16.5万人次，有效促进民心相通。

（四）加快推进城市国际化建设

加快建设广阳岛国际会议中心等国际交往设施，布局打造服务国家总体外交的活动场所。建成投用重庆市规划展览馆、礼嘉智慧公园，启动建设重庆外交外事历史陈列馆、乡村振兴国际合作示范点，培育打造六大类45个外事参访点。加强国际教育、医疗服务供给，累计设立2所外籍人员子女学校，备案招收国际学生的中小学和幼儿园达到158所，持续推动涉外医疗服务定点医院和定点门诊创建工作。印发《重庆市公共场所标识标牌英文译写规范》，稳步推进外语标识标牌建设。中国外文局翻译院在重庆设立中西部分院。建成中西部地区首个省级移民事务服务中心。29国在渝设立签证服务中心。国际和地区航线累计达到110条，覆盖全球36个国家的80个城市。挂牌成立重庆知识产权法庭、涉外知识产权调解中心，建立重庆域外法律查明服务中心，投资贸易法治化、国际化、便利化水平不断提升。

（五）着力提升城市国际传播能力

构建城市国际传播工作体系。制定把重庆建设成为与发挥“三个作用”相适应，与成渝地区双城经济圈建设相匹配，与推动陆海内外联动、东西双向互济相融合的区域性国际传播中心目标，履行城市的主体责任、服务城市发展的客体需求、发挥城市的载体功能，创新构建“三位一体”城市国际传播工作体系。提升城市国际传播能力和平台建设。海外网络传播能力、内外协同传播能力、科教文化传播能力、跨界融合传播能力、城市营销传播能力、社会资源聚合能力、理论研究支撑能力显著提升。2018年8月建立全国首个省级国际传播专业机构并于2023年8月迭代升级为西部国际传播中心，2021年成立陆海国际传播公益基金会，打造了一批国家级外宣智库，高质量建设国际交往智库、西部陆海新通道智库联盟，以及国别和区域研究中心（基地）。打造城市国际传播特色品牌项目。突出城市叙事、陆海叙事，形成国际交流、好感传播、文化互动、自然探索等对外交流系列项目，着力打造重庆国际文化旅游产业博览会、城市国际传播论坛、“@重庆@世界”品牌外事活动、长江三峡国际旅游节、世界大河歌会、大足石刻海外行、中国——东盟法治论坛以及各类国际艺术节、时装周、电影节等活动，承办两届中欧人权论坛，着力打造国际体育赛事集聚地，举办国际羽毛球公开赛、世界杯攀岩赛、中欧篮球冠军杯等赛事。重庆在国内多个权威机构的城市国际传播影响力榜单进入前十名。

二、面临的形势

从国际形势来看，当今世界正经历百年未有之大变局，国际体系和国际秩序深度调整，世界政治经济格局加速演变，国际经济重心进一步向新兴国家倾斜，产业分工和贸易格局加快重塑，新一轮科技革命和产业革命蓄势待发。全球城市迭代发展，作为国家经济发展引擎，城市在全球治理中的主体作用进一步凸显，全球秩序新变化为新兴国家城市开放发展提供了新的机遇。

从国内形势来看，我国开启全面建设社会主义现代化国家新征程，处于由中等收入阶段迈向高收入阶段的关键时期，经济新业态、新模式、新场景不断涌现，产业智能化发展趋势势不可当，新型城镇化加快推进，都市圈、城市群纷纷崛起。作为世界第二大经济体，我国与世界的关系发生深刻变化，同国际社会的互联互动变得空前紧密，在国际交往舞台上的作用日益凸显，成为引领世界大变局的重要力量，为中国城市开展国际交往提供了更有力的支撑。特别是，成渝地区双城经济圈、西部陆海新通道等国家战略加快实施，为重庆国际化建设带来重要机遇。

从重庆发展形势来看，目前，重庆全市上下正在大力推进现代化新重庆建设，高质量发展势头良好，国际化建设提速，政务、经贸、人文等对外交往日益活跃，国际化服务能力持续提升，中西部国际交往中心建设拥有良好基础，前景广阔。特别是，新冠疫情“乙类乙管”以来，国际交往工作迎来重要的“窗口期”“机遇期”。

三、未来发展展望

新时期新阶段推进中西部国际交往中心建设，要以习近平新时代中国特色社会主义思想特别是习近平外交思想为指导，全面贯彻党的二十大精神，深入贯彻落实习近平总书记对重庆提出的系列重要指示要求，全面融入国家对外开放大局，立足新发展阶段，贯彻新发展理念，构建新发展格局，推动更大范围、更宽领域、更深层次对外交往，加快提升重庆国际事务参与度、国际要素集聚度、对外交往活跃度、开放环境舒适度、城市品牌知名度，努力建设立足中西部、面向东盟、联通全球的中西部国际交往中心，更好服务国家总体外交、服务国家重大战略、服务开放型经济发展，为新时代新重庆建设提供开放支撑。

（一）加快提升国际事务参与度

全力服务国家总体外交。深入践行习近平总书记关于构建人类命运共同体的重要思想，积极参与落实全球发展倡议、全球安全倡议、全球文明倡议，主动配合开展政府外交、政党外交、民间外交，争取承办更多国家级外交活动，推动“办好一个会，搞活一座城”。深入落实中央部署要求。落实中越联合声明、中白联合声明关于深化重庆与越南、重庆与白俄罗斯经贸合作的部署要求，推动经贸合作走深走实。落实习近平主席致中希文明互鉴中心理事会成员的复信精神，推动与希腊深化人文交流和文明互鉴。发挥中国南亚国家减贫与发展合作中心、澜湄国家乡村振兴研究中心等平台作用，深化与南亚、东南亚等发展中国家减贫经验交流互鉴。推动实施重大对外开放战略。深度融入共建“一带一路”，大力推动西部陆海新通道国际合作，高质量推进中新（重庆）战略性互联互通示范项目，积极参与中国—东盟、中国—中东欧、上合组织、金砖国家、中拉、中非、澜湄合作等多双边合作机制，办好“一带一路”科技交流大会、“一带一路”陆海联动发展论坛、陆海新通道国际合作论坛、中新金融峰会等国际会议，在国家对外战略中贡献重庆力量。

（二）加快提升国际要素集聚度

积极培育引进国际组织。探索建立国际组织招引目录，制定支持国际组织落户的政策措施，争取符合重庆城市战略定位和高质量发展需要的国际组织及分支机构落户。推动澜湄旅游城市合作联盟总部尽快落户。积极吸引外国领事、商务、文旅机构。吸引更多国际商协会落户重庆，高质量建设欧洲重庆中心。大力吸引全球优秀人才。建设国际化多语种人才一站式服务平台，统筹推进国际人才出入境、停居留和生活服务便利化、国际化，持续增强对全球优秀人才的吸引力和感召力。

（三）加快提升对外交往活跃度

提升国际友城交往能级。以西部陆海新通道、中欧班列物流大通道等沿线国家为重点，拓展国际友好城市关系网络。探索建立重庆友城市长联合会，推动友城合作平台化项目化机制化发展，策划举办“重庆与世界”友好交流大会等品牌活动。积极缔结友好街区、友好学校、友好医院等友好单位，深化各层级友好交往。积极举办参加重要国际展会。大力提升智博会、西洽会等展会专业化、国际化水平，把智博会打造成为享誉国际的经贸科技合作盛会。推动政府机构、企业、社会团体积极参与世界经济论坛、博鳌亚洲论坛、中国国际进口博览会、中国进出口商品交易会等国际论坛展会，扩大重庆企业和品牌的影响力。打造各领域高水平国际交流合作平台。科技领域，重点打造“一带一路”科技创新合作区，建设“一带一路”国际技术转移中心。教育领域，建好用好中国—东盟法律研究中心、西南政法大学人权研究院、西部陆海新通道智库联盟等平台，办好孔子学院、孔子课堂，建设一批中外人文交流特色学校和窗口学校，打造中外人文交流教育实验区。文化旅游领域，充分发挥重庆国际文旅之窗、中新（重庆）文化和旅游产业联盟、中国（重庆）—上合组织智慧旅游中心、陆海新通道旅游推广联盟等平台作用，深化中外文旅交流互动。卫生健康领域，持续做好医疗援助巴布亚新几内亚、巴巴多斯工作，扎实推进中外对口医院建设。积极构建高校、企业、人民团体、社会组织等广泛参与的民间对外交往格局，积极促进中外人员往来，促进中外民间友好交流合作。

（四）加快提升开放环境舒适度

加快完善国际交往设施。持续优化“一核一轴一环多点”国际交往中心功能布局。加快建设广阳岛国际会议中心、科学会堂，提升悦来国际会议中心功能。建设重庆外交外事历史陈列馆、重庆国际友城展厅等，打造一批具有重庆辨识度的国际会客厅。加强国际教育服务供给。高质量办好外籍人员子女学校和招收国际学生的普通中小学。在条件成熟的区域规划布局新设外籍人员子女学校。提升国际医疗服务水平。积极引进高水平外资合资或港澳独资医疗机构，健全涉外医疗服务体系，加快布局完善一批涉外医疗服务医院和涉外医疗服务点，进一步改善涉外医疗就医流程和环境。打造高品质国际人才社区。在海外人才集聚区试点建设高品质国际人才社区。加强国际语言环境建设，积极开展国际化素养培育行动。织密国际航线网络。积极恢复与重要城市的国际航线，构建辐射亚洲、通达全球的国际航线网络。

（五）加快提升城市品牌知名度

增强城市国际传播能力。加快建设西部国际传播中心，办好城市国际传播论坛，开展“陆海之约”中外交流系列活动，把重庆独特文化、美食美景塑造成为重庆开放名片。创新打造“@重庆@世界”外事活动品牌。大力打造国际文化旅游节庆活动品牌。办靓中国长江三峡国际旅游节、重庆国际文化旅游产业博览会、“舞动山城”国际街舞大赛等国际品牌活动，策划举办具有国际影响力的国际艺术节、时装周、电影节，持续提升重庆文化资源的国际影响力。积极举办国际体育赛事。提升国际羽毛球公开赛、国际攀联世界杯攀岩赛、中欧篮球冠军杯等赛事国际影响力，积极申办国际高水平综合性运动会和顶级单项赛事，打造国际体育赛事集聚地。培育引进涉外领域高端智库。加强与国内外知名智库合作，高质量建设重庆国际交往智库、西部陆海新通道智库联盟，以及国别和区域研究中心（基地）。加强智库研究和对外交流，不断彰显重庆国际交往特色优势。

［重庆市人民政府外事办公室　冯仁勇　李　杨］

之十一：中新（重庆）战略性互联互通示范项目融入共建“一带一路”的进展、形势和展望

中新（重庆）战略性互联互通示范项目（简称中新互联互通项目）是中国和新加坡第三个政府间合作项目，是中新共建“一带一路”的示范性重点项目。中新两国领导人亲自谋划、亲自部署、亲自推动项目合作，习近平主席多次作出重要指示，要求“一定要高标准实施好，打造高起点、高水平、创新型的示范性重点项目”，“将中新重庆战略性互联互通示范项目打造成两国合作新亮点”，“希望双方建设好中新（重庆）战略性互联互通示范项目，并在地区层面带动其他国家共同参与国际陆海贸易新通道建设”。中新互联互通项目以“一带一路”建设为统领，以重庆为运营中心，以“现代互联互通和现代服务经济”为主题，通过重庆和新加坡“点对点”合作，有力带动中国西部地区与东盟国家“面对面”互联互通。中新互联互通项目打开了中国西部城市与东南亚国家开展深度合作的大门，是“一带一路”从“大写意”到“工笔画”的生动实践，被誉为“一带一路”高质量发展的成功案例，其孕育打造的国际陆海贸易新通道也成为中新高质量共建“一带一路”的标志性项目。

一、进展情况

中新双方共同朝着高起点、高水平、创新型方向持续努力，对接合作机制务实高效，重点领域合作亮点纷呈，互联互通水平明显提高，辐射带动作用日益增强，中新互联互通项目取得了一系列突破性成果。截至 2023 年 6 月，在中新互联互通项目框架下累计签约政府和商业合作项目 256 个，总金额 253 亿美元；金融服务项目 251 个，金额 304 亿美元，一批战略性、示范性、标志性项目落地建设。

（一）互联互通水平显著提高

中新互联互通项目积极践行“五通”理念，创新谋划开通多个开放通道，

有力促进了中国西部地区和东南亚地区的高水平互联互通。一是创新打造国际陆海贸易新通道，实现“一带”和“一路”有机衔接，成为共建“一带一路”的重要合作成果和重要平台，为稳定地区产业链供应链发挥了支撑作用。二是创新打造中新跨境融资通道，帮助西部10个省（区、市）100多家企业实现跨境融资196亿美元，降低综合融资成本1%，基本满足企业多样化跨境融资需求。三是创新开通我国首条针对单一国家点对点的中新国际数据通道，该通道具备高速率、大带宽、低时延、高可靠性能，将其打造成为中国联通东盟的信息高速路。四是创新打造渝新国际航空运输通道。重庆—新加坡航线最多时保持每周17班，时刻和品质不断得到优化，成为重庆重要的国际航空运输通道，旅客吞吐量从4.5万人次增至19万人次。五是创新打造渝新人才培训交流通道。组织开展党政干部、定向博士、卓越校长、高级技能人才等系列培养计划，推动两地各层次人才广泛交流。

（二）服务经济合作成效明显

金融服务领域。渝新金融合作机制和金融服务体系基本建立，多元化跨境融资模式、多项金融服务创新试点取得新成效；5家新加坡或东盟国家银行在渝设立分行，新加坡在渝设立的法人金融机构增长至20家。航空产业领域。中新航空产业园加快建设，顺丰、万科、普洛斯等重点项目落地实施；双方合资成立中新（重庆）机场商业管理公司，持续提升重庆江北国际机场运营管理和服务品质，引进DFS、Dufry、拉格代尔等国际旅游零售巨头。交通物流领域。中新（重庆）互联互通多式联运示范项目加快推进，中新（重庆）多式联运示范基地建成投用；中新海关关际合作不断深化，两地海关完成口岸5个类型数据交换共享；渝新国际贸易“单一窗口”建设进展顺利，实现单证智能生成、自动申报。信息通信领域。设立中新信息通信媒体联合创新发展资金，累计为23个数字应用项目提供资金支持；万国数据重庆数据中心建成投用，具备1684个机柜、2.3万台服务器支撑能力。

（三）合作广度和深度不断拓展

教育科研领域，新加坡国立大学重庆研究院项目落地运营。医疗领域，重庆首家全外资综合性国际医院——重庆莱佛士医院、重庆首家中外合资非营利性医疗机构——重庆中新肿瘤医院以及渝新联合创办的中新美陆眼科医院开诊运营。文旅领域，文化交流互鉴、旅游产品研发、景区项目开发等加强合作，有效带动两地往来旅客持续增长。城市发展领域，重庆来福士建成投用，已成为重庆地标建筑。现代农业领域，中新（重庆）农业合作计划深入实施，成功推动石柱黄精、巫山脆李等重庆农特产品首次进入海外市场，泰国榴莲等东南亚果品大规模进入中国西部市场。绿色发展领域，中新跨境绿色融资项目、中新分布式能源项目加快推进。

（四）创新引领作用持续增强

先后争取国家发展改革委、人民银行、海关总署等国家部委出台政策支持文件，创新支持政策多达 77 条，实现多个首创首例。推动实施亚洲首个奥特莱斯不动产投资信托（REITs）、中西部地区首笔狮城债券、全国首创铁路运单融资、中西部首个 QDLP 试点、全国首创“以航空公司为单元”的保税航材海关监管模式等多个项目落地。政策创新、体制机制创新、商业模式创新不断激发市场活力，中新互联互通项目示范性、引领性充分彰显。

（五）辐射带动效应日益显现

中新互联互通项目创新打造中新金融峰会、陆海新通道国际合作论坛，举办重庆·新加坡体验周、新加坡·重庆周，推动新方共同举办智博会，为中国西部地区与东盟国家交往合作搭建了重要国际平台。中新互联互通项目积极发挥辐射带动效应，打造区域协同新引擎，在重庆建设西部金融中心、国际消费中心城市、中西部国际交往中心、服务业扩大开放综合试点及数字重庆建设等方面发挥重要作用。

图 11　中新双方合作联委会会议第十五次会议、中新互联互通项目联合协调理事会第三次会议于 2019 年 10 月在重庆召开

二、特色做法及典型案例

（一）特色做法

一是坚持以“一带一路”建设为统领，积极践行政策沟通、设施联通、贸易畅通、资金融通、民心相通等理念，聚焦发挥中新互联互通项目“陆海新通道”优势，以通道带物流、物流带经贸、经贸带产业，探索出实现区域互联互通的新路径。

二是坚持将中新互联互通项目放在中新两国合作大局中谋划，体现前瞻性、战略性和示范性，突破传统园区模式，聚焦金融服务、航空产业、交通物流、信息通信等重点领域，不断拓展合作领域和空间，开辟了跨区域、跨领域的政府间合作新模式。

三是坚持中新互联互通项目与新时代西部大开发的衔接，积极融入成渝地区双城经济圈建设，广泛复制推广中新互联互通项目合作成果，帮助西部企业解决融资难、融资贵、物流成本高等问题，助力重庆在中国西部地区带头开放、带动开放。

四是坚持将中新互联互通项目作为高能级开放平台，联合办好系列国家级展会平台，推动新加坡及东盟其他国家政府、央行、金融机构、商协会、重点企业代表定期来渝，带动更多国际资源要素、管理经验和信息技术向重庆和中国西部地区聚集，有力促进重庆内陆开放高地建设。

（二）典型案例

中新（重庆）战略性互联互通示范项目“国际陆海贸易新通道”（简称陆海新通道）。陆海新通道纵贯中国西部地区，连接东南亚与欧亚大陆，实现了丝绸之路经济带与21世纪海上丝绸之路、中国西部地区与东南亚地区的有机衔接。中新双方签署陆海新通道建设合作谅解备忘录，联合编制陆海新通道合作规划，举办陆海新通道国际合作论坛，推动重点项目落地实施。自2017年第一趟铁海联运班列发车以来，陆海新通道焕发出蓬勃旺盛的生命力，区域合作共建，陆海内外联动，班列、班轮、班车竞发。2022年，通道全线开行铁海联运班列超过8800列，较开行之初增长近50倍，运输时长由10~15天缩短至2~3天，已覆盖119个国家和地区的393个港口，累计运输外贸货值超过300亿元，为稳定地区产业链供应链发挥了重要支撑作用。

新加坡航空（重庆）保税航材分拨中心。全国首创“以航空公司为单元”的保税航材海关监管模式重大制度创新成果落地，新加坡航空（重庆）保税航材分拨中心在渝揭牌运营，实现了新加坡航空公司中国境内的航材在重庆集中申报进境，并按实际需求跨关区调拨，有效提升了保税航材在国际国内的高效流转水平，降低了企业运营成本，有力促进了重庆航空产业和临空经济高质量发展。该项目荣获联合国亚太地区 2022 年度贸易便利创新奖。

中新（重庆）多式联运示范基地。中新（重庆）多式联运示范基地位于重庆两江新区，占地面积 520 亩，总投资额 15 亿元，于 2019 年启动建设，一期工程于 2022 年 6 月正式建成投用。中新双方采用“重资产+轻资产”的“1+1”合作模式，共同投资成立市场化运营的平台公司。基地发挥果园港和新加坡港联动作用，借鉴新加坡仓储运营先进经验，有效整合新加坡海外渠道资源，不断提升全球化多式联运服务能力。

重庆砂之船不动产投资信托（REITs）项目。在中新互联互通项目推动下，重庆砂之船公司于 2018 年 3 月在新加坡交易所成功发行不动产投资信托（REITs），募集资金 3.96 亿新币，折合人民币 19 亿元，成为亚洲首个奥特莱斯 REITs 项目，也是中西部地区首个在新加坡上市的 REITs 项目。通过 REITs 上市，重庆砂之船公司盘活了固定资产，有效改善企业资本结构，实现轻资产转型。上市第二年砂之船 REITs 项目实现近 25%的收益率，居新加坡交易所 REITs 市场第一位。

新加坡国立大学重庆研究院（简称新国大重庆研究院）。新加坡国立大学重庆研究院是由新加坡国立大学和重庆两江新区合作开设并自主运营的研究院，于 2020 年正式启动运营。新国大重庆研究院充分依托母校雄厚的科研实力和全球资源，围绕先进制造与材料、智能传感与人工智能、现代（智慧）物流、金融与金融风险管理等重点领域，开设高端研发平台、高新产业孵化基地和教育培训中心，打造具有重要影响力的产学研一体化的国际创新型研究院。

中新（重庆）农业合作计划。中新（重庆）农业合作计划深入实施，荣昌“血橙”、巫山脆李、长寿柚等重庆农特产品首次进入新加坡市场，石柱中益乡黄精面、丰都榨菜出口加拿大等国际市场，3000 吨忠县“忠橙”出口东盟，成为重庆 2022 年单一农产品出口规模之最，促进重庆农特产品国际贸易形成新示范。

三、面临的新形势

（一）中新关系提升为项目发展注入新动力

2023 年 3 月，习近平主席与新加坡总理李显龙共同宣布将中新关系提升为全方位高质量的前瞻性伙伴关系，并达成了系列重要共识，为中新互联互通项目新时期合作指明了方向。

（二）中国与东盟合作快速发展提供新机遇

中国与东盟互为最大规模的贸易伙伴，2022 年，中国与东盟进出口规模达到 6.52 万亿元，同比增长 15%。东盟也是重庆最大贸易合作伙伴，2022 年，重庆与东盟进出口额为 1266.3 亿元，占全市进出口总额的 15.5%。中新互联互通项目及陆海新通道作为独特优势，未来有更大发展空间。

（三）中国加快构建新发展格局带来新空间

当前，加快构建以国内大循环为主体、国内国际双循环相互促进的新发展格局，重庆正以成渝地区双城经济圈建设为引领，打造带动全国高质量发展的重要增长极和新的动力源，推动新时代西部大开发形成新格局。中新互联互通项目作为推进区域合作的范例，在东盟能起到辐射作用，在我国西部地区能起到带动作用，在新发展格局构建中能起到引领作用。

（四）“一带一路”倡议十周年产生广泛新影响

“一带一路”倡议迎来十周年，RCEP 生效实施，中国正在积极申请加入 CPTPP 和《数字经济伙伴关系协定》（*Digital Economy Partnership Agreement*，DEPA）。中新互联互通项目高度契合“一带一路”倡议，可在“一带一路”合作中更好发挥支撑作用，对各协定实施起到催化效应。

四、未来发展展望

中新互联互通项目是党中央赋予的重大国家战略，是现代化新重庆建设的独特优势和重要抓手。新加坡是中国也是重庆最大外资来源国，在东盟国家中有较强的话语权和影响力，随着中新关系提升为全方位高质量的前瞻性伙伴关系，中新互联互通项目战略作用更加凸显。

下一步工作总体思路：坚持以习近平新时代中国特色社会主义思想为指引，贯彻习近平总书记对中新互联互通项目及陆海新通道建设重要指示要求，落实中新两国领导人达成的系列共识，以共建“一带一路”为统领，紧扣“现代互联互通”“现代服务经济”两大主题，积极服务成渝地区双城经济圈建设、新时代西部大开发、长江经济带战略，紧扣中新全方位高质量的前瞻性伙伴关系新定位，持续深耕金融服务、航空产业、交通物流、信息通信等重点领域，着力提升互联互通水平，加快推进改革创新实践，努力打造中新两国合作新亮点，让“高质量”成为中新合作最鲜明的标识。

努力实现以下目标定位：一是服务经济的战略高地。继续深耕金融服务、航空产业、交通物流、信息通信等重点领域合作，加快实体化、标志性项目建设，形成一批具有重庆辨识度、全国影响力的可视化成果，打造现代服务经济新高地。二是互联互通的合作标杆。深化陆海新通道国际合作，推动更多国家和地区参与共建，有效促进通道沿线地区人流、商流、物流、资金流、信息流的顺畅流动，提升中国西部地区和东盟国家互联互通水平。三是开放合作的先行示范。强化开放平台协同联动，推动中新互联互通项目融入成渝地区双城经济圈建设和新时代西部大开发，深化拓展第三方市场合作，助力重庆在西部地区更好发挥带头开放、带动开放作用。四是改革创新的策动平台。争取中新双边国家层面政策支持，探索体制机制和政策创新，对接国际规则和标准，共建国际合作平台，打造中国西部地区政策创新策源地和改革突破试验田，形成可复制可推广经验，助力重庆和西部地区高质量发展。

[重庆市中新示范项目管理局　杨　坤　石少杰　欧阳一]

之十二：中国（重庆）自由贸易试验区融入共建“一带一路”的进展、形势和展望

中国（重庆）自由贸易试验区（简称重庆自贸试验区）是全国第三批设立的自贸试验区之一，于2017年4月1日正式挂牌。挂牌六年多来，认真贯彻落实习近平总书记关于重庆自贸试验区建设的重要指示精神，深入践行“为国家试制度，为地方谋发展”的初心使命，积极开展首创性、集成化、差异化探索，较好地发挥了改革发展“排头兵”、开放发展制高点、创新发展“先行者”作用。

一、重庆自贸试验区建设成效

（一）管理体制完善

围绕有力有效推进自贸试验区建设，构建“1+5+9”的管理体制。“1”，即自贸试验区工作领导小组，由市长任组长，常务副市长和分管副市长任副组长，50个相关市级部门为成员。“5”，即投资、贸易、金融、事中事后监管、法制保障5个工作推进组，分别由市发展改革委、市商务委、市金融监管局、市市场监管局、市高院牵头，负责统筹协调推进本工作组涉及领域的各项任务。“9”，即自贸试验区涵盖的渝中、渝北、江北、南岸、九龙坡、沙坪坝、北碚等7个行政区和两江新区、重庆高新区2个开放平台，相应成立工作机构，具体负责本区域内各项工作。

（二）政策体系完备

构建了“2+3+N”的开放政策体系。“2”，即《中国（重庆）自由贸易试验区总体方案》《中国（重庆）自由贸易试验区条例》。“3”，即《中国（重庆）自由贸易试验区“十四五”规划》《重庆市人民政府关于贯彻落实国务院支持自由贸易试验区深化改革创新若干措施的通知》《关于印发推进中国（重庆）自由贸易试验区贸易投资便利化改革创新若干措施的通知》等3个综

合性文件。“N”，即围绕投资、贸易、金融、知识产权、法治等领域，市级相关部门出台了一批含金量比较高的专项政策文件。

（三）制度创新成果丰硕

坚持以制度创新为核心，围绕制度障碍和市场需求，积极推进改革探索，培育重点制度创新成果118项，在全市复制推广89项，铁路提单信用证融资等7项在全国复制推广。其中最具重庆标志性和自贸区辨识度的两项创新，分别是探索以铁路提单和多式联运“一单制”为核心的陆上贸易规则和成立全国首家覆盖全域的自贸试验区法院。

（四）开放型经济蓬勃发展

2022年，重庆自贸试验区以全市1.46‰的面积，贡献了全市超1/10的新设市场主体、近1/2的实际使用外资、近2/3的外贸进出口总额。2022年，在同批设立的自贸试验区中，实际使用外资金额排名第四、占比排名第一，外贸进出口总额及占比均排名第二。设立银行业金融机构（含分支机构）532户，其中，外资银行分行及代表处15户，数量位列西部自贸试验区第一。形成产值7000亿元的电子信息制造业产业集群。实现17个汽车品牌3万余台进口汽车清关分拨，进口数量、货值位居内陆口岸前列。

图12 中国（重庆）自由贸易试验区建设成效图

二、主要做法及特点

（一）立足国家战略强改革，持续开展首创性、差异化探索

一是服务共建“一带一路”，探索陆上贸易规则。依托中欧班列开立全球首份“铁路提单国际信用证”，实现批量化运用，截至 2023 年 6 月，累计签发铁路提单 6160 笔，货值约 29 亿元。制定国际货运代理铁路联运作业规范等 3 项国家标准。铁路提单背书转让效力得到司法审判实践支持，开创国际贸易史先河。创新陆路贸易融资方式，制定出台铁路运输单证金融服务试点工作方案，搭建铁路运输单证金融服务直连平台，加大金融对外贸的支持力度。二是服务西部陆海新通道建设，推动多式联运创新。出台关于支持签发多式联运单证及对利用多式联运单证融资给予贷款贴息的奖励政策，引导企业加强多式联运“一单制”推广应用。制定西部陆海新通道铁海联运“一单制”试点工作推进方案，完成铁海联运提单样本备案。利用区块链技术签发数字提单，提供结算及融资服务，探索建立连通海上与陆上的贸易物流金融新规则。签发全国首张中国国际货运代理协会（China international freight forwarders Association，CIFA）多式联运提单，推广“铁路原箱下海、一箱到底”模式，整体通关时间压缩 40%。三是服务长江经济带发展，开展便利通关创新。持续提升通关便利化水平，充分释放长江黄金水道发展动能，不断巩固重庆作为长江上游航运中心的地位。开展水运进口转关“离港确认”试点，提升江运时效 40%。创新船边直提模式，企业提箱时间由原来的 1~2 天缩短至 1~2 小时。创新“启运港退税”模式，企业比以往提前 1 个月拿到出口退税款，有效提升企业资金周转和使用效率。

（二）立足关键领域抓创新，持续优化营商环境

一是促进贸易投资自由便利。全面实施自贸试验区外商投资负面清单，外资项目备案实现立等可取。首创海关特殊监管区域“四自一简”监管模式，被国务院纳入自贸试验区第四批改革试点经验在全国复制推广，并被国务院办公厅作为地方优化营商环境的典型做法予以通报。推出货物贸易“一保多用”管理模式，实现企业一份担保在关区不同业务领域、不同业务现场、不同担保事项间通用，被国务院纳入自贸试验区第六批改革试点经验在全国复制推广。二是加大金融创新力度。开展本外币合一账户体系、QDLP、贸易外汇收支便利化等 20 多项创新试点，进口付汇、跨境运费支付业务办理时间分

别缩减至2分钟、10分钟。推出知识价值信用融资新模式，建立知识价值信用贷款风险补偿基金，引导激励金融机构支持科技成果转化和科技型中小企业创新创业，已惠及企业超10000家（次）。上线全国首个跨境金融区块链西部陆海新通道融资结算应用场景，累计便利企业运费结算、贸易结算与融资超过33亿美元。三是打造一流营商环境。全面实施“多证合一”“证照分离”改革和“基层注册官”制度。开发“全程电子退库系统”，实现退库全流程电子化，退库效率提升50%以上。创建市场综合监管大数据平台，打造自贸试验区智慧监管模式，入选全国自贸试验区第三批“最佳实践案例”。成立全国首家覆盖全域的自贸试验区法院，设立商标审查协作中心，创新推出涉外商事诉讼、仲裁与调解“一站式”纠纷解决机制，为国内外当事人提供“一站式”法律服务。

（三）立足产业集聚谋发展，持续推动开放型经济高质量发展

一是做强市场主体。成功引进星光国际精准医疗创新中心等百亿级项目，阿里巴巴、腾讯、百度三大互联网巨头先后落户，德国埃马克机床、德国博世创新中心、奥特斯IC载板、紫光芯片、万国数据和中欧数字生态城等一大批标志性项目落地。截至2023年6月，重庆自贸试验区累计注册企业超19万户。二是做优产业结构。出台产业发展规划，引导各片区差异化发展，促进产业结构转型升级，推动商贸物流、大数据、文旅健康等新兴产业集聚。2022年，重庆自贸试验区实际使用外资和外贸进出口总额分别高于全国平均水平31个和45个百分点。三是做好优势特色产业。以完善产业链供应链为导向，不断强链补链延链，推动电子信息制造业、汽车物流业形成良好规模效应。构建集成电路产业生态，汇聚英特尔、SK海力士等知名芯片企业，形成产值7000亿元的电子信息制造业产业集群。依托区内铁路口岸，提供跨境物流、铁路信用证结算、报关报检、保税仓储等供应链全流程服务，整车进口数量、产品货值在内陆口岸连续多年保持领先。

（四）立足联动发展促协同，持续扩大自贸区溢出效应

一是推动川渝协同开放。深入推进川渝自贸试验区协同开放示范区建设，联合印发示范区深化改革创新三年行动方案，共同创建全国首个中欧班列合作品牌——中欧班列（成渝）号，协同开展中欧班列集拼集运模式、铁路运输方式舱单归并新模式等试点，协同集成全国首创的“关银—KEY通”等制度创新成果。二是加强开放平台协同发展。深入实施重庆自贸试验区与中新

（重庆）战略性互联互通示范项目一体化推进方案，推动目标定位、政策创新、产业发展、辐射带动等一体化，协同创新全国首例“以航空公司为单元”的保税航材海关监管模式。探索设立自贸试验区综合保税区统筹发展示范基地，推动两类区域从布局、管理、政策、产业等多方面协同发展。联合创新综合保税区设备零配件便捷监管模式，通关时间和费用大幅压缩。三是建设联动创新区。分两批创建25个自贸试验区联动创新区，着力打造“自贸试验区经验复制推广先行区、政策制度创新协同区、开放型产业发展协作区、区域联动发展示范区”，培育形成工业项目“标准地”出让新模式、国际化技术转移转化新模式等改革创新案例。

三、自贸试验区面临的形势

（一）发展机遇

党的二十大提出，“实施自由贸易试验区提升战略”，这是自贸试验区工作第一次上升为“国家战略”，表明国家层面对自贸试验区的功能定位赋予了新的时代内涵，有利于重庆自贸试验区以试点对接国际高标准推进制度性开放，发挥好改革开放综合试验平台的作用，为全面深化改革、扩大开放探索新路径。新一轮科技革命和产业变革深入发展，数字经济和实体经济深度融合，有利于重庆自贸试验区加快技术革新和产业升级，构建具有国际竞争力的现代产业体系。全球经济治理体系发生深刻变革，区域经济合作势头上升，有利于重庆自贸试验区更好参与全球经济分工，培育外贸外资新增长点。我国正加快构建以国内大循环为主体、国内国际双循环相互促进的新发展格局，共建“一带一路”、长江经济带发展、西部大开发等国家战略深入推进，有利于重庆自贸试验区在更大空间、更广范围开展改革创新探索，更好发挥改革开放排头兵的示范引领作用。重庆市重点领域和关键环节改革取得突破性进展，内陆开放高地建设步伐加快，开放型经济不断壮大，营商环境持续优化，有利于激发重庆自贸试验区高质量发展新动能。

（二）面临挑战

当前国际国内环境、形势正发生深刻变化，全球发展环境不稳定性不确定性因素明显增加，国际产业链、供应链向区域化、本土化深刻调整。经济全球化遭遇逆流，世界进入动荡变革期，保护主义、单边主义上升，世界经济低迷，国际贸易和投资大幅萎缩。改革进入攻坚期和深水区，发展不平衡不充分问题仍然突出，重点领域关键环节改革任务仍然艰巨，改革将进一步触及深层次利益格局的调整和制度体系的变革，改革的复杂性、敏感性、艰巨性更加突出。重庆市综合实力和竞争力与东部发达地区仍存在较大差距，产业能级还不够高，科技创新支撑能力偏弱，适应高质量发展要求的体制机制还不够健全。重庆自贸试验区存在功能导向不够清晰、产业核心竞争力不强、制度创新的“靶向”不够清晰、对标国际高标准经贸规则仍有差距等问题。

四、未来发展展望

下一步，重庆自贸试验区将深入贯彻落实党的二十大精神，按照市委六届二次全会工作部署，围绕“开放引领、改革赋能、以贸促产、以产兴区”，根据资源禀赋和产业基础，进一步明确重庆自贸试验区功能定位（内陆国际物流枢纽核心区、数字经济创新发展先导区、新型保税经济发展示范区、现代服务经济开放发展集聚区、先进制造业创新发展引领区），并按照“特色产业鲜明、目标定位落地、承接主体落实”的原则，划分五个功能片区（“临铁+保税”经济片区、数字经济片区、“临空+保税”经济片区、现代服务经济片区、“临港+先进制造”经济片区），积极构建实施重庆自贸试验区提升战略的“四梁八柱”，以更大力度谋划和推进重庆自贸试验区高质量发展，努力把重庆自贸试验区打造成为引领内陆开放高地建设的先行区。

（一）优化国际物流枢纽建设

提升多式联运效能，创新多式联运服务规则，推动西部陆海新通道与中欧班列、长江黄金水道初步建立集装箱调拨共享体系。提升贸易便利能级，扩大“提前申报”“两步申报”应用率，强化“7×24 小时”预约通关服务保障，深化通关模式改革。提高枢纽运转效能，加快补足多式联运转运设施、铁路专用线、集疏运体系等短板，争取设立铁路口岸综合保税区和鱼嘴铁路货运站海关监管场所，建成西部陆海新通道重庆无水港。

（二）推动数字经济创新发展

加快建设数字经济产业集群，打造数字经济领域市级专精特新企业和国家级专精特新“小巨人”企业。培育数字贸易新业态，加快建设中国（重庆）跨境电子商务综合试验区，加快创建国家数字服务出口基地，积极建设市级数字服务出口示范基地。夯实数字经济新基建底座，推进全国一体化算力网络国家枢纽节点等数字基础设施建设，加快建设西部数据交易中心。推动数字合规和监管体系建设，依托中新（重庆）国际互联网数据专用通道开展数据跨境传输安全管理试点，探索建设国际贸易“单一窗口”数字贸易板块。

（三）推动保税经济转型升级

做优“保税+制造业”产业，引导加工贸易向品牌、研发、分拨和结算中心等产业链高端延伸，构建电子信息全产业链保税研发体系，推动加工贸易转型升级。做强“保税+航空”产业，高标准打造中新航空产业园，建好用好新加坡航空（重庆）保税航材分拨中心。做大“保税+贸易”产业，建设重庆（西永）对外文化贸易基地，争取获批国家文化出口基地和国家对外文化贸易基地。

（四）推动现代服务经济开放发展

加快建设内陆金融开放体系，建设中新金融科技合作示范区，建好国家金融科技认证中心。打造高端服务业集聚区，建设两江新区国家检验检测认证公共服务平台示范区，建设重庆中央法务区（渝中区）等高端法律服务聚集区。推动服务贸易创新发展，大力发展信息咨询、通信、金融等新兴服务贸易，高标准建设国家服务外包示范城市。

（五）推动先进制造业提质增效

大力发展智能网联新能源汽车产业，加快实施智能网联新能源汽车产业集群龙头引领行动计划，建设传感器、雷达等核心零部件研发生产基地。推动壮大集成电路和新型显示产业，完善设计、制造、封装、测试集成电路全产业链生态。迭代升级智能终端产业，积极导入高附加值、高收益智能终端产品，做大物联网设备、智能可穿戴等产品规模。积极培育新能源及新型储能产业，推进氢能科技孵化园、氢能智造产业园等项目建设，引进培育飞轮储能、钠离子电池、液流电池等先进储能技术企业。

（六）完善开放制度体系

深化陆上贸易规则创新，加快推动铁路运输单证金融服务试点，上线运行重庆自贸试验区陆路贸易金融服务平台。对标高标准国际经贸规则，深化数据创新与监管沙盒、金融科技与电子支付等领域探索。构建良好法治环境，建立“司法赋能进自贸”工作机制，建立与西部陆海新通道相适应的专业化审判机制。促进投资自由化便利化，全面落实自贸试验区外商投资准入负面清单，探索实施自贸试验区跨境服务贸易负面清单管理模式。加强知识产权保护，研究制定符合知识产权案件规律的诉讼规范，建立健全知识产权领域市场主体信用分类监管、失信惩戒等机制。

[重庆市商务委员会　李巡府　王　欣　梁　伟]

之十三：重庆两江新区融入共建“一带一路”的进展、形势和展望

两江新区坚持以习近平新时代中国特色社会主义思想为指导，全面贯彻党的二十大和二十届二中全会精神，深入贯彻习近平总书记关于“一带一路”重要讲话及指示批示精神，认真落实市委六届二次全会精神，按照市委关于把成渝地区双城经济圈建设作为“一号工程”和全市工作总抓手总牵引的决策部署，以共建“一带一路”倡议十周年为契机，以西部陆海新通道建设为牵引，加快构建以国内大循环为主体、国内国际双循环相互促进的战略枢纽，以及西部地区国际贸易合作的重要门户、面向东盟市场的要素资源集散中心，建设“一带一路”、长江经济带、西部陆海新通道联动发展的战略枢纽，努力在推进共建“一带一路”中发挥国家级新区的使命与担当，为新时代新征程全面建设社会主义现代化新重庆作出新贡献。

一、工作亮点及成效

（一）开放型经济持续发展

货物贸易。两江新区外贸进出口额从2017年的1652亿元增长到2022年的3062亿元，年均增幅达到13%，占全市比重从33%提高到38%。跨境电商交易额（重庆单一窗口统计）从2017年的13.4亿元增长到2022年底的89.3亿元，年均增幅达到46%，占全市比重超过80%。

使用外资。2017—2022年，两江新区实际使用外资（FDI）总额45亿美元，占全市的38%。2022年，两江新区实际使用外资6.6亿美元，外资规模稳居全市首位。

服务贸易。两江新区重点企业服务贸易总额从2019年的59亿美元增长到2022年的70.5亿美元，占全市比重超过40%，连续4年稳居全市第一。文化贸易领域影视游戏出口覆盖中东、北美、南美、非洲、东南亚、南亚、欧

洲等 100 多个国家和地区，数字贸易领域打造完美世界全国数字文创总部基地等多个游戏、影视动画等数字内容产品“出海”平台；服务外包领域重庆联医数字化医疗器械“出海”平台、猪八戒“洋骠驹”加快推动数字化转型。作为全国首批服务贸易创新发展试点地区和深化试点地区，形成了“3C免办（2018）”“知识产权质押融资（2018 年）”等 2 条经验，以及“创新开展服务贸易中小微企业融资试点‘信易贷’（2019 年）”“建设跨境金融区块链服务平台（2019 年）”“开通中新（重庆）国际互联网数据专用通道（2020 年）”“通过海铁联运扩大海运集装箱流转范围（2020 年）”“创新铁路提单交易模式和规则（2020 年）”等 5 个案例，获国务院服务贸易部际联席会议办公室推广。

（二）通道枢纽建设持续完善

四向通道。两江新区充分发挥果园港“一带一路”和长江经济带联结点的平台作用，实现“东西南北”四向开放通道无缝贯通、连通全球。向东，充分发挥长江黄金水道运能，江海联运通达全球，2019 年创新开通“沪渝直达快线”，长江“黄金水道”发展动能进一步释放；向西，拓展中欧班列功能，连接中亚及欧洲；向南，加快建设西部陆海新通道建设，形成国际铁海联运、国际铁路联运等多种运输方式；向北，常态化开行“渝满俄”班列，联通中满俄经济走廊。

港口型国家物流枢纽。果园港国家物流枢纽于 2019 年 9 月经国家发展改革委、交通运输部批准设立，是西部唯一的港口型国家物流枢纽。枢纽区规划面积 20.1 平方千米，分为东港区 6.6 平方千米、西港区 4.7 平方千米和拓展区 8.8 平方千米，设计作业能力 6000 万吨，集装箱 300 万标准箱。果园港物流枢纽的铁公水多式联运优势逐步凸显，对重庆及西部地区的辐射带动能力不断增强。果园港国际枢纽经济产业园总占地面积 97 亩，总建筑面积 24 万平方米，已于 2021 年 1 月完成竣工验收。以“中新多式联运示范基地”和“成渝双城经济圈物流枢纽中心”为引擎，全力打造成集商业、酒店、口岸通关、保税加工、保税物流、进出口贸易、采购分销、大众贸易平台、展示展览等功能于一体，具有国际投资和贸易功能的最全面、最便利、最高效的国际枢纽经济产业基地。目前园区已入驻果园港枢纽公司、陆海新通道重庆联运发展有限公司、渝新欧两江（重庆）实业发展有限公司、聚升供应链等 35 个项目。

图 13 “一带一路”与长江经济带的衔接点——果园港

空港型国家物流枢纽。2021 年 11 月，重庆空港型国家物流枢纽被纳入“十四五”首批国家物流枢纽建设名单。2022 年 1 月 4 日，重庆空港型国家物流枢纽正式揭牌。重庆空港型国家物流枢纽位于江北国际机场，规划面积 9.8 平方千米（其中保税港区空港片区占空港型国家物流枢纽面积 5.81 平方千米），主要包括机场 C3 地块、机场 C4 地块、保税港区 M 分区、国际商贸物流园、空港贸易功能区，着力依托枢纽强大的物流集散和资源整合能力，构建以航空冷链物流、保税贸易物流、航空快递物流等为引领，服务贸易、供应链金融、信息服务为支撑，临空服务与区域电子信息、航空航天等现代化制造业深度融合，与国际消费中心城市建设相互促进的枢纽经济发展格局，专业化供应链物流体系和临空高端现代化产业体系，成为推动区域经济高质量发展的重要引擎。

口岸功能。两江新区拥有进境水果、肉类、粮食、食用水生物、冰鲜水产品、植物种苗、金伯利钻石加工以及首次进口药品和生物制品等“8+2”特设指定口岸，成为西部最全口岸功能体系。

（三）开放平台功能逐步增强

重庆自贸试验区核心区。两江新区纳入重庆自贸试验区规划范围为 86.33 平方千米，占全市的 71.95%，共划分 7 个功能组团：北碚—悦来—水土新兴产业组团、渝北—空港组团、金山—水港组团、照母山服务贸易和科技创新组团、江北—江北嘴金融组团、龙盛高端产业组团、两路果园港综合保税区组团。2017 年以来，两江自贸片区全力推进“政策+通道+平台+项目”多轮驱动改革、创新、开放工作。一是核心优势充分发挥。截至 2023 年 6 月，累计新增市场主体 39243 家、注册资本 5887.88 亿元，分别占全市比重超过 50%、76%。其中 2022 年，自贸片区落地招商项目签约金额 712 亿元，占重庆自贸试验区的 25%；外贸进出口额 2121 亿元，占重庆自贸试验区的 41%；实际使用外资 4 亿美元，占重庆自贸试验区的 44%。二是自贸案例持续创新。形成全国复制推广案例 2 个，即“市场综合监管大数据平台”“涉外商事诉讼、仲裁与调解‘一站式’纠纷解决机制创新”，分别入选全国自贸试验区第三批、第四批“最佳实践案例”。全市复制推广案例 11 个（分别为：依托市场信用监管平台创新自贸区事中事后监管、两江新区搭建自贸区域识别系统、税务集成举措服务大提速、“大数据+信用”市场主体监管新模式、涉外商事诉讼仲裁与调解“一站式”纠纷解决机制、创新川渝自贸试验区涉外商事司法协作新模式、创新构建“自助式在线证据交换”新模式、创建自贸试验区全域商事纠纷“法—商联动”协同化解机制、打造“一站式”“一体化”移民事务服务体系、创新开展环评监督检查清单编制、科技跨境贷），其中 2022 年新增 6 个，新增案例数全市第一。三是自贸业态创新涌现。实现飞机保税租赁“零的突破”，翊宝智能终端全球维修、华夏航空保税维修顺利落地；在中西部地区率先试点跨境电商“前店后仓+快速配送”模式；亚洲首个奥特莱斯房地产投资信托项目在新加坡上市（砂之船 REITs）。

中新互联互通项目核心承载区。中新互联互通项目是中国与新加坡 2015 年实施的第三个政府间合作项目，核心区域先期在两江新区布局。通过将项目与自贸区建设一体化谋划、一体化推动，成效初显、亮点纷呈。一是核心区地位日益凸显，截至 2023 年 6 月，中新互联互通项目累计签约合作项目 45 个，签约金额 109.8 亿美元，分别占到全市的 18%、43%。二是首创性业务频繁破冰，博恩集团新加坡金融牌照等首创性业务落地。三是示范性项目纷至沓来，中新多式联运示范项目、莱佛士国际医院、新国大重庆研究院、万国数据等示范性项目均落户新区。四是通道类建设日趋完善，陆海新通道、融资通道、数据通道、航空通道等均取得突破性进展。五是平台类搭建成果初显，金融服务、航空产业、交通物流、信息通信等领域平台搭建齐头并进。其中，在资金融通方面，积极响应全市本外币合一银行结算账户体系试点，落户全市首个本外币合一银行账户；持续扩大科技跨境贷惠及面，累计成功为 5 家企业合计发放约 3600 万元贷款；探索创新汇率避险支持工具，增强中小微企业涉外经营的风险应对能力。

（四）开放合作推进不断深入

国际合作平台。一是上海合作组织国家多功能经贸平台。2020年9月入驻两江新区国际合作中心，由上海合作组织实业家委员会秘书处、重庆两江新区管委会联合打造，由重庆市品牌建设促进会负责运营管理。主要任务是在上海合作组织秘书处及上合组织实业家委员会秘书处的支持指导下，聚集上合组织国家优势资源，构建上海合作组织国家贸易新通道，推进两江新区与上合组织国家城市经贸投资、物流、文化、旅游、教育、金融、科技、环保、能源、交通等领域的合作。上合组织国家多功能经贸平台新成立国际节能碳中和服务、农文旅文化服务、国际产学研合作3个工作委员会，累计已成立13个工作委员会。推进中巴210万吨再生铝项目、中俄20万吨铝合金铸锭加工贸易项目等建设，与上合组织相关国家的合作正全面展开。二是中阿企业综合服务平台。平台由中阿金路科技发展集团有限公司建设运营，公司注册资本3000万元，于2021年11月入驻两江新区国际合作中心，将建设综合性线上线下一体化跨国服务平台，以自营贸易、第三方电商、物流、信用助贷、产业园运营、金融投资等各种形式，服务中国与阿拉伯乃至“一带一路”沿线国家的经贸合作。

涉外机构引进。建设“一心多基地”国际合作载体，在欧洲重庆中心、“一带一路”商务中心基地、中瑞产业园基地引进欧盟商会、意大利商会、新加坡中华总商会等涉外机构近40家。“一心”，即欧洲重庆中心（挂牌在重庆两江国际合作中心）。“多基地”，即2021年12月重庆市发展改革委公布的8家“欧洲重庆中心基地”，其中，两江新区占2家，即挂牌在两江新区保税港区的“国际经贸与人文交流基地”、挂牌在中瑞（两江）产业园的“中瑞产业园基地”。

国别产业园。一是中瑞（重庆两江）产业园，地处照母山商务核心区，占地276亩，由重庆分享投资有限公司打造，预计总投入超过50亿元，规划建筑面积66万平方米。一期总部办公基地已聚集众多具有新技术、新材料、新工艺研发及应用能力的国际项目，目前正在建设西南地区最大的国际会议中心以及西南地区功能最齐全的一站式涉外服务中心和专家人才公寓、国际孵化器及配套形象商业中心，同时，还正着手开设位于瑞士苏黎世大区拉珀斯维尔—约纳市和法国巴黎萨克雷创新区的海外分园和创新中心，已入驻企业91家、机构11家。二是中德产业园，分为两大园区：中德（水土）智能

图 14 2021 年 12 月 8 日，在重庆市发展和改革委员会同重庆市工商联组织开展的首批欧洲重庆中心基地遴选工作中，由重庆分享志禾企业管理有限公司运营的中瑞产业园基地获得“欧洲重庆中心基地”称号

制造产业园位于水土产业集群核心区域，北临方正大道，东临云汉大道。园区占地面积 209 亩，总建筑面积 18.9 万平方米，以智能制造厂房和科研楼为主。园区对标“中国制造 2025”与德国“工业 4.0”，打造现代化、智能化、网联化国际合作产业园区。截至 2022 年底，园区内入驻埃马克（重庆）智能技术有限公司、生物体外培育熊胆粉项目和重庆智能机器人研究院项目。中德（龙盛）产业园位于两江大道和现代大道交叉口第二象限，占地面积 278 亩，总建筑面积 23 万平方米，于 2021 年底竣工。园区立足龙盛片区雄厚的汽车、装备产业基础，对标德国“工业 4.0”，紧紧围绕高端装备制造、新能源汽车及相关产业展开招商，以世界 500 强、跨国公司、行业龙头等外资或合资企业为主，已吸引长安科技等长安系项目入驻，打造专精特新产业园区。三是中意产业园，以中意投促中心为基础，重点布局汽车、生物医药、航空航天、金融、商贸、物流、科技创新、环保、时尚等产业，上汽菲亚特红岩、索菲玛汽车滤清器等重点项目落地两江。四是中日产业园，选址于两江新区龙盛片区华平（重庆）智造园项目，位于龙盛片区汽车城中部，东至两江大道、南邻中德龙盛高端制造园、北临团山水库。华平（重庆）智造园项目总投资 2.5 亿美元，占地面积 350 亩，主要着力打造重庆市高端汽车及装备制造智能产业园。一期由东久新宜联合日本三井物产株式会社、日挥株式会社投资开发，于 2017 年 11 月竣工，已入驻日本电装、西班牙安通林、加拿大摩缇马帝、仪达汽车空调等外资合资企业。二期由东久新宜开发运营，于2021 年 12 月建成，目前已投资 2.2 亿元，建成高标准厂房 5.3 万平方米，已入驻日本电装、西班牙安通林、加拿大摩缇马帝、仪达汽车空调等外资合资企业，将持续对包含日本在内的外资汽车零部件企业进行招商。五是中韩产业园，园区启动区面积 7.9 平方千米，拓展区面积 6.4 平方千米，重点发展汽车和电子产业，积极培育文化创意、数字娱乐等新兴产业，择机发展新能源设备等其他产业，打造以引进韩国优势制造产业和文化创意产业为主的高端产业基地，依托北京现代做大做强汽车整车及零部件产业。六是中以产业园，2018 年 8 月，两江新区管委会、中关村医学工程转化（重庆）中心、以色列沙伊萨皮尔投资管理有限公司（Shay Sapir）在以色列签订三方战略合作协议，决定共同打造中以产业园，引进以色列的优质资源和先进技术，辅以 20 亿元规模的中以生物医药产业投资基金，快速帮助完善医疗产业链，搭建医疗产业的创新体系。园区位于重庆两江新区水土高新技术产业园核心区，以色列（重庆）生命科学园已注册 11 家中以合资公司及 2 家平台公司。

图 15　2021 年 8 月 23 日，中国—上海合作组织数字经济产业论坛主论坛通过线上+线下方式举行，重庆两江新区 · 上海合作组织国家多功能经贸平台发展分论坛在重庆悦来会展中心举行

（五）存在问题

在全面融入“一带一路”过程中，可能会面临一些市场和文化差异，对外贸易的风险也需要谨慎对待。一是外资项目储备方面。截至 2023 年 6 月，两江新区累计外资企业 1150 户，注册资本 206.82 亿美元，投资总额 314.81 亿美元。22 家增量外资企业进出口额 136 亿元，占全区比重仅 10%，外资新项目储备不足，合同外资倒挂日益严重，到资转化率低，后续利用外资平稳发展呈现不小压力。二是物流贸易企业成本激增。近年来，俄乌冲突、贸易摩擦造成的供应链受阻对全球经贸、物流行业影响较大，渝新欧、陆海新通道等公司反映国际采购价格增长 20%，铁路运费增长 21%，加之燃油价格增长 30%，企业运营成本明显上升。同时，疫情后运输市场竞争加剧，运输价格下降幅度大于运量上涨幅度，行业营收下降。三是境外合作有待加强。受大环境影响，国际贸易类项目落地节奏放缓。2023 年上半年，与其他国家和地区的境外拜访交流尚未开展，主动谋划赴海外推动国际合作交流力度较弱。

二、两江新区全面融入共建“一带一路”的特色做法及典型案例

（一）拓展国际合作，深化国际产业文化交流

一是国际合作平台建设有成效，中瑞（重庆两江）产业园已相继获得了欧洲重庆中心—中瑞产业园基地、重庆两江新区“国家海外人才离岸创新创业基地”合作中心及海外站点、重庆市众创空间、“成渝青年创业孵化载体联盟成员”的授牌，以及代表重庆市运营“曼海姆（莱茵—内卡）—重庆中心”。二是通过欧洲中心引进各国别商会、行业协会、涉外服务机构、总部企业等机构，打造有国别形象标识、有产品和技术展示、有国际经贸活动、有信息交流、有综合服务功能的标志性集中展示区域，目前已经达成入驻协议的包括意大利商会、中意投促中心、重庆市外商投资企业协会、新加坡轻重资产公司等，在谈的包括韩德国工商大会、老挝贸促会、匈牙利商会等。三是统筹打造各国别特色产业园。结合中德、中意、中日、中韩、中瑞、中以产业园对应国家优势产业和两江产业及已落地产业布局情况，合理规划布局产业集聚区，分别集中引进中小型项目，形成产业集聚效应和区域形象宣传效应。四是构建国际合作平台服务体系，重点完善国际学校、国际医院、外籍人士服务机制等软硬件配套设施，引进莱佛士医院、常青藤国际学校等，打造便于外资、外企、外籍人才集聚的开放新高地。

图 16　2023 年 2 月 23 日，重庆两江新区大地（国际）生命科学园与安特卫普大学科技园签署合作意向书，就生物科技和生物制药以及相关领域的合作交流达成共识，双方将推动深化在学术、科技和产业等方面的交流合作

（二）优化功能平台，提升内陆开放门户能级

一是战略平台加快做实。中新项目持续深化，截至 2023 年 6 月累计签约合作项目 45 个，签约金额 109.8 亿美元，分别占全市的 18%、43%。自贸区发展持续推进，两江自贸片区截至 2023 年 6 月，累计新增市场主体 39243 家，注册资本 5887.88 亿元，分别占全市比重超过 50%、76%，涉外商事诉讼、调解与仲裁“一站式”纠纷解决机制入选全国“最佳实践案例”。二是功能平台加快做优。两寸综保区规模效应凸显，规模以上工业产值在 2022 年首次突破千亿元，外贸进出口额超过 1900 亿元，全国排名第六。江北嘴金融平台效应凸显，做大做强金融科技创新试验区、国际投融资路演中心等功能平台，加快打造金融科技港，成功设立“成渝双城经济创新发展基金”。悦来会展集聚效应凸显，成功举办智博会、西洽会、中新金融峰会、重庆英才大会等重大展会活动，2022 年共举办展会活动 221 场，同比增长 29%。

（三）深化开放协同，扩展开放门户影响力

深入推进成渝地区双城经济圈建设和“一区两群”协调发展，开放型经济发展质量持续提升。两江新区外贸进出口额从 2017 年的 1652 亿元增长到 2022 年的 3062 亿元，年均增幅达到 13%，占全市比重从 33%提高到 38%。跨境电商交易额（重庆单一窗口统计）从 2017 年的 13.4 亿元增长到 2022 年底的 89.3 亿元，年均增幅达到 46%，占全市比重超过 80%。2017—2022 年，两

江新区实际使用外资（FDI）总额45亿美元，占全市的38%。2022年，两江新区实际使用外资6.6亿美元，外资规模稳居全市首位。2022年，西部陆海新通道铁海联运班列开行488班，年度发运数量占全市比重快速提升至20%；果园港国家物流枢纽货物总吞吐量2548万吨，同比增长22.1%，发送集装箱货物88.95万标准箱，同比增长68.96%，物流业务收入完成30亿元，同比增长15.75%。

三、面临的新形势

（一）全球经济下行压力较大，全球经济中心逐步东移

全球经济短期问题和长期因素交织叠加，世界主要经济体经济复苏进程放缓，全球经济前景不确定性加大。国际经济地理格局变化持续重塑产业链的空间布局，全球经济逐步呈现欧洲、北美、亚太多极化趋势，中国、东南亚成为全球经济最活跃的区域之一。全球治理方式也出现相应变化，合作性、包容性的区域多边主义趋势逐步增强。在全球经济格局不断变化的背景下，可能会对两江新区的国际合作带来挑战。因此，新区需要及时调整发展战略，灵活应对国际经济形势变化。

（二）产业链重构呈现多元化、区域化、本土化趋势

当前，新一轮科技革命和产业变革深入发展，抢占新一轮科技革命制高点，成为争夺国际竞争格局主动权的战略支点。区域产业链分工体系正在加速替代全球产业链分工体系，RCEP、CPTPP、CAI区域自由贸易区等合作组织加快发展。上合组织、金砖国家、二十国集团、亚太经合组织等也为推动区域合作持续注入新动能。技术进步和数字化时代的到来将影响传统产业和贸易方式，新区需要积极推动科技创新和数字经济发展，提高产业竞争力。

（三）全球面临第四次国际产业大转移，低端制造业向东南亚转移

受经济去全球化和保护主义浪潮影响，产业全球化布局的显性和隐性壁垒陡增。以中国为主要输出地的部分劳动密集型产业制造环节和加工贸易产业逐步从东部沿海向中西部以及南亚、东南亚转移，同时部分技术密集型产业制造环节也呈现向美国、日本、欧洲等发达经济体回流的趋势。

四、未来发展展望

共建“一带一路”高质量发展进入新时代，全面推动构建以国内大循环为主体、国内国际双循环相互促进的新发展格局。“一带一路”倡议提出已步入第十年，健康、绿色、数字、创新等新的合作增长点不断涌现，共建“一带一路”将持续发挥对沿线地区的带动效应。未来我国国内市场主导经济循环的特征会更加明显，中国加快构建推动以国内大循环为主体、国内国际双循环相互促进的新发展格局，也必将为共建“一带一路”提供更强动力、更大空间、更优路径。两江新区将更加积极主动融入共建“一带一路”国家发展战略，践行国家级新区的使命与担当，深入贯彻市委市政府工作部署，发挥西部金融中心创新示范区和西部陆海新通道主枢纽作用，充分释放中新互联互通示范项目、自贸区对外开放功能，对接通道沿线投资融资需求，探索跨境跨区域金融贸易服务新模式，进一步深化沿线各国贸易、投资、产业合作。

（一）成为内陆国际物流枢纽重要支撑

积极融入以国内大循环为主体、国内国际双循环相互促进的新发展格局，多式联运效率和规模效应明显；协同中欧班列、长江黄金水道等出海出境通道，形成“通道+枢纽+网络”高效运行体系。加快建设世界一流内陆港，发挥果园港港口型国家物流枢纽作用，打造国际多式联运枢纽基地。探索在RCEP 框架下果园港国家物流枢纽与东盟等城市联动，加强与新加坡港、缅甸仰光港、马尼拉港、泗水港、胡志明港等港口合作。加强与德国杜伊斯堡港合作，打造中欧铁海联运物流通道。

（二）打造内陆开放型经济先行区

依托两路果园港综保区，创建国家加工贸易产业园，落地一批“保税+”新兴业态。着力打造内陆地区改革开放高地、共建“一带一路”和长江经济带联结点，强化东西南北四向通道辐射作用，以新区优势产业为基础，加快打造多式联运体系，促进通道、物流、经贸、产业相互融入，推进产业链供应链融合，推动新区开放型经济高质量发展。依托进口贸易促进创新示范区，扩大先进技术设备进口。以八大产业联盟为突破口，进一步打通产业链供应链，力争入盟企业突破 1000 家。以汽车、电子产业等为重点，推动产业链深度对接、协同发展，集中精力打造具有全球竞争力的产业集群。

（三）加快推进国际合作不断深化

两江新区将继续深化与“一带一路”沿线国家和地区的合作，打造更多合作平台，推动区域经济融合发展。深入推进制度型开放，突出制度性、结构性改革，提升通关便利化水平，积极融入全球供应链体系。推动创新性改革试点和数字化、智慧化通道建设，高标准营造一流营商环境。推动多领域国际交流合作，建设中西部国际交往中心门户。推动上合组织国家多功能经贸平台、中阿企业综合服务平台等国际合作平台建设，推进 7 个国别产业园及 2 个国际载体建设，进一步深化与东盟、欧盟、上合组织等国家和地区交流合作，增强国际交往能力。

（四）打造自贸试验区改革试点先导区

继续加大对外开放力度，提供更加优惠的投资和税收政策，吸引更多外资进入两江新区。加强法律法规建设，为外商投资提供更加稳定和可预期的法治环境。发挥自贸试验区深化改革和扩大开放试验作用，争取更多创新型政策改革试点，进一步对标高标准国际经贸规则，在贸易、金融、物流和数据跨境流动等领域开展制度创新，更好促进片区人才、货物、资金、信息流动便利化。

［重庆两江新区经济运行局　李建彬　王静怡］

之十四：西部科学城重庆高新区融入共建“一带一路”的进展、形势和展望

西部科学城重庆高新区深学笃用习近平新时代中国特色社会主义思想，深入贯彻党的二十大报告提出的推进高水平对外开放精神，充分发挥国家自主创新示范区、自由贸易试验区、全国两业融合发展试点区等重大平台及政策优势，全面融入共建“一带一路”，积极推动扩大开放，助力全市开放型经济高质量发展、内陆开放高地建设。

一、工作进展

（一）发展成效

1. 科技创新成效实现“新突破”

校企产学研合作硕果累累。充分发挥高校云集的创新及人才优势，以科技创新为引领，围绕物质、信息、生命“三个科技”，推动超瞬态物质科学实验装置、北京大学重庆大数据研究院、中国自然人群生物资源库、种质创制大科学中心等项目落户，高标准建设运行金凤实验室。截至2023年第一季度，已签约44个项目，33个项目已投用。印发《重庆高新区支持西部（重庆）科学城企业科技创新促进高质量发展扶持办法》，全方位高奖励支持高校、科研机构、企业科研合作，加速推进北京大学重庆大数据研究院“医院评审大数据分析系统”等项目成果转化。

科技成果创新改革成效突出。出台支持高校院所协同创新促进科技成果转化扶持办法、知识产权资助办法、科技金融发展办法等一批配套政策。推动重庆师范大学、重庆市农业科学院等8家高校、科研院所形成赋予科研人员职务科技成果长期使用权试点实施方案。重庆大学10个项目、近100项专利赋予完成人所有权或长期使用权，合同金额超过1亿元；重庆科技学院教职工获得成果使用权收益超过2.5亿元。探索以“先投后股”方式支持科技

成果转化，改革事项入选国家发展改革委、科技部《2021 年度全面创新改革任务揭榜清单》。

创新成果转化平台支撑有力。编制《环大学城创新生态圈实施方案》，建设西部（重庆）科学城校地协同创新与成果转移转化中心。成立重庆高新区研发创新平台发展联盟，吸纳近 100 家区级以上研发机构成为成员单位。重庆中科汽车软件创新中心、西部科学城智能网联汽车创新中心（重庆）有限公司上榜 2022 年重庆市引进落地建设高端研发机构名单，全市共 6 个平台获批建设。金凤实验室实验动物中心正式投用，可开展实验动物饲养、繁育，SPF 级大小鼠的年产能预计达到 5 万~8 万只，可满足西部（重庆）科学城广大创新主体的实验动物需求，为打造生命科学创新策源地提供有力支撑。

2. 开放通道效率跃上“新水平”

加速构建内畅外联通道网络。印发《重庆高新区加快建设西部陆海新通道五年行动实施方案（2023—2027 年）》，加快建设西部陆海新通道融入共建“一带一路”。轨道交通 15 号线、轨道交通 27 号线等在建城轨快线及科学城隧道、科学大道、西永隧道等加快推进建设，着力建设形成覆盖科学谷、金融街、金凤、大学城等重要节点的南北向骨干线路，构建科学城核心区联通内外的交通网络。

积极建设数字信息通道。高新区数据共享交换平台在 2021 年正式启动建设，2022 年 3 月，实现了与市级平台的对接和目录级联，作为高新区数据交互的核心枢纽，在开展的基层智慧治理数据下沉和收集汇聚，城市安全大数据跨平台数据上报，以及“证照分离”改革业务支撑等工作中发挥了重要的作用。移动西永数据中心一期 1000 个机柜投用，引导运营商提升高新区网络通信带宽，将高新区纳入骨干网接入节点。

3. 开放平台能级迈上“新台阶”

自贸区制度创新不断突破。成功创建全市首批自贸区联动创新区，加快推进“全域自贸”。积极推进制度创新，围绕货物进出西永综保区更加便捷，探索“四化”监管新模式，即“精细化”通道管理、“差异化”卡口管理、“智能化”场站管理、“一体化”风险防控。创新实施“综保区设备零配件便捷监管模式”，即创新未申报设备零部件一线出境便捷监管模式，创新未申报设备零配件二线出区检测维修便捷监管模式。“跨境电商商品条码应用”实现西永综保区内 1.2 万余种跨境电商商品“双码溯源”全覆盖，进一步提升跨境电商进口通关效率。

智慧综保区建设加速推进。加快推进智慧海关建设，完成三级监控指挥中心优化升级、关企 ERP/WMS 联网监管等重点项目建设。持续增强物流分拨功能，推动保时捷整车保税分拨、泓艺九洲文化艺术品集散分拨、ebay 跨境电商集散分拨、德善新能源汽车零配件集散和直通物流笔电物料集散分拨 5 个项目分别被评为首批重庆市“一带一路”进出口商品集散中心暨内陆国际物流分拨中心示范基地和示范项目。

4. 开放型经济塑造“新优势”

推动货物贸易升级发展。对标出台支持惠企政策，实行“每旬评估、每月研判、每季盘点”调度，及时解决重点外贸企业在人才申报、专家入库、用电、用工、物流等方面的困难。充分发挥西永微电园外贸主阵地作用，持续跟进英业达新机型引入项目，推动达丰等企业争取新订单，专班推进华润微电子、中电科、三安意法光电、Google Ads 跨境电商出海中心等重点项目。加快建设国家外贸转型升级基地（生物医药），集聚了包括植恩生物、重庆赛诺生物等一批重点企业。2022 年，高新区实现外贸进出口额 3443.5 亿元，占全市比重超过四成。

推动服务贸易创新发展。建立健全服务贸易联席会议制度和试点联络员机制，高效推进全面深化服务贸易创新试点工作。在 2022 年市商务委组织开展全面深化服务贸易创新发展试点中期绩效评估工作中，高新区获得“优秀”等级。先后探索开展以“先投后股”方式支持科技成果转化、人才政策兑现“免申即享”“科企梯度贷”等差异化改革，提炼形成“一业一证”跨省通办、人才“双向”离岸创新创业机制等一批创新案例成果。获批全市服务业扩大开放综合试点示范区、国家海外人才离岸创新创业基地、国家知识产权强国建设示范园区、全国创新驱动示范区等示范试点建设，引领全市改革开放、创新发展的作用越发显著。2022 年，服务贸易额 11.8 亿美元，同比增长 5.4%。其中服务贸易重点企业直报数据 8.8 亿美元，同比增长 8%；离岸服务外包执行额 2.1 亿美元，同比增长 2%。

5. 国际交流合作形成“新局面”

积极拓展国际合作。与澳大利亚驻成都总领事馆总领事一行座谈交流，在生物医药、职业教育、高技术服务等方面形成合作意向。爱尔兰驻华大使实地调研高新区，将在科技创新、产业发展等领域找到切入点、联结点，促进双方共促共融、共同发展。开展外事工作交流座谈会，邀请辖区部分高校外事（国际交流合作）处负责人、外资外贸企业有关负责人以及外籍留学生代表参加，促进经济、文化交流。

深入开展交流活动。开展“渝悦春天・巾帼同聚”中外女性交流活动，邀请日本、加拿大、英国等国驻重庆总领事馆女性领事馆员及领事官员夫人，在渝工作生活的外籍女性代表，重庆各界优秀女性代表参加。连续举办三届“重庆国际现当代艺术邀请展”，参展国家 50 多个、艺术品 1200 多件，促进了中西文化交流。2022 年顺利承办“庆祝重庆—仁川结好 15 周年射箭友谊赛”，促进了重庆与仁川市文化、体育等方面友好交流。举办“一带一路”科技园区创新发展论坛、川渝港澳青年双创发展论坛、国家海外人才离岸创新创业项目西部（重庆）科学城专场路演活动等科技、人才交流活动，为高新区深化科技国际合作、推动科技创新注入“新动能”。

6. 为开放发展环境注入“新活力”

提升人员流动便利。印发《加快西部（重庆）科学城人才双向离岸创新创业发展的若干措施》，推动人才国际合作交流和创新创业便利化。全国率先试点人才认定“免评入库”、政策兑现“免申即享”；全市首个集成档案管理、出入境服务、税费办理等多项功能的人才服务系统——“金凤凰人才码”上线。开展职业资格国际互认，87 项境外职业资格证书、40 项市内专业技术类职业资格考试被认可。

优化营商环境方面。全市率先在低风险生产许可等领域推行告知承诺制，实现 22 个行业试行“一诺即营”。推动成渝两地高新区内实行食品经营连锁企业直营门店“告知承诺制”审批互认，简化食品经营许可现场核查流程。深化政务服务“川渝通办”，携手成都高新区在全市率先开展“一业一证”跨省通办，实现共计 67 个行业主题套餐异地受理和异地发证，311 项事项“川渝通办”。推进重庆知识产权运营中心完成硬件提档升级建设和线上平台搭建，已有可运营专利 22000 余件。

对接国际高标准经贸规则方面。印发《重庆高新区落实区域全面经济伙伴关系协定行动计划实施方案》，以建设 RCEP 高水平开放合作示范区为引领，加快面向 RCEP 的物流通道和贸易平台建设，扩大 RCEP 经贸合作朋友圈，接轨 RCEP 贸易规则和标准，深化贸易便利化改革，将重庆高新区打造为 RCEP 内陆国际物流分拨中心、跨境电商创新中心、双向投资促进中心、区域重要物流枢纽、RCEP 经贸服务平台，形成“三中心一枢纽一平台”的全面发展格局。

（二）存在问题

贸易投资便利化水平需提升。锂电池单品仍被铁路运输归为危险品，暂时无法通过铁路开展相关进口业务。西部陆海新通道海运段运输暂时无法承运二手新能源汽车，挂靠钦州港的海船公司要求提供主机厂或上海鉴定机构出具的货物运输鉴定报告，二手新能源汽车贸易商较难取得主机厂的鉴定报告，汽车运输到上海做鉴定将增加大量物流成本。开放型经济发展动能需增强。高新区外贸进出口主要依靠广达、英业达等笔电代工企业，随着人民币汇率上升、通货膨胀、劳动力成本上升以及东南亚的诱惑，富士康等企业正在逐步转移产能搬迁至东南亚，外贸进出口结构不优、增长乏力。

二、特色做法及典型案例

高新区在融入共建“一带一路”过程中开创了若干新举措、形成了一批新成果，基于创新做法的特色和效果，主要阐述“人才‘双向’离岸创新创业”机制、“‘一业一证’跨省通办”和实施“货物进出区‘四化’监管”新模式三个创新案例。

（一）率先开展“一业一证”跨省通办

1. 主要做法

一是多证集成“一张证”。将行业涉及的多张“准营”许可证，以二维码方式加载至营业执照、民办非企业单位法人登记证等主体证照上，通过“扫码”一键获取行业电子许可证。明确证照公示平台信息在重庆高新区内使用效力，在经营场所可只展示“一证（照）通”主体证照。二是信息织造“一张网”。建立重庆高新区“一业一证（照）”智慧审批平台，实现各行业准入准营数据对接，有效破解“渝快办”平台和 N 个部门自建系统互为“信息孤岛”问题。率先启动重庆高新区、成都高新区政务服务大数据库共建，推动成渝市场主体、个人等信息共享，市场准入、社保等领域数据互通。三是服务并联“一次办”。由重庆高新区政务服务中心与成都高新区智慧城市运行局总牵头，建立“远程办理、免费邮寄、协同联动”服务模式，整合两地共 13 个部门 29 个许可事项，推出个体工商户、民办非企业、社会团体等 67

个行业主题套餐。申请人在办理窗口提交材料，受理窗口初审后再由审批地审批，办理结果免费邮寄至申请人。

2. 实践效果

通过证照“一码通”，实现“一窗受理、一表申请、一次办结、一码通行”，精简材料50%，企业办事效率提升95%以上，实现67个行业主题套餐异地受理和异地发证。通过设置“一业一证”跨省通办专窗，实现审批结果跨省免费邮寄、办事最多跑一次。通过“一业一证”智慧审批系统，按照“统一系统、一次告知、表单合一、告知承诺、限时审批、照后核查、审管衔接”模式，实现50余个行业主题套餐“全程网办”。

（二）实施货物进出区“四化”监管新模式

1. 主要做法

一是实行“精细化”通道管理，实现“专通专用”。采用“通道共享+智能验放”模式，为超长车、跨境电商车辆、一般纳税人试点企业车辆等设置专用通道，有效缓解卡口拥堵问题。针对卡口标准地磅无法采集超长车重量问题，应用物联网技术，升级专用卡口地磅设备和系统采集算法，实现超长车辆、普通货运车辆过卡识别模式自动切换、准确放行，提升整体过卡效率。二是实行“差异化”卡口管理，优化申报流程。对八类适用便捷进出区管理模式的货物实行差异化监管，根据货物的不同类型和风险属性，针对性简化申报要素，实现企业基建物资、办公用品、生活消费品等货物仅申报“货物类别”即可入区，有效提升卡口管理效能。三是实行“智能化”场站管理，确保高效运转。依托“智慧综保”信息化服务平台，搭建智能场站管理系统，优化查验模式由“串联”改为“并联”，实现场站查验自动排队，主动推送车辆查验及放行信息，确保货主和驾驶员及时、准确掌握相关信息。同时，实现“红绿蓝”科学分区管理，一线进口货物红区查验，二线进出区及一线出口货物绿区查验，应急通关料件等黄区查验，针对性、差异化配置查验资源，提升查验作业质效。四是实行“一体化”风险防控，提升风险效能。结合入区货物类型、入区时间等要素科学设置监管参数，实施精准布控监管，运用“智慧综保”信息化服务平台，将摄像头电子地图与海关地理信息及空间数据有机结合，实现对非保税监管货物及运输车辆入区的数据统计，通过分析预警、视频检测、实货查验等多维度、全方位实施“一体化”风险防控。

2. 实践效果

非保税监管货物进出区效率大幅提升，累计验放非保税监管货物近 4 万车次，为区内企业节约运输、管理等成本近四分之一，企业申报效率提高 80%以上。依托“智慧综保”信息化服务平台，实现场站信息透明化、公开化，测算每日可将 160 余次的关企面洽沟通改为线上数据交互，货物查验流动效率提升近 30%，场站周转效率提升近一倍。

（三）创新建立人才“双向”离岸创新创业机制

1. 主要做法

会同市人力社保局联合发文实施《加快西部（重庆）科学城人才双向离岸创新创业发展的若干措施》，率先试点探索与国际接轨的“区域内注册、海内外孵化、全球化运营”人才“双向”离岸创新创业新机制。一是建设海外工作站和本地孵化平台，实现同频共振。依托重庆高新区国家海外人才离岸创新创业基地，联合 Perez Scremini 基金会、西班牙拉瓦那大学等专业机构在海外创新创业资源聚集区设立工作站点 2 个，建设精准生物、石墨烯研究院、育成公司等 5 个海智工作站，推动优质项目“走出去”。依托中国 · 重庆留学人员创业园、市级博创园及高新区“1+5+N”产业孵化集群，聚焦离岸人才科研成果转化和产业化，打造重庆高新区离岸基地孵化园区。在园区施行国际离岸公司通用规则，授权人才开展离岸研发、离岸服务贸易等经营业务，享受海内外双向注册、双向孵化、双向运营等优惠政策，推动科技成果“双向”转化。二是健全离岸人才科技成果对接机制，实现精准配对。建立离岸人才科技成果信息库，及时编制、发布离岸人才项目，促进更多科技成果与高新区产业需求精准对接。组建“海智—离岸创新创业联盟”，完善离岸创新创业全链条服务体系。实施“博士、博士后国际学术交流计划”“博士后国际培养交流计划”，支持青年博士人才走出国门。策划举办海内外博士离岸创新创业洽谈会、“一带一路”科技园区创新发展论坛、海外创新创业人才项目对接等活动，助力人才项目对接合作。三是完善人才双向离岸创新创业配套服务体系，实现免申即享。率先试点人才认定“免评入库”、政策兑现“免申即享”机制。鼓励离岸人才成果转移转化，对于成功转移转化科技成果的，按实际技术交易额的 2%给予所在单位奖励。开展职业资格国际互认，并对入驻离岸载体的专业技术人才开辟职称评审绿色通道。设立孵化培育站点，开展“海外预孵化”，为离岸人才和项目提供政策、知识产权、技术、投资对接等集成化前置服务。组建专业服务团队，提供创业导师问诊、大数据分析、科技成果发布等服务。设立人才服务专员，提供职称评审、子女入学等“绿色通道”服务。

2. 实践效果

2022 年，新增“两院”院士 2 人、国家“杰青”17 人、国家“优青”55 人。依托人才“双向”离岸创新创业机制，吸引人才科研成果转移转化项目 23 个，吸纳留学回国人才 61 人（含海外高层次人才 25 人）。推动企业在海外建立离岸研发中心，其中高新区企业已设立研发分支机构 2 个，并与美国 MD 安德森癌症中心、德国柏林夏洛蒂医科大学、瑞士伯尔尼大学等全球 7 所顶尖院所建立了研发合作和专家交流机制，利用海外科技资源服务辖区企业 20 余家、100 余人。

三、面临的新形势

（一）新机遇

一是以习近平同志为核心的党中央高度重视带来强大动力。党的二十大提出，以中国式现代化推动中华民族伟大复兴，全面建设社会主义现代化国家的首要任务是高质量发展，而高质量共建“一带一路”是落实中国经济高质量发展的重大战略部署。党的二十大报告中对中国式现代化提出了九项本质要求，其中五项与高质量共建“一带一路”密切相关。二是西部陆海新通道、成渝地区双城经济圈等国家战略深入推进带来强力支撑。西部陆海新通道加快建设有利于推动重庆高新区南向西向开放，强化创新资源双向流动；成渝地区双城经济圈建设上升为国家战略，重庆高新区将发挥比较优势，建设成为全国引领创新前沿的高新区、扩大开放创新的新枢纽。三是新一轮科技革命和产业变革不断深入带来强劲动能。数字化、网络化、智能化速度加快，有利于加速产业升级换代、技术革新，构建布局合理、上下游联动、链条完善、具有国际竞争力的现代产业体系，激发开放型经济发展新动能。四是高起点高标准规划建设西部（重庆）科学城带来强势内驱力。高新区按照市委、市政府的部署要求，坚持统筹谋划，凸显科学主题，高起点高标准规划建设西部（重庆）科学城，将助推高新区集聚高端创新要素，增强协同创新发展能力，聚焦高质量，培育新技术、新产业，实现新变革，建成全市高质量发展新增长极。

（二）新挑战

一是世界局势影响国际经贸合作。受国际环境错综复杂、全球经济增长放缓、地缘风险等因素制约，“世界开放指数”不断下滑，全球开放共识弱化，在后疫情时代全球经济复苏大背景下，为稳定本国就业、促进经济复苏，许多国家加大对本国优势产业的境外投资限制及吸收跨国投资优惠政策力度，跨境投资竞争日趋激烈。美国带头对中国发动技术冷战和产业链脱钩，对我国高科技产业颁布“对华投资限制”行政令，势必影响高新区高科技产业利用外资规模。二是产业转移影响开放型经济发展受人民币汇率上升、通货膨胀、劳动力成本上升等因素影响，相关产业逐步向越南、马来西亚、泰国等东南亚地区转移，如富士康等企业正在逐步转移产能搬迁至东南亚。而重庆作为东部沿海产业转移的西部重要承载地，近些年东部沿海劳动密集型产业也逐渐向东南亚地区转移，如深圳立讯精密、深圳蓝思科技等陆续在越南投资建厂，江苏通富微电、苏州固锝等企业相继落户马来西亚。

四、未来发展展望

基于高新区融入共建“一带一路”面临的困境及问题，建议上级部门从以下几个方面进一步推动高新区及其他区县融入共建“一带一路”。

（一）进一步强化政策引导和支持

一是建议进一步完善顶层设计。在加快推进《重庆市全面融入共建“一带一路”加快建设内陆开放高地“十四五”规划（2021—2025年）》等政策落地的同时，研究制定全面融入共建“一带一路”的实施方案或行动计划等配套政策，更加具体地推进全面融入共建“一带一路”。二是建议进一步强化政策支持。建议围绕外资、外贸支持政策实时开展政策成效评估，压实责任、强化督查，积极推进政策落地，同时要加大对政策的宣传和解读力度。进一步加大对服务贸易发展的政策支持，优化完善专项资金的支持内容和范围，聚焦市场主体国际市场拓展，加大对人才培训、国际认证、公共平台等方面支持。

（二）进一步加强资金支持契合度

一是建议财政金融部门加大外贸领域信贷支持力度，满足小微外贸企业差异化融资需求；推动出口信用保险机构进一步优化承保和理赔条件，扩大对外贸企业特别是中小微企业服务覆盖面，充分发挥政策性出口信用保险支持保障作用。加大扶持重庆二手车出口业务，扩大试点范围并给予相关企业匹配相应政策资金支持。加强“政银保”合作，联动中国信保重庆分公司相关金融机构，统筹推动建立国际化汽车金融服务体系，支持重庆汽车上下游企业协同“抱团出海”。二是建议市政府将西永微电园控规范围内现有市区两级财税返还支持政策再延续10年，保障电子信息产业可持续发展。三是建议国家及市级层面进一步完善支持共建“一带一路”、建设西部陆海新通道、服务业扩大开放综合试点等构建高水平对外开放格局领域的重点园区、重点项目建设的资金支持政策。

（三）进一步加强“引进来”“走出去”

一是建议市级招商部门加强对外招商引资工作的统筹力度，加快推动“走出去”招商引资，谋划境外招商经贸活动，加大投资环境和政宣推介力度，服务地方“走出去”、招商引资“引进来”，在加强欧美、日韩等国别招引工作的同时，加强对东南亚等国家重点企业的招引力度，落地一批标志性外资项目。基于将高新区建设成“台资西移”的重要承接点，建议上级部门为高新区与电子信息产业链相关台资龙头型企业“牵线搭桥”，逐步改变从零部件供应及代工制造的内陆产业链分工，实现上游研发设计、中游生产制造、下游服务销售的商业闭环，推动电子信息产业链高质量发展。二是建议进一步提升“百团千企”国际市场开拓计划出成效，加强引导企业“走出去”开拓国际市场；支持企业参加“进博会”“服贸会”等国内外知名展会，搭建市场合作工作机制平台、举办合作论坛、设立合作基金等多种支持方式，加大品牌推广力度，鼓励企业加大与RCEP国家、“一带一路”国家合作。

（四）进一步加强企业生产用电保障

一是强化用电保障，建议市能源部门深入调研，全面了解生产型企业夏季生产用电情况，梳理用电保障“五色图”企业，制定企业夏季用电保障计划，确保企业夏季生产不停产，稳定企业尤其是外资投资者在渝发展信心。二是推动降低用电成本。建议主动协调国家电网等相关部门，降低重庆市工业用电低谷、平时、高峰不同时段价格，争取与成都市同等或低于其电价水平，从而降低整体生产成本。

［重庆高新区改革发展局　林　莉　刘　强　曹承亮］

之十五：重庆推进“五型”国家物流枢纽建设的进展、形势和展望

按照《国家物流枢纽布局和建设规划》，重庆承载港口型、陆港型、空港型、生产服务型、商贸服务型国家物流枢纽，是西部地区承载类型数量最多的城市。从2019年起，我市连续五年先后创建港口型、陆港型、空港型、生产服务型、商贸服务型五大类型国家物流枢纽，实现“五型”枢纽齐聚，内陆国际物流枢纽和口岸高地地位进一步巩固。

一、重庆“五型”国家物流枢纽建设基本情况

（一）港口型国家物流枢纽

重庆港口型国家物流枢纽位于两江新区，规划面积13.8平方千米，拥有长江上游最大的集装箱港口果园港、国家级铁路枢纽站鱼嘴站、两路果园港综保区以及中新（重庆）多式联运示范基地等功能设施。依托“水铁公空”一体的交通优势，构建内陆型开放口岸、国际物流枢纽和大宗商品交易中心“三合一”的现代化枢纽港，建设长江上游多式联运综合交通枢纽和物流贸易集散中心。2022年，果园港国家物流枢纽货物总吞吐量2548万吨，集装箱量88.95万标准箱，物流业务收入31.4亿元，进出口额46.3亿元。

（二）陆港型国家物流枢纽

重庆陆港型国家物流枢纽由重庆国际物流枢纽园和江津珞璜物流园组成，规划面积15.95平方千米，拥有团结村铁路集装箱中心站、小南垭铁路物流中心、珞璜港、重庆铁路口岸、江津综保区等功能设施。建设服务全国、辐射亚欧、无缝连接“一带一路”和长江经济带的亚欧国际多式联运枢纽中心、枢纽经济创新发展示范区。2022年陆港型国家物流枢纽货物吞吐量约3300万吨，集装箱量约93.1万标准箱，其中国际集装箱量34.6万标准箱，枢纽物流业务总收入4370亿元，累计在册企业5292家。

（三）空港型国家物流枢纽

重庆空港型国家物流枢纽以江北国际机场为核心，是重庆临空经济示范区核心地带，规划面积 9.8 平方千米。打造辐射全球的国际航空物流枢纽、中新“双枢纽”航空物流运营中心、临空经济创新发展示范区、国家战略安全保障基地。主要发展航空运输、区域分拨、保税物流、供应链服务等业态，入驻物流企业 200 余家。2022 年重庆江北机场货邮吞吐量约 41 万吨，其中国际货邮量 21.6 万吨，连续两年突破 20 万吨大关，连续多年保持西部第一。临空经济示范区实现规上工业产值 1070.28 亿元，外贸进出口总额约 1871 亿元。

（四）生产服务型国家物流枢纽

重庆生产服务型国家物流枢纽由万州区新田港物流园区和长寿区沿江现代物流园区两个片区共同构成，总面积 2080 亩。依托长江黄金水道铁公水多式联运条件和现代制造业发展基础，通过优化临港产业布局，创新供应链组织模式，以坝上内循环航运与陆海联运通道为支撑，致力于搭建制造业供应链平台，构建坝上地区的世界级产业集群、沿长江的产业链分工合作的经济廊道。2022 年枢纽货物吞吐量 1768 万吨，多式联运货运量 81.6 万吨。枢纽业务收入 3.12 亿元，其中物流业务收入 1.8 亿元。

（五）商贸服务型国家物流枢纽

重庆商贸服务型国家物流枢纽位于巴南区重庆公路物流基地。获批国家示范物流园、国家骨干冷链物流基地、中国（重庆）自由贸易试验区联动创新区，是 2009 年国家发展改革委批复设立的重庆市“三基地四港区”主枢纽平台之一，首批市级重点物流园区、电子商务示范园区、商贸服务型物流枢纽分拨运营基地，是西部陆海新通道跨境公路班车首发地。2022 年市场交易额约 1065 亿元，物流作业量 786 万吨，商贸、电商、国际贸易等业态处于高速发展阶段，为重庆商贸服务型枢纽的建设运营形成良好支撑。

尽管重庆市已完成港口型、陆港型、空港型、生产服务型、商贸服务型“五型”国家物流枢纽布局，成为首个拥有“五型”国家物流枢纽的城市，为重庆融入共建“一带一路”愿景形成良好支撑，但仍存在一定问题亟待解决：一是基础设施存在瓶颈，团结村等物流枢纽作业能力趋于饱和，部分枢纽集疏运体系不够健全，运转效率偏低。二是枢纽与产业融合不足，对区域产业链、贸易链和服务链辐射带动力不够，枢纽经济规模效应偏小。三是物流和贸易企业“散小弱”突出，提供一体化供应链服务的现代物流企业偏少，供应链服务能力不足。

重庆获批建设的国家物流枢纽基本情况见表2。

表2 重庆获批建设的国家物流枢纽基本情况

序号	园区或分园名称	层级	园区管理机构所在区县	批准单位	批准文件及文号
1	港口型国家物流枢纽	国家级	两江新区	国家发展改革委、交通运输部	《关于做好2019年国家物流枢纽建设工作的通知》（发改经贸〔2019〕1475号）
2	陆港型国家物流枢纽	国家级	沙坪坝区、江津区	国家发展改革委、交通运输部	《关于做好2020年国家物流枢纽建设工作的通知》（发改经贸〔2020〕1607号）
3	空港型国家物流枢纽	国家级	渝北区	国家发展改革委	《关于做好“十四五”首批国家物流枢纽建设工作的通知》（发改经贸〔2021〕1697号）
4	生产服务型国家物流枢纽	国家级	万州区、长寿区	国家发展改革委	《关于做好2022年国家物流枢纽建设工作的通知》（发改经贸〔2022〕1745号）
5	商贸服务型国家物流枢纽	国家级	巴南区	国家发展改革委	《2023年国家物流枢纽建设名单》

二、主要成效

（一）推动枢纽物流设施提档升级

港口型国家物流枢纽两路果园港综保区于2023年3月通过海关总署正式验收，中新（重庆）多式联运示范基地一期建成运营，鱼嘴铁路货运站建设有序推进。陆港型国家物流枢纽建成陆海新通道重庆无水港（一期），集装箱共享调拨中心投入试运行。空港型国家物流枢纽江北机场T3B航站楼及第四跑道工程加快建设。生产服务型国家物流枢纽，万州新田港铁路集疏运中心建成投用。商贸服务型国家物流枢纽，加快建设铁路东环线南彭站。

（二）完善国家物流枢纽口岸功能

“五型”国家物流枢纽拥有重庆港口岸、重庆江北国际机场航空口岸、重庆万州机场航空口岸3个正式开放口岸和重庆铁路口岸1个临时开放口岸，拥有进口汽车整车、进口药品、进境肉类等 10 类口岸功能。

（三）枢纽经济持续向好

果园港水港启运港成功办理退税，鱼嘴货运站陆路启运港启动退税试点申报，RCEP 生效后，重庆首票进口享惠货物在果园港顺利通关；内陆首个智慧铁路口岸建成投运，构建整车进口全产业链生态，落地德国大众平行进口车、奔驰博世、零跑新能源汽车项目；长寿沿江现代物流园区 500 万吨的新恒阳码头多式联运示范项目开库运行，跃升为长江上游规模最大、辐射云贵川陕渝地区的液体化工品物流综合服务平台；成功引进川航物流重庆分公司、渝航翼、运满仓等落户空港枢纽；重庆公路物流基地引入京东、顺丰、申通等 69 家商贸物流龙头企业，为外向型经济发展带来新机遇。

（四）完善枢纽信息化基础设施

提升运行效率。以国际贸易“单一窗口”为载体，打造重庆市物流公共信息平台体系，推进“五型”国家物流枢纽数据交换，国家物流枢纽成为物流、贸易、产业数据汇聚的节点。目前，重庆“单一窗口”已建设 59 项功能，包括 22 项中央标准应用及 37 项地方特色功能，取得 9 个“全国第一”的成绩。国家口岸办评价重庆“单一窗口”：“思路领先、理念超前，全国先进水平”。

三、形势分析

进入新发展阶段，世界百年未有之大变局深度演化和我国社会主义现代化建设新征程开局起步相互交融，经济社会发展的内在支撑条件和外部需求环境发生深刻变化，重庆“五型”国家物流枢纽建设面临新的机遇和挑战。

从国际看，新一轮科技革命要求国家物流枢纽推动模式创新与业态升级。现代信息技术、新型智慧装备广泛应用，现代产业体系质量、效率、动力变革深入推进，既为物流创新发展注入新活力，也要求加快现代物流数字化、网络化、智慧化赋能，打造科技含量高、创新能力强的智慧物流新模式，将进一步丰富和完善“五型”国家物流枢纽的功能。

从国内看，统筹国内国际两个大局要求国家物流枢纽发挥支撑引领作用。当前，实施扩大内需战略，加快培育完整内需体系，要求现代物流对内主动适应社会主要矛盾变化，推动物流组织方式变革，提高物流整体运行效率和现代化水平，进一步巩固物流枢纽连接生产消费、畅通国内大循环的支撑作用。同时，为妥善应对错综复杂的国际环境带来的新挑战，积极推进“一带一路”愿景建设，要求国家物流枢纽深化国内国际物流体系联动协同，促进生产制造、国际贸易和国际物流深度融合，提高国际供应链整体竞争力，培育国际竞争新优势，加快推动我国产业向全球价值链中高端迈进。

从重庆看，全面融入共建“一带一路”要求国家物流枢纽增强辐射示范功能。以习近平同志为核心的党中央十分关心、高度重视重庆发展，给予有力指导和重大支持，为重庆开放发展指明了前进方向，提供了根本遵循，注入了强大动力。“五型”国家物流枢纽落地重庆，为重大基础设施布局、开展先行先试改革探索等带来重大利好，有利于重庆在更大空间、更广范围构建完善产业链条，增强产业综合实力和国际竞争力，增强在西部地区带头开放、带动开放的能力。

四、未来发展展望

（一）推进“五型”国家物流枢纽基础设施建设

深入推进国家物流枢纽建设，优化枢纽布局，加快存量枢纽基础设施建设，构建高效便捷的多式联运货运网络。陆港型国家物流枢纽重点依托西部陆海新通道冷链产业园，打造东盟农产品集散分拨中心，完善小南垭铁路货场冷链配套设施；港口型国家物流枢纽重点加快推进果园港多式联运中心等重点基础设施建成投用；空港型国家物流枢纽重点优化客货运道路，实施一批基础性、公共性基础设施建设项目，促进空港枢纽内部微循环与南北直通；生产服务型国家物流枢纽重点推进万州新田港物流园区、长寿沿江现代物流园区码头、库房、危化品仓库及配套设备建设；商贸服务型国家物流枢纽重点推进标准化、现代化仓储设施项目建设，补齐多式联运、集装箱联运设施建设短板。

（二）深化“五型”国家物流枢纽跨区域联动

以开放通道为引领，培育发展集拼集运、中转分拨等业务，推动构建协同合作的跨区域物流服务网络。陆港型国家物流枢纽重点做强西部陆海新通道，提升重庆至越南河内、缅甸仰光、老挝万象、柬埔寨金边等跨境铁路班列开行质量，加快建设中欧班列集结中心，推动成渝货运班列提档升级，探索开通与西北各省份之间“五定班列”，提升对西部地区的辐射和服务能力。港口型国家物流枢纽重点拓展国际通道在果园港融会贯通，提质增量铁水联运班列、积极拓展国际班列线路；推动华南地区海铁联运通道建设，加强与老挝、越南、缅甸等东盟国家国际铁路联运和江海联运衔接。空港型国家物流枢纽重点探索开行空港枢纽始发的中欧班列、陆海新通道国际多式联运班列，加快打通空港枢纽空铁公水多式联运枢纽节点。推进重庆机场西永综合保税港区航空异地货站项目，探索研究成渝两地机场互为异地货站可行性。生产服务型国家物流枢纽继续常态开行西部陆海新通道长寿直达班列，万州试点开行西部陆海新通道江铁海联运班轮（列），加快完善保税仓储、加工增值、国际分拨等口岸功能。商贸服务型国家物流枢纽重点依托西部陆海新通道建设，深化巴南跨境公路班车发展，持续增加跨境公路班车线路、扩大运输辐射范围，加强与广西、云南、新疆等边境口岸等地合作。

（三）大力发展枢纽经济

围绕共建“一带一路”，布局特色产业集群，推动通道带物流、物流带经贸、经贸带产业协调发展。依托陆港型国家物流枢纽，巩固以笔电为代表的智能终端产业发展基础，引育集成电路、液晶显示屏等产业发展新动能，拓展产业链条，推动电子信息产业迭代升级。依托重庆中欧班列，推动建设智能网联汽车及零部件国际物流分拨中心，培育壮大进口整车平行贸易、转口贸易，搭建进出口汽车展销平台，建设汽车后市场综合服务平台，打造外向型汽车产业集群。依托港口型国家物流枢纽，联动新加坡港做大做强多式联运示范基地，大力发展煤炭、钢材、铁矿石、有色金属等大宗商品交易平台和期货交割库，引育国际大宗商品交易中心总部，打造生态链完整的大宗商品贸易产业集群，推动物流港向贸易港转型。依托空港型国家物流枢纽，强化临空经济示范区龙头带动作用，培育发展高端电子信息、生物医药、航天航空三大产业，大力发展电子料件、药品及生物制品国际物流分拨中心，打造万亿级航空高端制造业集群。依托生产服务型国家物流枢纽建设，推动万州新田港建设粮油供应链平台，打通粮油储备和加工上下游环节，集聚发展粮油、精品饲料等，打造临港粮油加工产业集群。推动长寿沿江现代物流园，聚焦发展化工、煤炭等特色产品，打造供应链平台。依托商贸服务型国家物流枢纽，提升产业要素集聚能力和服务集约发展程度，建设综合物流、专业市场、电子商务、国际贸易等产业集群。

（四）强化国家物流枢纽数字建设

积极推进国家物流枢纽智慧化建设，以枢纽场站、开放口岸、物流园区、高速公路口等关键应用场景，推动物流设施数字化改造升级。陆港型国家物流枢纽重点紧密结合智能物流、智慧口岸，着力推动物联网技术在运输监控、无人仓储、智能装卸、高效配送等环节创新应用，推进物联网产业发展。港口型国家物流枢纽持续推广无纸化、无人闸口、智能称重等系统在各港区应用，建成数据交换中心、生产调度指挥中心，加快5G、大数据等信息技术的融合应用，继续推进果园港多式联运信息服务平台建设。空港型国家物流枢纽加快推动大数据、云计算等新技术的投入与应用，提升空港枢纽物流设施设备智能化技术与应用水平。生产服务型国家物流枢纽建立内部信息统计制度，联动建设综合信息服务平台，推动枢纽内企业、供应链上下游企业信息共享、互联互通。商贸服务型国家物流枢纽重点加强跨境公路班车与西部陆海新通道、中欧班列、长江黄金水道、航空物流等开放通道数字化平台联通，推动运营数字化建设，实现数据协同共享、联动运营。

［重庆市发展和改革委员会　重庆市人民政府口岸和物流办公室］

Ⅲ 特色区县

之一：重庆渝中区以服务开放为引领积极融入共建“一带一路”

党的十九大以来，渝中区深入学习贯彻习近平总书记关于共建“一带一路”的重要论述，对标对表落实党中央决策部署，认真落实共建“一带一路”倡议，坚持以开放挖潜能、强动能、增势能，一体化推进服务业扩大开放综合试点、自贸试验区、中新互联互通项目、国际消费中心城市核心区、中西部国际交往中心核心区建设，在提升共建“一带一路”互联互通水平、拓展国际交往“朋友圈”等方面取得显著成效，经济发展外向度、城市品牌知名度、国际事务参与度持续彰显，创新开放窗口更加亮丽。

一、进展情况

（一）加强国际交流合作，凸显对外开放本色

一是国际政务交往有声有色。吸引更多“一带一路”沿线、RCEP 成员国、欧美国家在渝中区设立总领馆或办事机构，白俄罗斯、缅甸驻渝总领事馆相继在渝中区开馆，13 家获批驻渝总领事馆全部落户渝中区。举办及承办第五届中新金融峰会、陆海新通道国际商务对接会等高级别国际会议 20 余场次。联动驻渝蓉总领事馆开展庆祝中白建交 30 周年、布达佩斯之春秋、巴拿马莫拉艺术展等国际交往活动。

二是对外交往平台日趋完善。谋划建立“一核两岸多点”外事活动场所，重点打造“解放碑—朝天门”外事机构集聚区，支持来福士、WFC、陆海国际中心等高端楼宇和历史文化街区强化涉外功能，做好重要外宾团组的参访接待工作。夯实开展国际交往的载体基础，用好“二战”同盟国驻渝外交机构旧址群等独有涉外遗址资源和红岩革命纪念馆、朝天门 7 码头，积极承接高规格外事访问活动。

三是对外开放发展提能升级。引进和承办首届“一带一路”陆海联动发

展论坛等国际会议20余次；高质量保障老挝人革党中央总书记、国家主席通伦，越共中央政治局委员、中央书记处书记、中组部部长张氏梅，澜湄合作第十次外交联合工作组，拉美及加勒比地区驻华大使团等60余批次外国政要、高级官员来渝参访；高水平保障来自欧洲、非洲、亚洲的26国驻华使节代表团，奥地利、克罗地亚、塞浦路斯等20国欧盟驻华代表团成员在渝参访；做好泰国、南非等220余批500余人次驻华使节来渝参访服务保障工作。

（二）大力发展国际贸易，深化交流合作成色

一是推动经济发展提质增效。设立全国首个中新企业综合服务中心、中西部首个RCEP贸易促进中心、成渝涉外商会联盟三大“一站式”服务平台，服务开放型市场主体集聚发展。深度融入西部陆海新通道建设，印发《重庆市渝中区深度融入西部陆海新通道建设五年行动方案（2023—2027年）》，一体化推进自贸试验区、服务业扩大开放综合试点、中新互联互通项目。打造新型保税贸易平台陆海新通道·国际消费中心，引入新加坡、泰国等7个国别馆。

二是助力产业合作做大做强。依托重庆来福士打造中新合作金融服务业产业园，吸引新加坡及东盟等境内外金融机构、金融科技公司、金融智库等聚集，已入驻星展银行、渣打银行、新加坡领创集团等外资企业。发挥重庆自贸试验区、中新互联互通示范项目等开放平台优势和驻渝领事机构、香港澳门驻渝代表处作用，举办重庆自贸试验区首届国际中古名表名包展览交易会，两天交易额突破亿元；组织商社集团、渝商发等50余家企业多次参加白俄罗斯、乌拉圭等国在渝举办的投资洽谈会，促成区域企业与外商签订20多亿元贸易订单。

三是经贸合作交往更加频繁。主动参与“一带一路”倡议十周年有关国际交往活动，参加2023“一带一路”陆海联动发展论坛。定期与成渝涉外商会联盟入驻单位开展座谈交流，承办跨国企业重庆行、中国（重庆）—南非经贸合作交流会等活动，接待世界500强等跨国企业有关负责人100余次，累计落地马士基、三井物产等外资企业及分支机构201户。建设重庆数字文化出口基地、渝欧跨境数字贸易产业园等一批涉外产业园区，升级重庆数字商务产业园，汇集商贸新零售企业77家，全年产值逾25亿元，深入打造面向中国西南、全球东南亚市场直播电商产业园。承办第三届“一带一路”侨商组织年会，20个侨资企业、金融机构、开放平台现场签订10个战略合作框

架协议或合作备忘录，协议资金超过300亿元。

（三）加强国际人文交流，擦亮文化自信底色

一是提升国际交往活跃度。主动引导外国驻华使团及代表机构到十八梯等传统风貌区参观考察，宣传母城文化，充分展示渝中区独特的外交外事历史资源和涉外交往文化底蕴，助推辖区传统风貌区发展。构建渝中区独特的宣传标识，解放碑、洪崖洞、十八梯、李子坝轨道穿楼等外事参访点接待外国政要、驻华使节、驻渝蓉领事官员2000余人次，在参访中向外宾讲好重庆故事、展现渝中篇章，推动母城文化形象在外宾参访印象中熠熠生辉。开设“渝中外事”微信公众号，联动新华社、新华网英文频道、重庆国际传播中心等媒体开展渝中区宣传报道，扩大渝中区海外知名度。

二是唱响渝中外事活动品牌。策划开展外国驻渝领事官员同庆中国年活动，联动驻大阪总领事馆举办“纪念中日邦交正常化50周年·迎中秋中华美食节”等活动，讲好重庆故事的渝中篇章，提升“重庆母城·美丽渝中”国际美誉度和知名度。复建韩国光复军司令部旧址，完成鹅岭苏军烈士墓等修缮工程，为巩固中韩、中俄两国友好关系奠定基础。

三是增强国际交往承载能力。重庆对外文化贸易基地建成投用，陆海国际中心成功封顶；“十八梯·山城巷”传统风貌区成为国家级夜间文化和旅游消费集聚区，半山崖线步道、环城墙步道获评重庆最美山城步道，成为各国驻华领事官员来渝首选打卡地。围绕鹅岭公园使领馆旧址资源，统筹推进公园内部整体修缮，打造国际文化艺术交流中心，推动土耳其等驻华公使馆旧址活化利用，在鹅岭公园内打造国别展陈馆，展示重庆对外交往文化及开放历史资源。

二、特色做法

（一）健全开放平台体系，提升城市品牌知名度

一体化推进自贸试验区、中新互联互通项目、国家服务业扩大开放综合试点，做实中新互联互通项目运营中心，推动重大开放项目落地见效，发挥RCEP贸易促进中心作用，在全市率先开展“跨境电商+保税展示”快速配送试点，引进E码头西南首店、CW重庆首店，核心商圈保税+实体零售新模式获评“重庆自贸五周年我最喜欢的十项改革案例”。同时，发挥外事资源优势，拓展与“一带一路”沿线、东盟国家和地区合作的广度和深度，持续举

办“相约重庆·合作共赢”开放发展论坛等活动。

（二）提高开放经济水平，提升经济发展外向度

落地全国首单境外自然人投资区域性股权市场挂牌企业，全国首创“汇保通”汇率避险新模式、获评全国服务贸易创新发展试点第二批最佳实践案例，跨境金融结算量突破4000亿元。加强国际消费中心城市核心区建设，推动西部首个核心商圈保税展示交易中心——陆海新通道国际消费中心开业，汇集新加坡等23个国家的商品，社会消费品零售总额稳居全市第一，进出口总额同比增长11.52%，服务贸易额和服务外包执行额位居区县第一，外资市场主体数量占全市的1/7，世界500强企业数量占全市的近50%。

（三）深化国际交流合作，提升国际事务参与度

国际交往中心加速推进，13家驻渝领事机构全部落户解放碑，新增中国新加坡商会等国际机构、组织驻渝办事处，渝中区国际机构、组织数量达到16家。渝中区国际友好城市和友好交流城市增至17个，缔结国际友好（姊妹）学校70余所。

三、形势分析

当今世界正经历百年未有之大变局，国际环境日趋复杂。我国经济已由高速增长阶段转向高质量发展阶段，开放格局、区域协调发展战略逐步调整，以国内大循环为主体、国内国际双循环相互促进的新发展格局加速构建。渝中区融入共建“一带一路”加快建设内陆开放高地面临一系列重大机遇和风险挑战。

从国际看，在“六廊六路多国多港”互联互通架构基本形成的基础上，我国继续扩大海陆空通道和枢纽的建设。贸易畅通提升便利水平，双边贸易和双向投资规模稳步增加，“数字丝绸之路”成为贸易投资新亮点。资金融通有效拓宽金融渠道，多元化金融合作为沿线项目提供稳定资金支持，人民币国际化进程获得新助力，我国加强与沿线国家在民生援助、文化交流、科技创新等方面的文明对话，共建“一带一路”不仅给沿线国家人民带来福祉，也推动世界向着实现共同繁荣、构建人类命运共同体的美好愿景不断前进。

从国内看，共建“一带一路”是习近平总书记亲自谋划、亲自部署、亲自推动的重大倡议，十年来“一带一路”倡议取得显著成效，我国已与151个经济体、32个国际组织签署了200余份共建“一带一路”的合作文件，政

策沟通、设施联通、贸易畅通、资金融通、民心相通五大合作重点内容均取得丰硕成果。我国同“一带一路”沿线国家一道，坚持共商共建共享原则，深化互利共赢合作。

从全市看，重庆地处“一带一路”和长江经济带的联结点，是丝绸之路经济带重要的战略支点，也是海上丝绸之路的战略腹地，在共建“一带一路”中具有重要的战略地位和带动作用。自“一带一路”倡议提出10年来，重庆与“一带一路”沿线国家贸易额年均增长6.8%，当前占全市进出口比重提升至30%，双向直接投融资规模累计达到135亿美元。在此过程中，重庆金融主动融入共建“一带一路”大格局，不断深化与“一带一路”沿线国家的金融合作，持续推进金融外汇改革创新，为共建“一带一路”提供优质跨境金融服务。

从渝中看，渝中区作为重庆母城、主城核心区，自贸试验区、中新互联互通示范项目、服务业扩大开放综合试点等国家级、市级开放平台、试点在渝中区叠加集聚，金融、商贸等重点产业优势明显，开放型经济市场主体、涉外机构等开放资源富集，为渝中区在全市带头开放、带动开放奠定了坚实基础。

四、未来展望

渝中区将持续落实共建“一带一路”倡议，落实党中央、国务院决策部署，力争到2025年，基本建成重庆内陆开放高地先行示范区。开放平台能级不断增强，“一带一路”国际合作进入新阶段；开放型经济发展质量显著提高，贸易结构更加优化，利用外资规模和质量进一步提高，跨境金融结算、服务贸易、服务外包等在全市保持领先地位；开放主体不断壮大，六大重点产业开放度持续提升。国际交流合作不断深化，城市国际化水平进一步提高，营商环境达到国内一流水平，中西部国际交往中心核心区建设取得显著突破。到2035年，全面建成重庆内陆开放高地先行示范区，融入全球的开放型经济体系基本建成，渝中区经济开放度、城区国际化水平在中西部领先，市场主体、功能设施、营商环境等方面显著提升，开放环境达到国际一流标准，对国际资源要素的集聚辐射能力大幅增强，联结国内国际双循环的功能作用充分发挥。

（一）高水平服务重点国家交往工作

持续做好与新加坡、缅甸“点对点”工作以及川渝地区对湄公河地区国家“片对片”工作。积极推动与厄瓜多尔、萨尔瓦多、巴拿马等国家的务实合作和人文交流，组团出访拉美重点国家，开展渝中区推介活动，办好中国—拉美和加勒比国家数字技术合作论坛。深化与白俄罗斯交流合作，推动白俄罗斯来渝中区设立商务机构。深化与东盟国家友好交流，组织开展渝中区经贸人文推介活动。

（二）高质量服务国家重大战略

服务保障西部陆海新通道建设，推动中国—东盟、澜湄合作、中新等多双边区域合作机制与西部陆海新通道建设深入融合。持续打造陆海新通道国际消费中心，汇聚更多国家进口馆、首进中国单品。积极争取市政府外办支持，承办或参与中国西部国际投资贸易洽谈会、陆海新通道国际合作论坛、“一带一路”陆海联动发展论坛等国际会议论坛；服务保障中新互联互通项目建设，依托中新项目核心承载区优势，高水平举办中新金融峰会，加强与新加坡淡马锡、重庆凯德合作，加快打造中新合作金融服务业产业园；持续建设中新互联互通项目运营中心，用好中新企业综合服务中心，建设新加坡企业之家，把渝中区打造成为新加坡企业开拓西部市场的第一站和首选地，以重庆市区块链数字经济产业园、中新国际互联网数据通道示范园区为抓手，拓展数据通道应用场景，深化智慧政务、医疗、文旅等领域智能化应用。

（三）高效能服务开放型经济发展

围绕渝中区经济社会发展需求和对外交往重点方向，深度参与“投资中国年”西部地区专场推介活动，组织跨国企业高管、国际组织代表等深入渝中区实地考察。积极邀请新加坡、白俄罗斯、意大利、南非等国家政商要客参与渝中区经贸推介会。依托香港特区政府驻成都经贸处、香港贸发局搭建渝中—港澳合作交流平台，持续挖掘与港澳地区合作交流机会，吸引更多港澳知名企业和机构来渝中区投资。围绕东盟、欧盟、拉美地区国家，通过举办推介会的形式大力宣传渝中区重点产业，开展招商引资，推动对外经贸、科技、文化、教育、旅游等领域务实合作，进一步优化市场布局、商品结构，扩大经贸往来。

[重庆市渝中区发展和改革委员会　薛　俨　王　轶　王春霖]

之二：重庆沙坪坝区发挥国际物流枢纽开放创新优势积极融入共建“一带一路”

重庆市是全国唯一兼有陆港型、港口型、空港型、商贸服务型及生产服务型“五型”国家物流枢纽的中心城市，已基本形成连接欧亚、直达东盟、通江达海、畅行全球的复合型网状开放通道体系。沙坪坝区作为重庆内陆开放“领头雁”，是中欧班列始发地、西部陆海新通道策源地，拥有重庆自贸试验区、重庆铁路口岸、重庆铁路保税物流中心（B 型）等开放平台，是重庆对外开放的重要窗口，是重庆承接国家战略的重要探索者和实践者。未来将立足新发展格局，把握成渝地区双城经济圈、西部陆海新通道建设两大国家战略，以“构建大平台、畅通大通道、完善大口岸、发展大产业”为目标，主动承担大区责任，全力推进“一带一路”建设，加快提升城市能级，助力重庆打造内陆开放高地。

一、主要进展

重庆国际物流枢纽园区是沙坪坝区共建“一带一路”的主阵地、主战场，园区于 2007 年 9 月经二届市政府第 40 次市长办公会研究决定设立，规划面积 35.5 平方千米。历经 13 年建设，多渠道投入近 1000 亿元，已建成 22 平方千米，入驻企业 2300 余家，新加坡丰树、意大利维龙、浙江传化等龙头企业项目 41 个，5A 级物流企业 9 家，同 190 个国家和地区有贸易往来，通达新加坡等 90 个国家、190 个港口，成为新加坡港务集团、广西北部湾港、上海外高桥等国际国内港口首选合作伙伴，2022 年实现产值 1280 亿元，税收超 60 亿元，地区影响力、国际竞争力逐步提升。

（一）建成通达全球的交通网络

一是建成四向齐发、陆海联动的国际通道。向西，中欧班列高质量发展成效显著，获批建设全国中欧班列集结中心，渝新欧累计开行 13860 列，成为全国开行量最多、开行最均衡、运输货值最高、货源结构最优的中欧班列。向南，西部陆海新通道“朋友圈”扩大至“13+2”省区市，累计开行 8793 列，铁海联运班列货量、货值在已开行铁海联运班列的省区市中居第一位。向北，常态化开行渝满俄班列，重庆与俄罗斯的货物流通效率大幅提升。向东，依托长江黄金水道航运优势，累计开行渝甬沿江铁海联运国际班列 1512 列。

二是构建节点遍布、多式联运的交通网络。市内依托绕城高速与江津综保区、果园港、江北国际机场、南彭贸易物流基地等实现互联互通。市外衔接重庆“三环十二射”高速路网，快速融入国家高速公路网，对接国内国际重要运输通道；依托兰渝、渝遂等干线铁路，形成了畅通周边、通达全国、联通亚欧的铁路通道体系；加强与阿拉山口、霍尔果斯、满洲里、防城港、钦州港、舟山港等沿边沿海城市港口、口岸联动，对外开放格局更趋优化。国外依托中欧班列、西部陆海新通道建立海外分拨节点，目前已布局匈牙利布达佩斯、新加坡等 15 个海外分拨中心，联通全球 139 个城市和港口。

（二）具备开放完善的口岸功能

沙坪坝区是重庆唯一兼具陆港型国家物流枢纽及国家骨干冷链物流基地的区县，汇聚西部陆海新通道组织运营中心、自贸试验区、中新互联互通项目等国家重大开放平台，已成为重庆内陆开放的先行区、内陆国际贸易的新高地和桥头堡、西部地区进出口贸易的重要集散地。基本形成“1 个铁路口岸+4 个指定功能”开放功能体系，建成重庆整车进口口岸、首次进口药品和生物制品口岸、进境肉类指定监管场地、国际邮件处理中心 4 个指定功能口岸和内陆首个智慧铁路口岸。

（三）形成优势特色的枢纽经济

加快布局整车全产业链。一是推动中欧班列、陆海新通道成为重庆整车运输最快捷、便利的货运通道，创新整车笼车铁路运输，大幅提高运输效率。整车由单一的进口发展为进口和出口同时发力，累计进出口整车 34741 辆，进出口数量居内陆整车口岸第一。区内企业赛力斯新能源车的出口，在欧洲成为热门车型。二是引入上下游关联企业 650 家，合作 17 个主流品牌，建成保时捷、奥迪内陆分拨中心，与大众、巴博斯达成战略合作协议。入驻车管所 1 个，年机动车检测流量达 3.2 万辆。设有整车进出口检测线 2 条。开展汽车维修、物流仓储、供应链金融、二手车交易等汽车后市场全产业链服务。

打造一站式生物医药产业园。一是获批全国第四个、西部首个首次药品进口口岸，拥有重庆唯一监管区外医药保税仓，引进阿斯利康、默沙东、重庆医药、上药康德乐，形成了全市规模最大的医药物流基地。2022 年，重庆铁路口岸实现药品进口比例约占全市口岸的 50%，累计进出口货值 15 亿元。二是引进世界 500 强中国国药智能医药中转交易中心，打造全市最大的药品销售结算中心。引入东得医药建设生物医药产业创新孵化中心，进一步扩大医药进口品类、推动医药创新研发。落地食药商街等医药电商平台，大力发展医药电商新零售。

构建现代冷链物流分拨中心。一是 2022 年 10 月，获批重庆市首个国家骨干冷链物流基地，建成冷库 46 万立方米，冷链商品年交易量 5000 万吨，年交易规模达到 200 亿元，年平均周转量 500 万吨。二是落地永辉、美宜佳、联丰、中通冷链等冷链物流行业龙头，打造西南最大的仓干配一体化冷链物流产业集群。依托陆海贸易新通道，打通中老铁路冷链水果及农副产品运输新路线。建成陆海新通道重庆无水港，助推陆海新通道“13+2”地区优势冷链农副产品进出口。

做强大宗贸易产业平台。一是园区拥有西南地区唯一的聚乙烯、聚丙烯期货交割库和铝锭期货交割库，年吞吐量 100 万吨，拥有全市最大钢材集散基地，年吞吐量 600 万吨。二是持续引进中拓钢材、中慷有色金属等大宗贸易项目，打造以金属大宗为主的千亿千仓级智慧物流总部。推进与东盟木薯片、山东志田粮食、西部橡胶等多品类大宗商品供应链合作，实现大宗贸易多元化发展。

图 1　2020 年 11 月 13 日，重庆国际物流枢纽园区接受陆港型国家物流枢纽授牌

二、主要做法与特色经验

（一）构建国际物流大通道，支撑内陆开放高地崛起

通过铁铁联运、铁海联运、江铁联运、公铁联运等多种物流组织方式，形成覆盖亚欧各国及国内西南、华东、华南等区域的“4+N”的辐射网络。其中“4”指西部陆海新通道（南向）、“渝新欧”中欧班列（西向）、“渝满俄”国际铁路联运班列（北向）、“渝甬”沿江铁海联运国际班列（东向）等4条国际运输干线，“N”指常态化开行重庆—贵州、重庆—四川、重庆—云南、重庆—安徽、重庆—甘肃、重庆—湖北等千余条干线运输线路。

中欧班列（渝新欧）。中欧班列（渝新欧）由渝新欧（重庆）物流有限公司负责组织开展，采用“1+N”模式，即1条主干线和20条次干线。1条主干线：以枢纽团结村为起点发车（或到达终点），依托兰渝铁路线，途经新疆阿拉山口（霍尔果斯）口岸转关，最终到达（起点）德国杜伊斯堡。20条次干线：根据客户需求选择沿线哈萨克斯坦、白俄罗斯、波兰、意大利、匈牙利、捷克等国家作为集结点和分拨点，截至当前已开行20余条线路。

图2　2022年6月23日，我国首个中欧班列渝新欧开行率先突破1万班列

西部陆海新通道。“西部陆海新通道”是在中新（重庆）战略性互联互通示范项目框架下，由中国西部省份与新加坡合作，利用铁路、公路、水运、航空等多种运输方式，由重庆向南经贵州等省份，通过广西北部湾等沿海沿边口岸，通达新加坡及东盟主要物流节点，打造的陆海贸易新通道，运行时

间比经东部地区出海节约 10 天左右。沙坪坝区作为西部陆海新通道的起始点和发起者，联合通道沿线省区市共同打造跨区域公共运营平台公司——陆海新通道运营有限公司，实现了通道的统一品牌、统一规则、统一运作。西部陆海新通道铁海联运、跨境公路和跨境铁路三种物流组织形式均已实现常态化运行，目的地已覆盖新加坡、日本、澳大利亚、德国等全球 90 个国家和地区的 190 个港口。

“渝满俄”国际铁路联运班列。“渝满俄”国际铁路联运班列是一条自沙坪坝区重庆国际物流枢纽园区出发，北上经满洲里口岸出境，横越西伯利亚，到达莫斯科的国际铁路班列。班列由渝新欧（重庆）物流有限公司组织开展，全程约 7000 千米，运输时间 10 天，平均每周开行 2~3 列。

“渝甬”沿江铁海联运国际班列。由重庆公路运输（集团）有限公司与宁波港签署合作协议，采用口岸直报和重庆报关口岸验放的大通关模式。班列全程约 2000 千米，运输时间 57 小时，平均每周开行 2~3 列。

（二）创新物流服务模式，开中欧班列国际运邮之先河

2018 年，国家邮政局与万国邮联签署《关于加强“一带一路”框架下邮政领域合作的意向书》，推动形成一套被沿线国家邮政、铁路、海关部门认可的国际集装箱运邮流程。在多方努力下，中欧班列（渝新欧）运邮在全国率先实现了常态化，中国邮政在枢纽铁路口岸率先建成了中国铁路口岸国际邮件处理中心并投入运营，成为全国第一个国际邮政铁路口岸，邮件处理和通关能力达到 10 万件/日，时间比传统海运节约 30 多天，成本仅为空运的 1/5。疫情期间，由枢纽开往立陶宛的全国首趟邮包专列，共计发运集装箱 44 个，国际邮件就地分拨至西班牙、丹麦、瑞士、法国等 36 个欧洲国家，将立陶宛作为转运口岸，极大提高了转运效率、节约了转运成本，进一步凸显中欧班列（渝新欧）在欧洲方向货运方面的综合优势。2021 年新冠疫情期间，国际邮件约 2044 万件，同比增长近 32 倍，在稳定全球供应链中发挥重要作用。

（三）积极推进贸易规则创新，实现物流环节降本增效

率先开创全国陆上贸易货物提单信用证结算新模式。在国际铁路快速发展的战略背景下，入驻枢纽的平行汽车进口企业大多会选择利用铁路运输的方式来实现欧洲货物的运输，因铁路运输单据不同于海运或空运，不具备物权凭证的属性，在常规国际贸易结算及融资中存在一定障碍。枢纽以整车进

口为切入点，参照海运模式中“货代单”代替“船东单”的方式，赋予铁路“货代单”唯一提货权，使其具备银行议付凭据功能，后与重庆中行及海外中行积极沟通，使其海外支行同意接受铁路运输信用证的结算方式，开立全球首份“铁路提单国际信用证”并实现批量化运用，开创性赋予铁路“货代单”唯一提货权，累计开具国际铁路提单约1600票，被纳入自由贸易试验区第三批最佳实践案例在全国复制推广。

图3　2018年3月23日，以整车为切入，铁路信用证提单实现批量化运用，陆上贸易规则探索迎来最大成果

探索建立铁路集装箱“一箱到底”多式联运新模式。为解决铁海联运运费贵、通关烦琐等痛点，积极创新通关模式。一是推行“一口价、一单制”，重庆经北部湾港至新加坡铁海联运“一口价”3800元/标准箱，比分段运输成本下降38%，累计完成“一单制”提单950票，荣获2021年重庆自贸十佳制度创新案例。二是推行铁路箱水运出境常态化、海运冷藏原箱查验便利化等通关机制，实现进出境班列随到随验，推行查检合一、并批检验，压缩通关时间2天，跨境班列铁路快通实现1500标准箱。三是建成内陆首个智慧铁路口岸，通关效率再提升20%。

探索建立跨境电商“散进整出”新模式。9610监管模式下跨境电商出口一般采用“整进整出”模式，此方式下企业物流成本较高、货物查验时效较低。为提高业务效率，降低企业作业成本，切实提升口岸服务质量，优化口岸营商环境，沙坪坝区主动对接渝州海关、重庆海关，申请开展

9610 监管模式下跨境电商“散进整出”出口模式，将零散货物在监管仓内集货后即可进行查验和出口申报，改变以往必须整箱货物进入监管仓的模式，减少企业的装箱成本及因开箱卸货查验产生的物流成本和时间成本，有效提高业务效率。

（四）打造物流金融创新试点，搭建供应链金融生态圈

做强大宗贸易产业平台。沙坪坝区拥有西南地区唯一的聚乙烯、聚丙烯期货交割库和铝锭期货交割库，年吞吐量 100 万吨，拥有全市最大钢材集散基地，年吞吐量 600 万吨。持续引进中拓钢材、中慷有色金属等大宗贸易项目，打造以金属大宗为主的千亿千仓级智慧物流总部。推进与东盟木薯片、山东志田粮食、西部橡胶等多品类大宗商品供应链合作，实现大宗贸易多元化发展。

强化供应链金融赋能。以物流供应链精准衔接金融服务，发展普惠金融、发挥金融扶贫作用，不断丰富金融市场主体，引进 30 多家金融及类金融机构，包括美团小贷、携程小贷、小米保理、天安财险等知名企业。提高金融服务能力，国际物流枢纽园区金融企业累计发放贷款超过 200 亿元。控股及参股长嘉纵横基金公司、丝路担保小贷公司、物流金服公司、产融数据公司等类金融机构，推动设立物流交易中心、保理公司。创新实践美元快付、跨境人民币结算等国际结算新模式。

三、面临的新形势

（一）机遇

西部陆海新通道及成渝地区双城经济圈两大国家战略为实现跨越式发展创造新条件。随着西部陆海新通道和成渝地区双城经济圈成为国家战略，重庆市也将这两大战略作为全市“一号工程”大力推进，沙坪坝区作为全市大物流、大通道、大口岸和大平台，是西部陆海新通道和成渝地区双城经济圈两大国家战略的主要承载地，重庆向西发展的桥头堡，必将在基础设施、产业集聚、金融开放、外资外贸等方面迎来新一轮大发展。

全球投资贸易规则重塑和技术产业变革为融入国际产业链、供应链、价值链带来新契机。RCEP 的签署与生效将有利于进一步拓展与东盟国家的贸易往来，为西部陆海新通道发展提供了更广阔的舞台，内陆企业能够通过西部陆海新通道更加有效拓展国际新兴市场，深度参与国际分工，降低生产和流

通成本，提升国际市场竞争力。

国内国际双循环相互促进新发展格局为进一步扩大开放水平提供新动力。为应对错综复杂的国内外经济及地缘政治环境，中央政治局会议明确了以国内大循环为主体、国内国际双循环相互促进的新发展格局，外商投资准入要求持续放开，将更好联通国内市场和国际市场，为中国经济提供更加强劲、可持续的发展动力。沙坪坝区也在积极申报设立综合保税区，申报成功后将进一步提升开放能级，加快产业集聚，推动沙坪坝实现新一轮开放发展。

（二）挑战

全球经济持续萎缩。根据世界银行《全球经济展望》报告，在通胀高企、利率上升、投资减少的背景下，全球经济增速正在急剧放缓，预计 2023 年全球经济增长将从 6 个月前预测的 3%降至 1.7%。其中，美国经济从 2.4%降至 0.5%、欧元区经济从 1.9%降至零增长、中国经济从 5.2%降至 4.3%。其他新兴市场和发展中经济体的增长率预计将从 2022 年的 3.8%降至 2023 年的 2.7%。

国际政治矛盾突出。中美贸易摩擦延续，保护主义、单边主义升级，中欧班列、西部陆海新通道等沿线地缘政治格局特殊，成为各方势力博弈的关键区域，潜在风险与不确定性明显增多。可能会出现新的贸易限制措施、关税调整和贸易政策变化等，为进出口业务带来一定的挑战。

国内竞争日趋激烈。共建“一带一路”、长江经济带发展、新时代西部大开发、成渝地区双城经济圈等国家战略相继实施，四川、陕西等各省市迅速响应，争取开放资源和布局重大平台，对沙坪坝区建设内陆开放高地形成了一定挑战。

政策功能尚不健全。铁路口岸功能不全，水果、粮食等货品直接进口尚存限制，综保区功能的缺失导致无法开展“保税+”业务，“通道变过道、物流变堆场”的问题尚未破题。产业政策条块分散、集成不足，横向差距明显，产业落地和培育针对性政策紧缺，用地政策不灵活。

四、未来发展展望

全面融入共建“一带一路”和长江经济带发展，抢抓西部陆海新通道、成渝地区双城经济圈国家战略机遇，坚持“从全局谋划一域，以一域服务全局”，围绕“通道带物流、物流带经贸、经贸带产业”，深化开放格局，扩大开放优势，深入推动“港产城”融合发展，巩固提升“一带”和“一路”的重要联结点地位，成为承载“一带一路”倡议的“开放高地”。

（一）发挥区位优势，强化国际枢纽支撑功能

全面落实重庆市推进西部陆海新通道建设实施方案要求，新开行3条国际线路、新设立3个海外仓，国际班列开行6000列、实现货值1500亿元以上，全力提升“4+N”通道效能。服务完善中欧班列（重庆）、“渝满俄”“渝甬”等骨干通道功能，高标准推动“陆海新通道”建设。整合资源，建设“铁公水空”多式联运信息化服务平台，提升市场运作能力，高标准推动“陆海新通道”建设与“东西南北”四向齐发通道体系的建设。加快“渝新（新疆喀什）巴（巴基斯坦）”陆海新通道建设的前期论证与规划，努力推动陆海新通道建设实现新突破、取得新进展。

（二）用好资源优势，构建开放完备口岸功能

发挥口岸优势，争取新增进境粮食、水果2个指定口岸功能，全力推进铁路口岸综保区落地，培育铁路口岸冷链、跨境电商、国际铁路行邮三类特色产业，建设辐射区域更广、引领能力更强的综合性国际枢纽。以制度创新为核心，深化自贸区体制机制创新，持续在陆上贸易规则、物流金融、多式联运等领域开展首创性、差异化改革探索，推进设立物流交易中心、西部有色金属交易中心等供应链金融要素市场。加快推进重庆国际物流枢纽园区建设，不断补齐涉外教育、医疗、培训、商务等功能短板，持续营造国际化法治化便利化营商环境。

（三）构建人才优势，为开放发展提供有力支撑

具有较高专业水准、国际化素质的中高端人才在自贸区的发展中具有决定性作用，是加强国际合作的有力推手。科学分析人才需求，制定具有前瞻性的人力资源发展战略规划，用好用实各类海内外引进的高端人才，让人才既能“引进来”也能“走出去”，为自贸区的发展注入“人才活水”。注重干部和人才队伍建设，加强实践锻炼和学习培训，着力提升开放意识、增强开放能力、提高专业水平，打造一支具有全球战略眼光、市场开拓精神、创新管理能力和熟悉国际经贸规则的开放型干部队伍，为新时代重庆开放发展提供有力支撑。

（四）依托政策优势，推进区域合作优势互补

充分利用国家政策优势，联动成都等其他开放平台，发挥良好的区位、

交通、产业、平台等优势，进一步促进各地区优势互补，加快资源要素集聚，通过区域联动、国际合作，实现“一带一路”建设与长江经济带有机衔接，推动“一带一路”建设走深走实，努力在推进新时代西部大开发形成新格局中展现新作为、实现新突破。建议构建以重庆为枢纽中心、用活周边省（区、市）铁路运输资源、多点并进的交通运输模式，加快建设“陆海新通道”万州和四川达州集散中心。

（五）发挥枢纽优势，推动四大产业集群发展

巩固强化枢纽、通道、保税等开放优势，围绕“整车、医药、冷链、大宗贸易”四大临铁产业链，打造面向欧亚的出口分拨中心和大宗产品交易中心，形成“3+1”特色产业集群，推动枢纽经济发展，加快构建内陆地区开放型经济新平台。做优做强一般贸易、加工贸易，培育发展服务贸易、总部贸易、离岸金融等新业态，发展壮大开放型口岸经济集群。坚持引进来和走出去并重，用好用活智博会、西洽会、进博会等展会平台，引入一批聚合力强、辐射面广的外资企业，推动企业“组团出海”，培育一批特色突出、外向度较高的企业，不断提升开放型经济发展水平。

［重庆市沙坪坝区发展和改革委员会　钟锐莉　范　佳
重庆国际物流枢纽园区建设有限责任公司　樊无双
重庆市沙坪坝区商务委员会　吴红兰
重庆共享工业投资有限公司　穆秋磊　张恒坤］

之三：重庆九龙坡区实施产城景枢纽集成积极融入共建“一带一路”

十年来，九龙坡区抢抓共建“一带一路”倡议机遇，以区位优势为本，以互联互通为桥，以开放平台为媒，以产业集聚为基，融入共建“一带一路”效果显著，经济高质量发展迈出坚实步伐，2022 年九龙坡区地区生产总值达到 1763.9 亿元，较 2013 年增加 940.3 亿元。

一、工作进展

（一）全力构建立体交通枢纽

九龙坡区依托渝新欧铁路大通道、长江航道以及绕城高速公路，着力构建以铁路、公路、水运为基础的多种运输方式网络。一是铁路建设大提效。全面融入全市铁路和轨道网络，建成成渝客专、渝贵铁路、渝黔货运线、郑万高铁重庆西动车所，渝昆高铁川渝段提速推进，成渝铁路改造项目全线开工，铁路疏运功能充分显现。二是公路建设大提速。完成白彭公路、铜陶公路等 23 个干线公路项目，建设里程超 150 千米，九永高速公路、G85 成渝高速公路、金马互通立交桥建成通车，江泸北线高速公路即将贯通，向西大通道取得突破进展。三是水运建设大提质。推动长江干线九龙坡至朝天门航道整治工程，22 千米航道由Ⅲ级提升至Ⅰ级，长江航道通行能力大幅提升。黄磏港建设全面启动，积极构建西部槽谷“铁公水”多式联运体系。

（二）全力打造对外开放高地

九龙坡区坚持改革创新和对外开放相互促进，充分利用区位优势和产业、物流等优质资源，对外开放和区域合作水平不断提升。一是强化经贸合作。与老挝南塔省经济特区管理委员会签署磨丁开发区友好合作备忘录，肯尼亚西南签证中心落地运营。积极共建成渝地区双城经济圈，与成都市新都区签订协同发展合作协议。中华国际科学交流基金会科学与艺术发展论坛、舒曼国际青少年钢琴大赛亚太选拔赛等展会赛事在九龙坡区成功举办。二是强化载体建设。成功获批中国（重庆）自由贸易试验区，成功创建国家知识产权示范城市、国家小微企业创业创新基地和市级加工贸易示范区、市级软件和信息技术服务贸易特色产业园，获批国家有色金属、摩托车及零部件外贸转型升级基地，落户全国首个上海合作组织铝业工作委员会，以国家级平台为核心的开放发展格局初步形成。三是强化招商引资。累计签约项目合同投资额达 1.2 万亿元，成功引进中铝高端制造、润泽科技、虚谷伟业等 100 亿元以上项目 31 个，世界 500 强、中国 500 强区域（业务）总部达到 5 户。

（三）全力强化集聚辐射能力

九龙坡区积极主动融入共建“一带一路”和长江经济带发展，区域核心竞争力、渝西战略要冲的支撑力持续提升。一是骨干网络扩容升级。大力推进“光进铜退”网络接入战略，光纤覆盖率 100%，千兆家庭宽带接入覆盖率 86%，出口带宽从 2013 年的 30G 提高到 240G。全区 5G 基站数量超 5000 座，5G 覆盖率达到 97.7%，移动网络出口达到 360G。二是创新能级持续提升。精准实施“两园两带”科创功能提升工程，按照“总部+基地+研发”模式，高水平打造中国轻量化材料应用之都、中国西部氢谷、数字经济创新发展试验区核心区“三大”关键平台。全社会研发经费投入总量 37.3 亿元，万人发明专利拥有量 30.6 件，较 2013 年增加 23.5 件，集聚科技型企业达到 2968 家，居全市第三位，高新技术企业达到 591 家，居全市第一位，建成市级以上研发平台 386 个。三是营商环境持续优化。九龙坡区把优化营商环境作为推动经济高质量发展的重要支点，持续深化简政放权、放管结合、优化服务改革，坚持问题导向、目标导向，抓住关键领域，为群众和企业在九龙坡区发展创造更有利的条件。2019 年度营商环境考核位列全市第一名，2020—2022 年稳居全市前列。

（四）全力构筑优势产业集群

九龙坡区大力发展先进制造业以及现代服务业，提档升级传统制造业，现代产业体系建设取得重要进展。一是全力壮大制造业。完善以企业为主体、市场为导向、产学研相结合的技术创新体系，重点发展新材料、电子信息、高端装备等战略性新兴产业和巩固提升汽摩等传统制造业，打造具有核心竞争力的先进制造产业集群。“轻量化材料之都”和“西部氢谷”高水平起势，西南铝年产值创历史新高，中铝高端牵头组建市轻合金产业链创新联合体，铝基新材料产业上榜国家级中小企业特色产业集群，高端铝材在神舟飞船、国产大飞机 C919 上广泛应用，忽米网成为首批国家级工业互联网平台试点示范项目、西部地区唯一的“双跨”工业互联网平台。规模以上工业企业数量、规模以上工业总产值分别较 2013 年增加 162 家、412 亿元，集聚专精特新“小巨人”企业 136 家，战略性新兴企业产值占规模以上工业总产值 50%以上。二是加速集聚现代服务业。西南地区最大的山姆会员店开业营运，万象城二期等项目顺利建设，巴国城成功创建国家级夜间文旅消费集聚区，获批全市唯一的全国“一刻钟便民生活圈”试点，“巴渝新消费”八大行动深入开展，国际知名品牌首店达 111 家，位居全市前列，34 栋重点楼宇实现营业收入 500 亿元。三是提速发展数字经济。落实数字中国、数字重庆建设部署安排，抓项目、育龙头、建平台、强应用，着力打造数字经济高地。启动实施软件信息产业“星耀龙珠”行动，全力打造重庆产业数字化赋能中心、重庆数字经济（人工智能）产业园“金名片”，重庆数字大厦产业园集群初步形成，润泽（西南）国际信息港一期工程竣工。数字经济“四上”企业达到 249 家，核心产业增加值占地区生产总值比重达到 11. 1%。

（五）全力推进新型城镇化建设

九龙坡区积极开展国家新型城镇化综合试点工作，坚持以人为核心、以提升质量为导向，全力推进“人产城景”和谐统一。一是高水平构建城镇化发展新格局。按照“东城更新提质、西城开发提速、东西融合共进”思路推进全域功能优化，九龙东城以城市有机更新为路径，腾退非主导功能，集聚数字经济与高端服务集群，全面融入长江文化艺术湾区建设；九龙西城紧扣长江、科学大道两条发展轴，聚力大溪河生态价值挖掘与发挥，做优景观效益、挖掘土地价值，建设“产城景”融合的现代化智慧产业城。二是高标准推动城乡融合发展。促进城乡要素双向自由流动，深化农村土地制度改革，加快引入工商资本入乡发展，加大农村金融支持力度，健全城乡人才流动机制，建立科技成果入乡转化机制。促进城乡公共资源均衡配置，统筹城乡社会保障体系，促进医疗卫生资源城乡共享，深化医药卫生体制改革，推动城市优质教育医疗资源向乡村延伸，统一城乡师资配置标准。促进城乡产业协同发展，大力发展乡村产业，推进高标准农田建设，培育一批特色农产品品牌，因地制宜、因势利导发展都市农业。三是高质量推进农业转移人口全面融入城市。积极推进农业转移人口进城落户，全面取消城镇落户限制，畅通城乡人口流通渠道，鼓励农业转移人口在城镇落户，引导农民群众就地就近城镇化，2022 年常住人口城镇化率达到 94.2%，较 2013 年提高 3.4 个百分点。

（六）全力加强生态文明建设

九龙坡区深入实施“蓝天、碧水、宁静、绿地、田园”五大行动，全力构筑长江上游生态安全屏障，保护“一江两山四河”走廊。一是蓝天攻坚质效同升。空气质量优良天数占比由 2013 年的 51.8%提升至 88.5%，$PM_{2.5}$平均浓度由 73 微克/立方米下降至 34 微克/立方米，SO_2 平均浓度降至个位数，优良天数及增幅排名均位列主城都市区第一。二是河湖整治量质并提。长江九龙坡段水质由Ⅲ类提升至Ⅱ类，国考断面水质达标率 100%，跳磴河、桃花溪由黑臭水体跃升至Ⅴ类，大溪河水质稳定保持Ⅴ类，3 个集中式饮用水水源地水质达标率持续保持 100%。三是净土攻坚提质增效。累计安全供地 488 宗 2148 公顷，价值 865 亿元。治理修复污染土壤 28.7 万立方米，释放净地面积 185.2 万平方米，重点建设用地安全利用率持续保持 100%，生活垃圾有效治理率稳定保持在 100%，农村改厕率达到 94.6%。四是生态涵养增绿减排。累计增加园林绿地 1247 万平方米，人均公园绿地面积达 16.8 平方米，建成区绿化率达到 43.8%。化学需氧量、氨氮、二氧化硫、氮氧化物、挥发性有机物分别减排 3609 吨、993 吨、4705 吨、6715 吨、3376 吨。五是民生改善建言质效。两轮中央督察推动解决群众投诉突出环境问题 335 个、区域环境问题 97 个，问题整改率和投诉办结率均为 100%，群众环境信访投诉量从最高峰 6000 余件下降至 3000 余件，社会公众生态环境满意度提高 22.4 个百分点、达到 94.8%，从中心城区垫底提升至第一名。

二、全面融入共建“一带一路”的特色做法、典型案例

（一）加快形成区域协调发展格局

全面融入成渝地区双城经济圈建设和全市“一区两群”协调发展格局，迈开“西部科学之城”“南部人文之城”建设新步伐。西彭中国轻量化材料应用之都建设夯基立柱，陶家明确科学城城市综合服务中心主体功能，九龙新商圈升级加快推进，“九龙滩”广场建成投用，重庆美术公园启动建设。全区东西部城镇用地建成率比值缩小到 1.9∶1，城乡居民人均收入差距缩小到 1.85∶1，常住人口城镇化率达到 94.2%，城乡区域一体化发展基础更加

牢固。

（二）谋划打造“248X”现代产业集群

为全面融入全市“33618”现代制造业集群体系，谋划打造“248X”现代产业集群。“2”是先进材料和智能网联新能源汽车两大千亿元级主导产业集群；“4”是新一代电子信息、高端装备制造、软件信息服务、食品及农产品加工四大500亿元级支柱产业集群；“8”是氢能产业、航空航天、预制菜、高端摩托车、智能农机、轻合金材料、生物医药、新能源及新型储能八大百亿元级特色优势产业集群；“X”是积极培育生物制造、元宇宙、前沿新材料、功率半导体及集成电路、AI及机器人、服务器、智能家居、传感器及仪器仪表、智能制造装备、动力装备、医疗器械等高成长性未来“新星”产业集群。

（三）渝昆高铁“三电迁改”刷新全市速度

九龙坡区管线迁改数量大、产权单位多、牵涉面广，为保障管线迁改满足项目施工需求，九龙坡区第一时间组织所有产权单位现场勘探，摸清迁改数量，签订框架合同，及时启动迁改工作。特别在2022年高等级电力线路迁改中，九龙坡区克服工期紧、技术要求高、协调难度大等困难，将圣双南北线等7条高等级线路迁改工期由18个月压缩至3个月，展现了九龙坡速度，《重庆日报》对此进行了专题报道，市政府督查办现场调研后给予充分肯定。

（四）民主村成为全国城市更新标志成果

树立更新方式思维转变典范，项目由“大拆大建”模式调整为“留、改、拆、增”微更新模式，通过“四个优先社区”的更新定位，打造“居民新家园、商圈新纽带、创业新天地”的更新场景。树立“投建管运治融”六位一体可持续典范，建立“政府投入引导、社会资本参与、银行贷款支持、公司良性运营、平台公司还款、群众持续受益”的机制。树立群众社区商业消费典范，继承并发挥老旧小区原有的资源禀赋，用产业赋能城市更新，以往深藏老街巷的“牧马人火锅”“黄粽子”等老字号成为热销爆款。

（五）创新提升空气质量“五个一”模式

抓强一个指挥体系，组建蓝天攻坚工作专班，形成上下联动、分工明确、协同作战的三级指挥体系。抓牢一系列运行机制，制定持续提升空气质量工作方案，坚持半月调度、每月通报，预警天气24小时精准调度，形成平战结合的常态机制。抓好一张网格化作战图，精确绘制涉气工业企业管控图等网格化作战图，把攻坚任务细化到单位、量化到岗位，整改环境问题 310 个。抓细一张任务清单，优化产业结构调整，紧盯污染源清单，深入实施源头减排，推进 25 家企业源头替代，完成 35 家企业 VOCs 治理和 26 台锅炉低氮改造，实施机动车路检 1 万余辆，淘汰老旧车 3150 辆，推广清洁能源公交、氢燃料汽车 650 辆。抓实一本实操手册，编制蓝天攻坚实操手册，分时段、分区域、分行业明确管控要点，有效提升蓝天攻坚效能。

三、面临的形势

自 2013 年我国提出“一带一路”倡议以来，引起越来越多国家热烈响应，“一带一路”建设逐渐从理念转化为行动，从愿景转变为现实，建设成果丰硕。共建“一带一路”正在成为我国参与全球开放合作、改善全球经济治理体系、促进全球共同发展繁荣、推动构建人类命运共同体的中国方案。十年来，“一带一路”建设很好地适应了参与国在政治、经济、社会、文化等方面的差异，使各参与国在“一带一路”建设过程中受益匪浅。“一带一路”建设具有强劲韧性，能够适应任何风险挑战，能够为各国发展提供新机遇。需继续扩展国际合作新空间，努力实现更高合作水平，推动共建“一带一路”高质量发展不断取得新成效，为世界各国疫后经济复苏、实现共同繁荣带来更多新机遇。

四、未来发展展望

当今世界正经历百年未有之大变局，我国发展仍然处于重要战略机遇期，新一轮科技革命和产业变革深入发展，九龙坡区全面融入共建“一带一路”加快建设内陆地区改革开放高地面临一系列重大机遇。

一是新一轮科技革命和产业变革加快重构全球创新版图、重塑全球经济结构，全球经贸格局和治理体系发生深刻变革，“一带一路”朋友圈和影响力不断扩大，RCEP 顺利签署，CAI 谈判完成，有利于九龙坡区利用坚实的制造业基础更好参与全球产业分工和世界经济大循环，壮大外贸外资规模，培育外贸外资新增长点。

二是国家大力推动西部陆海新通道建设，协同衔接长江经济带发展，必将深化西部地区参与国际经贸合作，有利于发挥九龙坡区地处西部陆海新通道起点区域的优势，通过链接全市开放大通道，深度融入西部陆海新通道和长江经济带建设，参与推进西部大开发形成新格局，提升与东南亚的互联互通水平，拓展与东盟地区双向合作空间，推动铝材料、汽摩、农机等优势产品“走出去”。

三是成渝地区双城经济圈建设战略实施和全市“一区两群”协调发展格局构建，叠加西部（重庆）科学城和重庆高新区起步重构全国创新版图，重大政策项目密集投放于成渝，高端资源要素加快集聚于主城，尤其是成渝地区双城经济圈共建具有全国影响力的改革开放新高地，有利于九龙坡区发挥“双城”“双核”相向发展主通道主阵地、紧邻高新区创新极的地理优势，在扩大开放、深化创新中实现高质量发展。

［重庆市九龙坡区发展和改革委员会　马士博　董　超　何　圯　罗　垚］

之四：重庆巴南区以商贸物流为牵引积极融入共建“一带一路”

巴南区按照习近平总书记对重庆提出的“两点”定位、“两地”“两高”目标、发挥“三个作用”要求，进一步提高政治站位、解放思想，更加注重从全局谋划一域、以一域服务全局，提升开放型经济质量，切实走好通道带物流、物流带经贸、经贸带产业发展之路，接续推进全面融入共建“一带一路”，加快建设内陆开放高地。

一、建设进展

（一）立足商贸物流枢纽本位，服务能级不断提升

以深度融入共建“一带一路”、服务西部陆海新通道建设为目标，主动思考，勇于担当，积极作为，不断提升重庆公路物流基地服务能级，2023 年先后获国家骨干冷链物流基地、第四批国家示范物流园区以及商贸服务型国家物流枢纽等三项“国字号”平台称号，助力重庆市成为全国首个拥有“五型”国家物流枢纽的城市。

（二）深化对外合作交流，“朋友圈”和国际影响力不断扩大

针对性地推动与“一带一路”沿线国家、地区建立联系，缔结友好合作关系。近年来，巴南区与韩国南区等城市缔结国际友好城市关系，与老挝勐赛县签订《建立友好城市关系意向书》，友城间通过线下互访、线上运动会、疫情期间抗疫互助、捐赠救灾款等方式不断深化合作交流。

通过举办或承办国际会议、活动、体育赛事，积极展示巴南区开放发展的国际形象。近年来，成功承办“中国（重庆）—老挝经贸合作交流会”，中国杯花样滑冰大奖赛、重庆国际羽毛球公开赛、重庆马拉松等国际体育赛事，举办“‘一带一路’共筑梦想 · 布达佩斯邂逅巴南”、“老外@ Chongqing 耍得巴适体验”系列活动、“陆海之约 · 2023 畅享巴南”主题活动季等，有

力提升了巴南区的国际知名度和美誉度。

充分发挥外事接待在对外合作交流中的促进作用，热情周到接待“一带一路”国家外宾来访。成功接待泰国王室成员玛哈·扎克里·诗琳通公主、老挝副总理宋迪·隆迪、马来西亚国会议员黄日升、老挝驻华大使坎葆·恩塔万等重要外宾，以及泰国、菲律宾、新加坡、缅甸、埃塞俄比亚、老挝等使领馆官员来区参观考察，为巴南区与接待国在经贸、文化、旅游等领域开展合作交流搭建平台。

引导辖区企业积极参加招商洽谈会。大力推介辖区企业参加西洽会主宾国招商活动、中缅合作洽谈会、重庆市—全罗南道经贸合作洽谈会、中国（重庆）—比利时经贸产业交流会等国际会议，国际生物城公司、重庆公路物流基地等企业在相关会议上作推介发言，展示巴南区对外发展成效。

因公出访计划向“一带一路”沿线国家倾斜。近年来加强赴俄罗斯、新加坡、马来西亚、阿联酋、土耳其、泰国、越南等国家开展招商促进、项目对接等活动，加强与“一带一路”沿线国家的对外交流合作。

图 4　2022 年 7 月 5 日，在中国（重庆）—老挝重点合作项目签约及揭牌仪式，与老挝乌多姆赛省勐赛县签署《建立友好城市关系意向书》，标志双方开启友好交流合作序幕

（三）强化改革破题，重庆公路物流基地开放功能不断增强

在市委、市政府关心下，重庆海关、市口岸物流办全力协调，公路临时口岸建设积极推进，佛耳岩码头海关监管作业场所获批建设。设立重庆 RCEP 投资贸易服务中心和东盟国家海外分中心，围绕“贸易货物”开展货运代理

服务，围绕“贸易企业”开展金融服务，围绕“贸易资金”开展银行担保服务，切实提升涉外投资贸易服务能力。南彭公路保税物流中心汇聚 58 家外贸企业，实现进出区货值 300 亿元。

图 5　2023 年 4 月 27 日，重庆 RCEP 投资贸易服务中心在巴南区揭牌

（四）聚力通道效能，通道网络体系加快拓展

创造性开展跨境公路班车运营。已形成以重庆为中心的“3 向 11 线 22 口岸”对外运输通道体系，并在东盟建立起“1（通道）+20（合作商）+34（海外分拨仓）”的辐射分拨体系，服务生产和外贸企业 130 余家，汇聚境内外合作伙伴 100 余家，通过公铁、公海联运实现西部陆海新通道与“一带一路”有效衔接。2023 年 1—7 月，跨境公路班车共计发车 2777 车次、货值 17. 86 亿元，分别同比增长约 113%、133%。累计发车 14450 班次，发运国际 32512 标准箱，总重约 24. 41 万吨，总货值约 89. 18 亿元。

不断扩大班车覆盖面。推进与南川区等周边区县在跨境运输领域的深层次合作，按照“统一品牌、统一规则、统一运作”的三统一原则，实现多区域共建，开辟更多“陆上货运丝路”，进一步打造和提升重庆跨境公路班车品牌。深化成渝地区合作，与四川天府新区管委会签订合作共建战略协议并实现跨境公路班车联盟（成渝跨境运输平台）首发，进一步发挥成渝两地双核带动辐射作用，促进川渝地区“一带一路”建设与内外贸“双循环”产业布局。2023 年 1—7 月，成渝跨境运输平台累计发运跨境公路班车 3553 班次，货值约 71 亿元。

不断扩大境外物流网络。目前已与境外 20 余家物流企业建立合作，在东南亚地区供客户选择使用的海外分拨仓已达30余个，分布在越南、老挝、泰国、马来西亚、新加坡等RCEP成员国。2022年8月，在老挝万象成立第一个境外办事处，进一步扩大境外物流网络。

（五）深化经贸扩容，区域经济合作日益加深

全力做好通道带经贸带产业文章，与东盟贸易额年均增长20%。重庆公路物流基地集聚京东、新发地、顺丰、申通、中通等商贸服务型龙头企业链主企业76家、市场主体5000余户，形成专业市场、电子商务、综合物流、国际贸易四大产业集群，2022年市场交易额1040亿元。发挥国家外贸转型升级基地作用，打造东盟出口加工基地，2022年出口摩托车整车及零部件30亿元。东盟商品集采城入驻企业41家，汇聚东盟产品百余类，实现交易额47亿元。

二、典型案例

（一）创新探索跨境公海联运新模式

2022年5月17日，重庆—缅甸—印度洋新线路顺利开通，采用跨境公海联运的新模式，全程用时约10天，标志着重庆跨境公路班车利用中缅运输大通道开辟了中国通往印度洋的便捷通道，将进一步带动东南亚和南亚之间的联合发展。缅甸在陆地上作为连接东南亚、中国西部腹地、南亚次大陆之间的交通要道，在海洋上也是连接太平洋和印度洋的“咽喉”，借助其区位优势，将中国内陆地区与印度洋相连接，可以减少传统通道对马六甲海峡的依赖，也是通往印度洋最安全、最便捷、最经济的一条出海大通道，为西南地区开展国际贸易合作打通了一条地缘政治经济优势新通道，形成高水平开放格局。同时，通过缅甸出海还能依靠苏伊士运河、波斯湾联通整个中东、东非、欧洲等地，形成覆盖亚洲西部、非洲北部、西欧的公海联运网络，极大地优化内陆地区国际物流模式，使“陆上丝绸之路”和“海上丝绸之路”的运输衔接更加顺畅，助力形成“一带一路”新节点、新通道和新路径。此条新线路的顺利开通，是重庆跨境公路班车在稳定现行东南亚通道线路的基础上，不断拓展自身内涵外延、丰富多元运输发展、提升辐射水平能级的创新举措，将进一步增强重庆连接陆上与海上丝绸之路经济带的辐射能力。

（二）深化成渝合作，充分发挥辐射带动作用

7月4日，跨境公路班车联盟（成渝跨境运输平台）在川渝两地同步首

发，持续推进西向欧洲（中亚）《国际公路运输公约》（*Transport International Routier*，*TIR*）车辆批准证明书、南向东盟国家（大湄公河次区域）（*Greater Mekong Subregion Economic Cooperation*，*GMS*）行车许可证跨境公路运输，进一步提升西部陆海新通道主要物流节点对接能力，为货物出境出海开辟更多“陆上丝路”。同时，多项成渝地区双城经济圈口岸物流体系合作共建协议在重庆集中签约：四川天府新区管理委员会、重庆市巴南区人民政府签订《国际物流枢纽建设战略合作协议》；四川天府新区产业投资集团有限公司、重庆公路物流基地建设有限公司签订《开放平台共建战略合作协议》；四川港投国际公路运输有限公司、重庆公运东盟国际物流有限公司签订《共建成渝跨境公路运输平台合作协议》，进一步深化成渝合作，促进川渝口岸和物流高质量发展，发挥辐射带动作用。

三、当前形势

（一）进出口贸易活力不足，外资外贸稳增长压力大

一是国际市场需求疲软，外贸产业支撑不足，国外客户购买力下降，以及受到贸易摩擦、美国“双反”政策的影响，国内各地政策内卷影响。二是利用外资结构单一，外资储备项目匮乏。巴南区近两年利用外资方式以境外融资为主，外商直接投资规模较小。同时受全球经济及政治形势影响，新增市场主体个数少，存量企业外资增资积极性不高。三是在谈外资项目储备较少，规模不大，项目洽谈周期较长，落地缓慢。

（二）对外开放短板明显，要素吸附能力弱

重庆市目前已建成 7 个口岸、11 个口岸功能场所和 9 类特殊商品进口指定口岸，建立水、空、铁口岸体系。公路是重庆市唯一没有设立口岸功能的物流通道载体。口岸缺失使得重庆公路物流基地的国际商贸与产业要素吸附能力弱，限制了直接国际进出口范围、品类和规模，严重制约东盟贸易服务总部基地建设、东盟商品集采城与商贸服务型国家物流枢纽的国际商贸功能发挥以及跨国产业链构建。特别是投资 150 亿元的东盟国际食品产业园项目落户后，大量从东盟进口的水果、肉类、冰鲜冻品等农产品需在指定口岸查验入境再转运至园区，严重影响物流和商贸效率。

（三）物流载体合力未形成，多式联运能力待构建

巴南区佛耳岩港和南彭货运站建设滞后，公铁联运“连而不畅，邻而不

接”，公水联运合力未形成。目前主要依托跨境公路班车面向东盟、中亚、南亚等区域，服务区域限制性强，成本相对较高，服务产品品类受限，基于大宗物资的服务能力是短板，提供系统性、多元化、个性化的通道物流能力亟待加强。

（四）通道产业结构单一，外向型产业链未形成

重庆公路物流基地通道产业主要以商贸物流产业为主，加工制造业仅立可、鎏泉等汽摩配企业，体现区域产业特征的外向型产业链供应链体系尚未建立；此外，公路物流基地与重庆国际生物城、数智产业园、大江科创城等产业平台联动不足，未形成“物流—产业”联动联促效应。

（五）与通道沿线产业联动不强，枢纽功能发挥不充分

重庆公路物流基地与周边区县及通道地区的物流、商流、信息流、资金流的集成度不高，与通道产业融合联动的发展体系尚未建立，国内与国际市场辐射能力不足，使得集多个“国字号”定位于一身的重庆公路物流基地作为“一带一路”与西部陆海新通道核心枢纽的功能发挥不充分。

（六）跨境公路班车自主造血能力不足，物流—外贸双向良性互动未形成

跨境公路班车平台基于“吨位决定地位”的发展思路，围绕“发展线路、巩固货源、探索模式、培育市场”工作主线开展运营，目前已形成 3 向 11 线 22 口岸运输网络，实现中南半岛全覆盖。自 2016 年 4 月 28 日首次运营至 2023 年 1 月 31 日，共计发车 12161 班次，其中去程 11656 班次，回程 505 班次，返空率较高。主要原因在于：一方面，跨境公路班车去程呈散射状，回程货物对接困难；另一方面，巴南区口岸功能缺失，多数进口贸易从其他口岸入境，进口贸易体量低，使得跨境公路班车主要服务出口贸易，进口贸易对班车回程货源支撑不足。围绕加快“一带一路”与西部陆海新通道建设，跨境公路班车需要进一步丰富线路并加密开行，但同时也将进一步带来运行亏损，跨境公路班车平台运行可能陷入“进退两难”的境地。

四、未来发展展望

（一）推动外资外贸提质增量

一是积极招商引资引贸，引进活水。深度参与各类对外交流合作平台，

争取招商推介及外商对接机会，瞄准跨境电商 B2B、保税物流、大宗贸易等，积极谋划政策，引进企业，力扩增量。做优存量企业服务，努力发展新业态新模式。紧盯传统汽摩、通机、新型显示、保税物流等重点产业，鼓励企业拓展市场，力保稳住存量。探索二手车出口、跨境电商前店后仓等新业态。加大基金招商引资力度，创新基金合作模式，充分发挥巴南区生物医药资源优势，积极对接境外生物医药投资企业，探索成立生物医药产业基金，拓宽外资引进渠道。

二是持续培育跨境电商等外贸新业态。依托东盟国际食品产业园、东盟贸易服务总部基地、重庆 RCEP 投资贸易中心和东盟商品集采城的经贸引领，以及南彭 B 保的保税监管和跨境公路班车的跨境物流服务优势，打造覆盖“中国—新加坡—东盟”的跨境电商产业园，建设中新、东盟跨境电商产业集聚区。

三是加强通道沿线区域协同。与广西钦州、防城港、凭祥以及云南磨憨等多个出海出境口岸建立合作关系，支持进出口产品便捷通关。加强与周边省份、区（县）协同，赋能非核心通道区，带动非核心通道区积极融入通道贸易，建立大宗物资进出口贸易合作。积极“走出去”，依托重庆 RCEP 投资贸易中心，建立与东盟各国行业协会及投资贸易机构友好合作关系，有组织地专班推进与沿线各国肉类、冰鲜冻品、水果等绿色农产品以及通机、汽摩等产品的双向贸易。

四是建立多层级需求对接与整合机制。建立“省市—区（县）—园区—企业”四级常态化需求对接机制，特别是面向非通道区（县）、重点园区、重点企业，汇聚生产要素资源需求，构建国内国外需求双向整合机制，基于东盟商品集采城建立面向不同行业的集采联盟，充分发挥集采集买优势，集聚“西部—东盟”供需主体，不断提升公路物流基地的需求整合和贸易服务能力。

（二）着力提升枢纽能级

一是深化跨境公路班车能力建设。织密通道网络，探索开辟东南亚、中亚、南亚等方向的国际新线路。深化成渝跨境公路班车联盟合作，进一步整合跨境运输资源。推进与广西、云南、新疆等“一带一路”沿线重要边境口岸的战略合作，提升班车通关效率。加强与境内外企业合作，共建海外办事处、分拨仓等，增强班车的海外集货分拨能力。延伸公路班车服务链条，强化跨境公路班车的供应链服务能力，参与物流仓储、报关报检、信用保险、融资退税等进出口环节，提供一站式跨境供应链服务，加快班车运营向供应链服务转型。

二是深化物流枢纽能力建设。持续做好南彭站货运枢纽强链补链工作，加强南彭站“四网融合”枢纽建设。加快推进铁路东环线南彭站周边站前路、站北路等配套项目建设，争取市级发改委、市交通局推进渝昆高铁联络线、渝广高铁、渝贵高铁联络线等高铁线路过境南彭站，进一步提升通道通行力，扩大开放规模。积极发展铁铁联运、公铁联运，加快佛耳岩港建设，进一步提升水运能力。

三是制定公路跨境贸易体系、流程与标准。推动西部陆海新通道路上贸易规则制度创新，开展跨境公路班车制度应用场景设计，探索面向东盟各国的路上贸易规则体系和流程标准创新，制定跨境公路班车货物“多程转关”通关手续办理流程。争取推动《中国（重庆）西部陆海新通道跨境公路班车国际贸易术语》《中国（重庆）西部陆海新通道跨境公路班车 GMS 国际道路术语（暂定名）》等上升为行业标准或国家标准乃至国际合作区域标准。通过成为路上贸易体系、流程与标准的制定者，占据公路贸易与公路跨境物流领域领先地位。

四是打造多式联运体系。持续做好南彭站货运枢纽强链补链工作，加快佛耳岩港建设，进一步提升水运能力，依托公路物流基地、佛耳岩、南彭站，建立与中欧班列、长江航运等高效衔接机制，打造公铁水多式联运枢纽，补齐面向大宗物资、国际中转通道能力短板，增强通道辐射效应，支撑构建畅联世界、通达全球的物流网络与服务体系。

（三）全力推进开放平台突破

一是争取设立公路临时开放口岸。积极争取海关总署支持，设立公路临时开放口岸，助力重庆市建设公铁水空完备口岸体系，提高重庆市对外开放能级，提升东盟进境农产品服务成渝、辐射全国效能。

二是加快水路海关监管功能建设。加快佛耳岩港海关监管场所建设，力争 2023 年底建成，2024 年验收投用，助力西部木材贸易港发展。

三是争取南彭站设立海关监管场。基于佛耳岩海关监管场与重庆国际分拨（公路）海关监管中心，通过设立南彭站海关监管场，完善巴南区公铁水多式联运开放平台建设，推动跨境公路班车与中欧班列、长江黄金水道无缝对接，提升重庆市通道物流服务能力与运行效率。

四是推动口岸属地协同监管。推动重庆公路物流基地与凭祥等边境口岸建立面向东盟进口农产品的协同监管机制，争取入境口岸与重庆国际分拨

（公路）海关监管中心实施“准许入境”“合格入市”的“两段准入”监管放行模式，将水果、肉类、冰鲜水产品等易腐货物的查验指令移到重庆国际分拨（公路）海关监管中心，实现“一次报检、一次查验、一次出单”，简化手续，缩短流程，提高效率，降低成本，实现快速通关。

（四）打造现代化通道产业体系

一是加强部门、园区沟通协同，联动汽摩、通机、新型显示等优势产业，共同面向“一带一路”市场，进一步促进开放产业发展。

二是推动新发地东盟农产品加工产业园项目建成投运，推动东盟进口水果、冻品等入渝分拨集散，布局农副产品、大宗商品集散分拨中心和专业市场集群，打造国际食品加工产业园和东盟国际农产品集散中心。

三是探索区外加工贸易，用好重庆南彭公路保税物流中心（B 型）（简称南彭 B 保）保税仓储、物流方面的功能，依托西部木材贸易港等项目，探索推动进口木材加工产业发展。

[重庆市巴南区发展和改革委员会　赵　娟　周　林
重庆公路物流基地建设有限公司　邹　林]

之五：重庆江津区强化通道经贸产业联动积极融入共建“一带一路”

“一带一路”倡议，是党中央、国务院根据世界政治经济形势及国内经济进入新常态作出的重要决策，是我国“十四五”乃至更长时期区域协同发展的主要着力点。江津区地处“一带一路”和长江经济带联结点，是重庆加快建设内陆开放高地的重要组成部分。党的十九大以来，江津区深入学习贯彻习近平总书记关于共建“一带一路”的重要论述，全面落实习近平总书记对重庆作出的重要讲话精神和重要指示要求，立足新发展阶段，完整、准确、全面贯彻新发展理念，服务和融入新发展格局，谋时而动，顺势而为，发挥优势特色，全面融入共建“一带一路”与西部陆海新通道跨欧亚供应链协同发展当中，聚焦大通道、大枢纽、大平台、大市场、大环境建设，推动“通道+经贸+产业”联动发展，构建全方位开放发展新格局，主动培育内陆开放发展新动能和新优势，加快建设在全国有影响力的内陆开放前沿和陆港型综合物流基地，积极探索从内陆腹地跃向开放前沿的有效路径，为推动陆海内外联动、东西双向互济开放，服务国家高水平对外开放大局作出积极贡献。

一、江津区全面融入共建“一带一路”的主要成效

围绕“全力打造在全国有影响力的内陆开放前沿”“加快建设西部陆海新通道重庆主枢纽”等目标，江津区抢抓共建“一带一路”、长江经济带发展、西部陆海新通道建设、成渝地区双城经济圈建设等机遇，依托多式联运物流枢纽和产业基础优势，以通道带物流、以物流带经贸、以经贸带产业，进一步拓展开放范围和层次、完善开放布局和体制，加快形成全方位的交通贸易一体化、国际供应链一体化服务格局，努力在重庆深度融入国家战略、积极融入共建“一带一路”、打造内陆开放高地中发挥独特而重要的作用。

物流枢纽功能进一步强化。年货运量2000万吨、60万标准箱的小南垭铁路物流中心建成投用。2020年珞璜物流园片区联合重庆国际物流枢纽园片区成功

获批陆港型国家物流枢纽。珞璜港 2020 年成功被纳入全市首批多式联运示范工程项目，2022 年成为重庆市唯一成功入选国家第四批多式联运示范工程的项目。

开放通道能级进一步提升。2018 年 12 月，西部陆海新通道江津班列正式首发，2020 年江津区上升为西部陆海新通道重庆主枢纽。成功开行中欧班列、中老铁路国际货运列车、中老泰国际联运班列、中缅铁公跨境联运班列、中越班列等国际多式联运货运线路，实现西部陆海新通道与中欧班列联动发展。西部陆海新通道江津班列自 2019 年 7 月实现常态化运行，截至 2023 年 6 月，已累计开行 1344 列，运输货物 66908 标准箱，货值 34.97 亿元，在重庆市西部陆海新通道班列总开行量中的占比从 5%提升到 20%以上。

图 6　2023 年 4 月 3 日，陆海新通道铁公跨境联运班列（重庆—瑞丽—缅甸）从江津珞璜临港产业城小南垭铁路物流中心首发

图 7　2023 年 4 月 24 日，小南垭站首次开出中欧班列（渝新欧）出口班列，标志着中欧班列（渝新欧）新增一个始发点

开放平台功能进一步提升。江津综合保税区（简称江津综保区）于 2017 年 1 月 17 日获国务院批准设立，于 2018 年 7 月封关运营，成为重庆市第三个海关特殊监管区域。封关运行至 2022 年底，江津综保区累计实现进出口总值 708.7 亿元，其中网内实现进出口总值 449.8 亿元，年均增长率达到 12%。江津综保区“金篮子”作用和江津工业园区“大后方”功能持续发挥，中国西部（重庆）东盟商品分拨中心、东盟农副产品冷链分拨中心建成投用。

图 8　2018 年 4 月 23 日，重庆江津综合保税区正式通过国家验收，实现封关运营

口岸服务功能进一步完善。小南垭海关监管作业场所、珞璜港进境粮食中转码头、兰家沱进境粮食（大豆）中转码头建成投用，重庆港水运口岸扩大开放，江津珞璜港区被列入国家口岸办 2021/2022 年度口岸开放审理计划。

二、江津区全面融入共建“一带一路”的主要举措

江津区牢固树立“从全局谋划一域、以一域服务全局”发展理念，抢抓发展机遇、立足服务大局、整合优势资源，强化区级层面积极融入“一带一路”加快开放高地建设领导小组的统筹领导，制定计划书，细化施工图，有序落地《江津区全面融入共建“一带一路”助推重庆内陆开放高地建设行动计划》《江津区建设西部陆海新通道重庆主枢纽实施方案》《江津区加快建设西部陆海新通道五年行动方案》等系列指导性文件，通过大力实施通道拓展、平台提升、口岸完善、产业壮大、环境优化、对外合作等举措，蓄积发展势能，增强开放活力，更好地辐射西部、服务全国、链接东盟、融入全球。

（一）拓展“大通道”，激活开放经济“主动脉”

江津区以交通互联互通为支撑融入共建“一带一路”，利用“水公铁”多式联运交通资源优势，加快完善基础设施体系，全方位推进出市、出海、出境通道建设，持续深化东向，开拓深耕南向，不断延伸西向、北向，已形成连接西北、畅联西南、面向东盟、通达全球的通道网络。

提升通道互联互通水平。加速形成四向齐发国际国内物流大通道，强化通道辐射效应，增强通道要素聚集效能。沿长江黄金水道贯穿长江经济带，加密珞璜至江苏、上海干线航线，探索开行珞璜至上海集装箱班轮，实现江海联运。积极融入西部陆海新通道建设，开发江铁海联运、跨境直达、企业定制、冷链运输等多种类型班列产品。积极扩展运营线路，对内汇聚 12 个省份的物流产品，对外覆盖全球 119 个国家和地区 393 个港口，包括汽摩、粮油等 12 个大类 120 个品类。

增强物流枢纽功能。统筹“铁、公、水”多式联运资源，大力开展物流枢纽、集散分拨基地等基础设施建设，初步形成快速通达的“水公铁”多式联运枢纽。港口方面，建成年吞吐量 2000 万吨、100 万标准箱的重庆四大长江枢纽港珞璜港，通过 6 千米铁路专用线实现水铁无缝接轨；兰家沱进境粮食（大豆）中转码头建成投用；珞璜港进境粮食中转码头获批。铁路方面，渝贵铁路、铁路枢纽东环线建成通车，渝昆高铁开工建设；建成小南垭铁路综合物流枢纽，具备自站编组和整列到发能力。公路方面，江津高速公路通车里程从 2013 年的 73 千米增加到 2022 年的 191 千米，江綦、江永、江习、九永四条高速公路建成通车；70%以上的镇（街）通高速公路；合璧津高速、江泸北线高速、渝赤叙高速、永津高速加快建设。依托“三环十射三联线”高速骨架网络，快速辐射云、贵、川、湘等省份。

（二）做优“大平台”，激发开放经济“强引擎”

江津区以开放平台为重要载体融入共建“一带一路”，统筹建设江津综保区与双福、德感、珞璜、白沙工业园协同发展的“1+4”对外开放平台体系，充分发挥综保区在江津区全面融入共建“一带一路”加快建设内陆开放高地中的核心载体作用，以及江津工业园区开放发展的“大后方”作用，促进综保区与江津工业园区联动发展，推动开放平台提档升级，增强资源要素配置能力，提升开放平台承载力、辐射力和影响力。

发挥江津综保区开放功能。江津综保区封关运行近 5 年时间里，聚焦高端装备制造、医疗器械、电子信息、现代物流、跨境电商等领域，发展加工制造业、现代物流业和贸易新业态，实现网内网外联动发展，推动产业集聚和转型升级。基于枢纽交通优势，江津区以“镇、园、港、区”一体化发展思路，提升优化江津综保区功能和珞璜工业园能级，综合打造总规划面积约68平方千米的珞璜临港产业城，大幅提升口岸服务功能。相继实现平行进口车业务零突破、保税研发零突破、汽车整车成套KD件出口零突破。小南垭海关监管作业场所建成投用，实现江津铁路口岸功能零的突破；有序推进重庆港水运口岸扩大开放珞璜港区建设，已建成珞璜港3号、4号泊位基础设施，珞璜港海关监管作业场所土建基础设施及信息化系统加快建设。

强化江津工业园区开放产业支撑作用。作为重庆市唯一拥有装备制造、粮油加工、工业互联网等三个国家级产业示范基地的工业园区，已入驻588家规模以上工业企业，总量居全市第一。涉及汽摩及其零配件、通机、农机等“江津制造”优势产品出口，进出口总额过亿元企业超过30家。以小康汽车、鑫源、隆鑫为主的汽摩零配件年出口量达到1300标准箱，以润通为主的通机、农机产品年出口量达到1000标准箱，江小白成功进入全球27个国家和地区，润通水泵和威马微耕机出口量全国第一。以大宗物资、农产品冷链为代表的特色物流业提速发展，中国西部（重庆）东盟商品及农副产品冷链分拨中心建成运营。由双福国际农贸城、英利五金机电城、和润国际汽摩城、攀宝钢材市场、西部消防水暖城等构成的千亿元级专业市场集群建成。双福国际农贸城日均交易量突破1.2万吨，已成为西部地区交易规模、辐射范围都位居前列的全国跨区域骨干流通网络节点。

加快西部（重庆）科学城江津片区科创升级。构建以团结湖数字经济产业园为核心，以环重庆交通大学创新生态圈为环带，以高新技术龙头企业和高端创新平台为支撑的“一核一圈多片多点”科技创新格局。江津区市级以上创新平台由2016年的43家增加到2022年的173家，增长了3倍；有效期高新技术企业由2016年的63家增加到351家，增长了超4.5倍；科技型企业由2016年的150家增加到1588家，增长了超9.5倍；建成国家级创新平台12个。西部（重庆）科学城江津片区汇聚资源要素、迸发科创活力、加快产业集聚，截至2022年底，累计孵化科技型企业近500家、高新技术企业100余家。

（三）联通“大市场”，跑出开放经济“加速度”

江津区以高水平开放型经济为抓手融入共建“一带一路”，坚持“引进来”与“走出去”并重，增量与提质并重，充分利用国内国际两个市场两种资源，培育壮大具有国内外市场开拓能力的市场主体，促进内外贸一体化，实现外贸进出口总量连续攀升、产业业态不断丰富完善、通道与开放型经济产业有机融合。

大力发展外资外经。研究出台推动外贸高质量发展、建设高质量外资集聚地等的政策文件，加强精准扶持，吸引新加坡等“一带一路”沿线国家企业来江津投资。新加坡益海嘉里公司在江津投资13.9亿元建设粮油食品企业，2022年实现工业产值78.7亿元，实现全口径税收1.18亿元；新加坡CLH（115）PTE. LTD公司成立重庆普璜仓储设施有限公司，累计外商直接投资1360万美元。支持江津区优质企业扩大海外投资，截至2023年6月，江津区登记在案在“一带一路”沿线国家开展非金融类对外投资的企业共8家，威马农机、润通科技、水轮机厂、骄王天然产物等企业非金融类对外投资共计2674.4万美元，投资目的地涉及新加坡、泰国、尼泊尔、越南等国家。

提速发展进出口贸易。全区外贸进出口总额从2013年的6.95亿美元增长到2022年的262.7亿美元，年平均增长率22.3%。做强一般贸易，巩固通机、微耕机等传统出口产品优势，推动菊粉、假发、宠物咬胶等特色产品占领细分市场。骄王天然股份有限公司以大健康产业基础原料市场为目标，自设泰国原料生产基地，已成为全球最大的有机菊粉生产企业，是全球菠萝蛋白酶市场的四个供应商之一。做优加工贸易，获评重庆加工贸易示范区，强化加工贸易专项招商引资，全区有加工贸易实绩的企业超过10家，实现加工贸易进出口额增速10%以上。做新服务贸易，积极参与重庆市全面深化服务贸易创新发展试点，江记酒庄、华本汉文化传播有限公司等企业通过对外贸易传播中国酒文化、汉服文化。积极推动传统外贸企业开展国际网络营销，实现跨境电商9710模式“零的突破”。

促进内外贸易融合发展。充分发挥江津区作为工业大区拥有强大的消费品工业生产供给能力和进口原料大需求的优势，形成本地产业专列出海与东南亚冷链班列入津的双向对流格局。向东南亚进口纸浆、原油、塑料粒子等供应链中间产品，创新开行润通通机、玖龙纸业纸浆、武骏石英砂、益海嘉里原油等区内产业特色定制班列，并实现常态化运行。2022年出口机电产品11万台、进口纸浆1600标准箱、进口原油150标准箱、进口石英砂1900多标准箱，货值超2亿元。打造出中国西部（重庆）东盟商品分拨中心、东盟农副产品冷链分拨中心“金招牌”，经双福国际农贸城分拨销售的东盟进口水果保障了重庆市72%的生鲜农产品和70%的进口农产品供应。打造江津区万达广场“一带一路”商品展销中心，拟销售进口商品100余种，贸易发展动能活力十足。

图9 2018年12月28日，中国西部（重庆）东盟商品分拨中心、中国（重庆）东盟农副产品分拨中心揭牌

（四）深化“大合作”，拓展开放交流“朋友圈”

江津区以扩大开放合作为基石融入共建“一带一路”，积极拓宽对外交流渠道，借力成渝双城经济圈建设，协同加快内陆开放步伐，对外交往更为密切，开放活力持续增强。

推动更加广泛的对外合作。扩大与“一带一路”沿线国家经贸交流，多次出访新加坡等东南亚国家，与之建立深厚友谊。加强与越南、缅甸、泰国等国在冷链通道、产业和物流等领域开放合作，江津综保区与泰国国家石油公司、泰国那塔林（Nathalin）集团及渝新欧供应链签订四方合作协议，打造江津至泰国曼谷的铁路运输通道。老挝仓储集拼中心在江津综保区设立。组织摩托车、通用机械、食品农产品等数十家优势本土企业赴马来西亚、泰国、老挝等东盟国家开展经贸洽谈及推介，促成6家企业贸易签约超7000万元。成功承办2023年陆海新通道跨欧亚供应链协同发展论坛暨国际货运展洽会，与中国国际货运代理协会签署战略合作备忘录，建立长期合作关系，共同推进西部陆海新通道建设和跨欧亚供应链协同发展，开放发展潜力得到空前释放。

推动更加密切的成渝地区双城经济圈合作。加强与重庆綦江、永川、荣昌、潼南等渝西地区和四川泸州、广安、达州、内江等地区重要枢纽节点的通道合作与资源整合，成功开行成渝地区双城经济圈货运班列，常态化开行江津至泸州、宜宾水上穿梭巴士，截至2023年6月，累计开行364航次。探索打造陆海新通道班列集结中心，健全服务体系，提高物流、贸易、产业、金融、数据等专业服务水平。加强与成渝地区双城经济圈重点物流枢纽节点联动，深化与以渝西片区为主的各区县合作，建立区域个性化服务机制，推动渝西一体化高质量发展。发挥珞璜港作为贵州传统大宗商品“出海口”的优势，组织黔东北货源经陆海新通道江津班列常态化集散。

推动更加深入的跨区域合作。先后与广西钦州、防城港、凭祥以及云南磨憨等多个出海出境口岸建立合作关系。与广西防城港，四川成都、攀枝花，贵州贵阳及越南芒街等10个城市共同成立“西部陆海新通道冷链经济城市联盟”。成功开行广西防城港—重庆江津“东南亚冷链海陆快线”、中老泰（泰国—老挝万象—重庆江津）冷链班列，推动江津冷链经济快速发展。先后与广西钦州、防城港和云南德宏州等城市签订战略合作协议，深化在通道、产业等领域的合作，共同举办重庆江津·广西防城港跨区域合作一会一节活动。加强与新疆合作，初步达成“以江津为内陆中心（双向）枢纽，东（盟）联西（欧亚）出，西联东出”的总体合作框架。

（五）对标“大开放”，打造营商环境“升级版”

江津区以优良的对外开放环境为保障融入共建“一带一路”，坚持改革与开放相互促进，制度“对接”与“创新”并行，深化营商环境综合改革，全面优化对外开放制度设计，着力推动规则、规制、管理、标准等制度型开放，打造法治化国际化便利化的营商环境。

提升通关“便利化”。探索推广“两步申报”通关作业模式，落地保税货物区间流转、预约通关、智能审单等10余项海关监管创新试点措施，实现仓储物流、通关服务、退税核销等一站式办理。2023年4月，申报并获批重庆自贸区联动创新区，利用“水公铁”多式联运优势，发挥小南垭海关监管作业场所功能，实现“一次申报、一次查验、一次放行”，大大节省企业通关成本，截至2023年7月，完成进出口货物通关1664标准箱。

推动服务“定制化”。建立双向跨境产业链供应链合作机制，帮助江津区内外向型企业优化国际运输方案，开通运行了润通通机出口专列、玖龙纸业进口纸浆专列。

促进融资“国际化”。支持符合条件的企业在西部陆海新通道沿线国家发行海外债券，设立300万元汇率避险专项资金池，落地重庆市首笔马来西亚跨境贷款3000万元、全市首笔中越班列“陆海链”多式联运数字提单出口融资业务12万美元，试点跨境贷款占全市总额的23.5%。

三、江津区推进共建“一带一路”面临的形势分析

当前，世界之变、时代之变、历史之变正以前所未有的方式展开，百年变局加速演进，国际格局深刻调整，全球治理体系深度变革，共建“一带一路”面临更加复杂的国际环境。中国开启全面建设社会主义现代化国家新征程，经济已由高速增长阶段转向高质量发展阶段，开放格局、区域协调发展战略逐步调整，以国内大循环为主体、国内国际双循环相互促进的新发展格局加速构建。重庆进入重大机遇汇集与风险挑战并存的新阶段，支撑经济增长的因素和条件发生重大变化。江津区拥有多重叠加优势，面对不稳定性不确定性的外部风险与稳经济稳增长的内在压力相互交织，在全面融入共建“一带一路”助推重庆内陆开放高地建设中既迎来新机遇，也面临着新挑战。

（一）新机遇

从国际看，世界正处于大发展大变革大调整的关键时期，和平和发展仍是时代主题，人类命运共同体理念深入人心，各国机遇共享、风险共担、命运与共同利益交融更加紧密。经济全球化仍是历史潮流，区域经济合作势头上升，全球经贸规则重构，RCEP 生效实施，CAI 谈判完成，各国分工合作、互利共赢仍是长期趋势。

从中国看，我国正全力构建以国内大循环为主体、国内国际双循环相互促进的新发展格局，为推动共建“一带一路”高质量发展营造更加有利的内外环境。我国正式申请加入 CPTPP 和 DEPA，为“一带一路”建设创造新契机，提供更大的发展空间。中国在高效疫情防控、迅速实现经济复苏中所展示出的体制效能以及稳定全球产业链供应链的积极作用，受到全球资本与资源的青睐，进一步增强对全球资源要素的吸引力。

从重庆看，作为西部唯一直辖市，以习近平同志为核心的党中央高度重视重庆发展，给予有力指导和巨大支持。构建新发展格局的重大决策以及共建“一带一路”、长江经济带发展、新时代西部大开发、成渝地区双城经济圈建设等重大战略深入实施，一大批试点试验项目落地重庆，有助于推动重庆打造内陆开放战略高地和参与国际竞争的新基地，全面形成陆海内外联动、东西双向互济的对外开放新格局。

从江津看，一是江津区迈入开放型经济发展新阶段。江津综保区、陆港型国家物流枢纽、西部陆海新通道江津班列等开放引领效应加快释放，持续夯实涵盖开放通道、枢纽、平台、经济、制度的试点试验基础，有利于构建

内陆开放新优势，加快开放型经济发展。二是中新（重庆）战略性互联互通示范项目高水平推进。随着中新关系提升为全方位高质量的前瞻性伙伴关系，作为西部陆海新通道重庆主枢纽的江津区，在新发展阶段，将以共建中新互联互通项目陆海新通道枢纽港为重点，携手打造实体化合作平台，拓展物流贸易、先进制造业、金融服务、数字经济、商业服务等多方面互利共赢合作的新空间，充分利用两个市场、两种资源，催生高质量供给和需求，孕育更多合作示范案例。三是成渝地区双城经济圈建设走深走实。泸永江融合发展示范区建设等有序推进，有利于江津区进一步巩固辐射西部消费市场、深耕东盟等“一带一路”沿线区域国家的合作基础，增强区域合作新动能和市场拓展新潜力，为高质量开放发展注入新动力。

（二）新挑战

从国际看，世界进入动荡变革期，经济全球化遭遇逆流，单边主义、保护主义、霸权主义对世界和平与发展构成威胁，贸易投资大幅萎缩，大宗商品和金融市场动荡。粮食危机、能源危机、金融风险、安全风险、产业链供应链风险等全球性问题带来的影响前所未有。国际力量对比深刻调整，新一轮科技革命和产业变革带来的竞争日趋激烈。

从中国看，国内经济发展面临需求收缩、供给冲击、预期转弱三重压力。开放格局、区域发展格局正在发生深刻变化，改革发展稳定任务依然十分艰巨。

从重庆看，其综合实力和竞争力与东部发达地区仍存在较大差距，基础设施有待完善，产业能级有待提升，科技创新支撑能力有待增强，适应开放经济高质量发展要求的产业结构和体制机制还有待健全。

从江津看，一是长江黄金水道综合交通支撑作用尚未凸显。长江干线江津段基本处于自然航段，5000 吨级满载货船无法常年抵达江津，枯水期船舶需要减载，丰水期船舶需要助拖，船舶运输成本相对较高。二是开放资源优势尚未充分发挥。小南垭铁路物流中心和珞璜港对外开放口岸功能有待提升。枢纽及通道建设未带动产业同频共振发展，枢纽产业业态不够丰富，物流与产业、贸易、金融等未充分融合。三是开放环境支撑保障作用有待加强。国际服务体系建设较为滞后，枢纽国际交往平台、机构、人才等缺失，国际化配套服务水平不高。

四、江津区推进“一带一路”建设的发展展望

面对国际国内新形势，共建“一带一路”从谋篇布局的“大写意”转向

严谨细腻的“工笔画”，对江津区助推重庆在“一带一路”建设中更好发挥带动作用提出了新要求。江津区将坚持以改革开放为动力推动高质量发展，更好发挥西部陆海新通道重庆主枢纽功能，实施更大范围、更宽领域、更深层次对外开放。围绕全面融入共建“一带一路”、西部陆海新通道建设和中新互联互通示范项目等，着力抓平台、拓通道，抓招商、引人才，抓协作、优环境，依托大通道做“大产业”，瞄准“新蓝海”布局新产业，积极培育合作竞争新优势，不断提高对外开放质效，持续增强内外联动性，提升区域引领力和辐射力，为新时代新征程新重庆高水平推进建设“一带一路”、长江经济带、西部陆海新通道联动发展战略性枢纽，谱写内陆开放高地建设新篇章，提供强大引擎、作出江津贡献。

（一）着力国家物流枢纽建设，提升通道支撑能级

强化西部陆海新通道主枢纽建设。加快推进“重庆—滇中走廊”建设。做大做强西部陆海新通道江津班列品牌，开行江津区与西部陆海新通道沿线及周边城市直达班列、班车、班轮。巩固发展中老（泰）、中缅国际货运列车，中欧班列（成渝），西部陆海新通道冷链班列。加密开行江津区至北部湾港、湛江港、洋浦港等铁海联运图定班列和中老、中越等国际联运班列。

强化多通道协同联动。优化畅通长江黄金水道，加强西部陆海新通道与长江黄金水道有机协同，强化与中欧班列、长江航运、航空货运等高效衔接，提升国际货物中转能力。依托小南垭物流枢纽、珞璜南站、珞璜东站打造高铁货运物流基地。依托江津综保区海关监管功能和仓储设施打造综合性航空远程货站。

强化多式联运体系建设。推动“珞璜港+小南垭站”多式联运示范工程建设，调整优化运输结构，提高运输组织效率。巩固提升成渝地区双城经济圈水上穿梭巴士、珞璜港—长江下游长航线班轮质效。加快融入“沪渝川（泸）直达快线”建设，开行珞璜港至洋山、宁波舟山、海南自贸港、粤港澳大湾区集装箱及大宗散货直达航线。加强与渝西川南黔北滇东北各大物流园、无水港、公路物流枢纽的公路短驳运输。

强化口岸设施和功能。完善小南垭、珞璜港现代化换装转运设施，优化堆场布局和物流组织。发挥海关监管作业场所效能，实现重庆港水运口岸扩大开放至珞璜港区，推动设立海关特殊商品指定查验场地。整合珞璜港、江津综保区、小南垭铁路枢纽信息化管理系统，实现与市级平台数据对接共享，提升铁水联运信息交换传输与线下物流运作效率。

（二）着力开放平台体系建设，增强要素集聚辐射力

优化提升江津综合保税区功能。抢抓“一带一路”建设及 RCEP 机遇，壮大保税加工业态，培育外贸新主体和产业链供应链。全面布局加工制造中心、研发设计中心、物流分拨中心、检测维修中心、销售服务中心等五大中心，确保泰石油、怡亚通内外贸一体化项目平稳落地。加快围网内外制造企业转型升级，促进销售、结算、物流、检测、维修和研发等生产性服务业有序发展。推动加工贸易企业向江津综保区集中。

高水平推进中新（重庆）战略性互联互通示范项目。实体化运作中新重庆枢纽港产业园合作平台，促进运贸产一体化发展，系统集成金融服务、交通物流、信息通信、绿色化数字化转型合作成果。加强交流互访，引导和支持新加坡企业来江津投资兴业。推进境外融资和中新金融科技合作取得突破，金融机构互设取得成效。探索引进新加坡先进的国际资产管理经验。

提速建设珞璜临港产业城。高标准规划、高质量建设产业城，推动珞璜片区一体化实体化发展。大力引进高精尖制造企业，打造内陆加工贸易产业集群。发展汽车进出口贸易，打造国产新能源车出口整备基地。重点发展以面向欧盟、东盟为主的保税商品展示交易+跨境电商，打造跨境商品集散分拨中心。加快培育转口贸易、服务外包、增值服务等贸易新业态，持续推进高铁快运物流探索实践。

（三）着力产业开放结构优化，提升开放型经济质效

做大做强双向贸易。推动进口与出口、货物贸易与服务贸易、贸易与产业协调发展。推动加工贸易向研发设计、营销服务等产业链上下游延伸，向产业链价值链高端延伸，壮大开放型产业集群。培育以技术、品牌、质量、服务和标准为核心的外贸竞争新优势，提升产业链供应链竞争力，扩大机电产品、时尚消费品等出口。以东盟为重点，持续拓展“一带一路”进出口商品集散业务，加大东盟资源型产品及优质特色农产品进口。积极发展保税展示、研发设计、检验检测、全球维修等服务贸易新业态，扩大中医药领域服务出口规模。培育数字贸易新增长点，积极参与跨境电子商务综合试验区建设，打造一批电商服务平台。支持江津区企业积极入驻东南亚、南亚、中东地区知名跨境电商平台。

积极融入产业链供应链体系。推动汽车、电子信息、摩托车、通机等生产企业开拓国际市场，完善海外分拨和销售网络，针对东盟、中东等市场消费行为和使用场景开发差异化产品。支持区内企业有序在通道沿线国家建设

整车整机及零部件生产基地。引导电子企业积极开拓东盟智能家居、智能微投、智能安防等市场。推动光伏组件、农业机械等成套装备企业“工程+产品+服务”一体化模式“走出去”。促进与东盟等地区企业加强资源开发合作，大力发展先进材料产业。强化知识产权信息公共资源供给，促进科技成果规范有序交易流转。扩大农产品精深加工规模，打造粮油、预制菜、火锅食材、肉蛋奶、果蔬、休闲食品等特色食品加工产业链。积极参与面向东盟的智能网联新能源汽车、智能终端、农机通机、绿色食品等标志性合作产业链搭建。

（四）着力开放体制机制创新，推进高水平制度型开放

深化多式联运“一单制”改革。用好中国（重庆）自由贸易试验区联动创新区开放创新政策，依法依规探索开展基于多式联运“一单制”的单证、金融、保险服务。推进铁路运输单证金融服务试点和多式联运单证电子化应用，探索创设铁海联运货物全程保险“一单到底”。加大区块链金融服务平台西部陆海新通道融资结算应用场景的推广使用力度。

提升投资贸易自由化便利化水平。推动设立江津海关，大力优化口岸和国际贸易营商环境，提高跨境贸易便利化水平，提升通道开放度和竞争力。深入推进集装箱设备交接单、装箱单、提货单等口岸物流单证无纸化。强化7×24小时预约通关服务保障，落实RCEP关于易腐类货物6小时内放行、普通类货物48小时内放行要求。

营造国际贸易创新创业良好氛围。高水平建设中外人文交流教育试验区和对外文化贸易基地。鼓励在津高校加入“一带一路”高校战略联盟，配合打造职业教育国际合作联盟。打造一批陆海新通道主题经典文化和旅游线路、产品。高水平办好数智重庆·全球产业赋能创新大赛、东盟特色商品展销会和跨区域合作“一会一节”等赛事和会展活动。积极参与中国国际智能产业博览会、中国西部国际投资贸易洽谈会、陆海新通道国际合作论坛等会展活动和“驻华使节陆海新通道行”活动。

（五）着力区域开放资源整合，形成共商共建共享合力

强化对周边省市通道辐射能力。深化成渝地区双城经济圈开放协作，推动共建对外开放通道和开放平台。推动陆路启运港退税试点，主动吸引泸州、广安、达州、内江等地货源经珞璜集结分拨。常态化开行成渝地区双城经济圈货运班列。发挥珞璜港作为贵州传统大宗商品“出海口”优势，探索共建“无水港”，组织黔东北货源经陆海新通道江津班列常态化进出。

强化国内国际开放合作。加强与“一带一路”沿线国家和地区合作，发展中欧班列国际中转集拼，推动开行中欧班列（渝新欧）江津直发班列。加强与西安、甘肃、新疆等国内相关区域合作力度，加大与跨区域综合运营平台对接力度，降低物流成本。深化与广西南宁、钦州、防城港，云南瑞丽、磨憨等边境口岸城市合作交流，探索面向东南亚、中亚、欧洲等市场的转口贸易，积极争取市场采购贸易。发挥双福农贸城头部进出口贸易企业服务作用，加强冷链产业发展合作谋划，加速推进马来西亚、泰国等东南亚国家农产品在江津区集散分拨。

强化跨区域高效运营。积极参与共建跨区域综合运营平台，整合各方优势资源及配套条件，健全综合运营服务体系，提高物流、贸易、产业、金融、数据等专业服务水平。深化与通道重庆区域运营平台合作，为重点产业、企业提供定制化供应链服务。

［重庆市江津区发展和改革委员会　聂勋宇　幸铭芋
重庆市江津区商务委员会　尹晓君　刘　飞］

之六：重庆璧山区聚焦龙头高端集聚积极融入共建“一带一路”

近年来，璧山区充分发挥区位优势，聚焦打造对外开放新门户，坚持抓重点、补短板、强弱项，在壮大开放主体、完善开放平台、拓展开放通道、优化营商环境等方面迈出新步伐，以持续提升自身对外开放水平，为推动共建“一带一路”高质量发展不断取得新成效作出积极贡献。

一、进展情况

（一）发展成效

现代交通体系更加完善。地铁 1 号线尖璧段、九永高速、渝蓉高速建成通车，东融西进、北联南合的对外开放通道体系日益完善。成渝中线高铁、渝昆高铁启动建设，璧铜线加快施工，轨道交通 27 号线、渝遂高速复线、永璧高速等跨区通道开工建设。城区东林大道南北延展，黛山大道北延线完成初步设计，双星大道西沿线实现双向四车道通行，茅莱山隧道实现双向双洞通行。配合完成重庆新机场集疏运体系规划，开展临空经济区规划研究。合璧津高速公路大兴至合川段通车，金凤隧道实现双洞贯通，虎溪隧道完成前期工作。加大城际公交开通力度，新增“璧山至白市驿、璧山至铜梁”2 条城际公交线路。

中新（重庆）科技城建设初见成效。与市中新项目管理局共建 30 平方千米中新（重庆）科技城，布局中新科技创新组团、中新产教融合产业组团、中新数字经济产业组团、中新生命健康产业组团、重庆东盟合作中心“五大组团”。目前，中新（重庆）科技城已签约落户 43 个项目、总投资 200 多亿元，缅甸推广中心等 8 个项目投入运营，重庆东盟合作中心落户，成功接入中新（重庆）国际互联网数据专用通道，国家量子通信网络“成渝干线”正式贯通，通过精准对接新加坡科技创新资源，聚焦科技成果双向转移转化，推动中新互联互通项目高质量发展。

营商环境持续优化。营商环境对标世行标准，“企业吹哨、部门报到”，“企业之家”搭建政企沟通桥梁，获评“中国繁荣城市优化营商环境创新范例”。创新出台《重庆市璧山区中小微外贸企业汇率避险资金管理办法》《璧山区承接加工贸易梯度转移专项资金管理实施细则》《璧山区外贸转型升级基地专项资金管理实施细则》，强化区级配套政策。与重庆海关签署《共同促进璧山区开放型经济发展合作备忘录》，建成投用璧山区首个面向社会服务的公用型保税仓库，开放运行进出口业务咨询服务窗口，设立原产地证书自助打印、进出口业务咨询等相关业务的便民服务窗口。行政服务中心服务效能跻身全市一流行列，审批事项和时限分别压减35%、90%。

RCEP政策红利有效释放。严格按照《重庆市高质量实施〈区域全面经济伙伴关系协定〉（RCEP）行动计划》，用好RCEP关税减让红利及原产地规则，积极宣传RCEP相关政策措施，组织企业参加线上线下宣传培训。深化与RCEP成员国双向投资合作，实际使用来自RCEP成员国资金2252万美元，占全区实际使用外资的70%。设立海关综合服务窗口，外贸企业通关更加便利。大江动力、凯成科技等5家企业累计对RCEP成员国非金融类直接投资超过4亿美元。选派专人参加区RCEP合作专班，实地走访调研区内企业，仔细分析璧山区外资外贸整体情况，全面提升企业理解和运用RCEP协定能力，助力全区对外贸易、招商引资。近五年，利用外资7.5亿美元，外贸进出口总额年均增长18.4%。2022年经西部陆海新通道运输集装箱量增长1倍，居全市第5位。

推进对外开放改革试点。制定《璧山区现代服务业扩大开放综合试点方案》，重庆高新技术产业研究院有限责任公司构建“科技创新研究院经济模式”获评全市服务业扩大开放“十佳示范项目”。在重庆市开展2021年国家外贸转型升级基地年度评估中，璧山国家外贸转型升级基地（汽车及零部件）以满分的成绩列全市17家基地第一位。在重庆市全面深化服务贸易创新发展试点中期绩效评估中，被评为“良好”等次。

（二）存在的问题

外资项目数量整体偏少、规模较小。目前在渝外资企业达2581家，而在璧外资企业只有44家，仅占全市1.70%；在璧外资企业规模普遍较小，其税收贡献占璧山区税收的5.89%，使用外资总额仅占全市外资的1.73%；在璧外商直接投资主要集中在第三产业的房地产，第二产业中真正的高新技术项目及大项目很少，虽然近几年在璧制造业使用外资增长幅度较大，但投资都在500万美元以下。

外商投资产业层次较低，新兴产业外商投资亟待突破。目前在璧经营的外资企业大多是劳动密集型和一般性组装企业，以加工业企业为主，战略性新兴产业项目较少，特别是高端产品的生产和研发机构的引进更为滞后。服务贸易、服务业扩大开放等新兴服务业的招商引资力度相对较弱，现代物流、金融保险、中介服务等项目引资步伐缓慢。

外资来源地比较单一。目前，璧山区已经吸引了来自世界上20余个国家和地区的外商投资，来自中国港澳台地区的企业数量占比达到70.45%。在璧投资的前六位国家和地区分别是中国香港、新加坡、中国台湾、萨摩亚、意大利、美国，投资总额为3.7亿美元，占璧山区使用外资总额的98.5%。其中，中国香港在璧实际投资1.594亿美元，占璧山区使用外资总额的42.26%，成为璧山区最大的外资来源地；新加坡在璧实际投资7078万美元，占璧山区使用外资总额的18.77%，是璧山区第二大外资来源地。

二、特色做法

（一）聚焦外贸主体培育

健全外贸主体梯队培养机制，制定重点外贸企业成长行动计划，出台《重庆市璧山区重点外贸企业入库培育管理实施办法》《重庆市璧山区中小微外贸企业汇率避险资金管理办法》。建立外资外贸企业动态监测、常态化走访制度，掌握企业经营情况及订单数量，收集存在的困难问题。

（二）开展国际市场拓展行动

摸排外贸企业开拓海外市场意向并精准推送，组织蓝黛、虎江机械、平创、豪能传动、中岳航空等企业参加出口商品（肯尼亚）展、伊朗国际汽车零部件展、兰洽会等展会，帮助企业揽订单、拓市场。

（三）聚焦搭平台

与缅甸温州商会、马中双园经贸协会建立项目定期对接机制，通过其在缅甸及东南亚资源优势，帮助区内企业拓展海外市场。贯彻落实全市

“百团千企”行动计划，组团赴新加坡、缅甸、马来西亚等地开展招商经贸促进活动，帮助平创半导体、虎江机械、腾田科技等取得海外市场订单。探索成立璧山区外经贸发展促进商协会，通过协会开展外经贸工作、对接资源。

图 10　2023 年 3 月 2 日，中国重庆璧山招商推介会在新加坡成功举办

（四）聚力抓项目

建立璧山区外资外贸项目库，明确专人一对一跟踪对接，每周更新进展情况。用好中新（重庆）科技城、东盟合作中心、缅甸推广中心等开放载体，加快推进御湖东南亚主题植物园、中缅（重庆）经贸产业园等项目签约落地。

（五）提升服务质量和政策支持力度

组织 40 余家企业开展国际市场开拓项目、优惠贷款贴息、对外投资、加工贸易、使用外资贴息、国际服务贸易、服务业扩大开放等资金申报，支持企业约 1000 万元。组织 40 余家企业参加外贸政策宣讲会，重点宣传涉外企业金融和物流政策。

（六）助企排忧解难

与重庆海关签订战略合作协议，建立常态化对接联络机制，帮助进出口企业解决困难问题，开设海关咨询服务窗口，为璧山区进出口企业提供咨询服务便利。通过与重庆海关的对接联络机制，帮助弗迪锂电池在 2022 年第四季度疫情封闭期间完成出口查验，助推 2023 年弗迪锂电池出口数据的高速增长，同时积极协调市商务委支持弗迪锂电池享受总部贸易政策，更加坚定企业加大出口信心。通过政策宣传指导，推动大江动力成功获璧山区首个 AEO 海关高级认证，极大提升企业通关便利化水平。出台《重庆市璧山区中小微外贸企业汇率避险资金管理办法》《重庆市璧山区重点外贸企业入库培育管理实施办法》，帮助外贸企业降低汇率波动风险，培育重点外贸企业做大做强。

（七）加大招引培育力度

积极走访进出口 500 万元以下的中小外贸企业，通过牵线搭桥帮助企业揽订单、拓市场，推动区内企业在区外设立的贸易公司迁回璧山。招引进出口总部贸易结算项目，帮助弗迪锂电池项目开展出口业务，2022 年两家企业进出口合计 12.7 亿元，占全区的 23.9%，在进出口方面占有较大比重，贡献突出。

（八）做好风险研判

建立重点外贸企业动态监测、常态化走访机制，适时掌握企业经营情况及订单数量，收集存在的困难问题，以季度为期限形成调研分析报告，做好贸易合规、摩擦动态、国别风险提示等信息推送工作，研判海外风险。

三、形势分析

尽管面临外资利用规模偏低、大项目少、高科技成色不足，物流成本高、融资难、融资贵、用工难，外贸企业利润空间压缩、经营困难增加等问题，但璧山区坐拥“同城化发展先行区”和“西部（重庆）科学城重要功能区”区位优势，各种能量和潜力正在逐步释放，既前景光明，又任重道远。

（一）交通区位方面

作为主城都市区同城化发展先行区，璧山区是全市唯一连续 8 年人口“净流入”的非中心城区，承担着打造“百万级中心城区人口城市”的使命，是唯一不受国土开发强度 20%限制的非中心城区，未来城市开发空间将拓展至 333 平方千米。现有 4 条高速公路、1 条地铁、1 条高铁穿境而过，随着重庆新机场规划建设，未来的璧山区将构建起“1 机场 4 高铁 3 城际 4 快线 3 轨道 8 高速”多式多向互联互通交通网络，成为重庆市开放发展的先行区。

（二）历史文化方面

璧山素有“巴渝名邑”美誉，曾出过北宋冯时行、南宋蒲国宝“双状元”及江朝宗、何增元等“十翰林”。“金剑晴雪”“东林晓钟”“觉院夜雨”

“茅莱仙境”“圣灯普照”“虎峰马迹”“凉伞云遮”“石泉凝脂”等璧山古八景名载乾隆县志。汉墓石棺、明清石刻碑群质朴生动，正兴露德堂、朝元寺牌坊、何氏百岁牌坊等人文古迹成为重庆直辖后第一批市级文物保护单位，拥有重庆唯一一座保存完好的文庙。抗战时期，璧山区成为学府云集的文化圣地。晏阳初先生曾在璧山区开展了一场具有典型意义和深远影响的乡村建设试验，建立起以璧山区为中心、覆盖重庆周边10县1局的华西试验区。郭沫若、吕凤子、刘雪庵等知名大家抗战期间都曾在璧山生活创作。现在，璧山区积极与国际接轨，促进中西方文化的汇聚与交流；充分发挥历史文化优势，为进一步扩大对外开放进程服务，助力“一带一路”文化传播与经济发展，积极扩大对外交流，深化文化交流合作，不断提升璧山区乃至重庆市的国际影响力。

四、发展展望

（一）加快开放通道建设

主动对接联通重庆市东西南北对外开放大通道，抓住成渝地区双城经济圈和主城都市区一体化发展战略机遇，推动机场、公路、铁路、轨道交通建设全方位发力，为国际交往提供便捷的出入通道。

（二）构建高层次开放型经济体系

依托璧山高新区、现代服务业发展区、国家农业科技园区三大对外开放平台，围绕智能制造、现代物流、航空产业、金融服务等开放型经济主导产业和总部经济、平台经济、共享经济等新兴业态，加大境外招商力度，设立欧洲、新加坡等招商代理平台，推动一批外资项目尽快落地，加快推进中新（重庆）科技城、中意（中欧）创新产业园建设。

（三）加快国际交往服务设施建设

加快推进国际社区项目建设，积极打造适合承办多双边国际会议、元首外交、国际机制性活动的重要外事活动场所和国际高端人才集聚区。积极引进境外优质教育和医疗资源，打造国际医院、国际学校，构建与国际接轨的配套服务体系，吸引国际化企业、国际化人才在璧山安营扎寨、安家落户。

（四）加强外国驻渝领事机构交往和国际友好城市往来

推动与重点国家、重点地区的交往联系，加强与意大利驻重庆总领事馆、匈牙利驻重庆总领事馆等外国领事机构的对接联系，强化沟通服务，密切与有关国家的经济、人文和科技等往来，积极推动与意大利比萨市、巴拿马巴拿马市缔结友好城市或友好交流城市。

（五）积极举办国际会议会展活动

依托璧山区良好的交通区位优势、宜居宜业环境，积极争取承接成渝地区双城经济圈国际交往活动。继续办好中国国际田园康养旅居产业发展峰会、璧山国际半程马拉松赛等活动赛事，做强“儒雅璧山·田园都市”品牌，不断提升城市美誉度和影响力。

［重庆市璧山区发展和改革委员会 高 威 胡 恩］

之七：重庆涪陵区以开放水港为枢纽积极融入共建“一带一路”

2013 年，习近平总书记提出“一带一路”倡议，旨在全面加强沿线国家间的互联互通与合作发展。重庆市涪陵区依托独特的地理位置和资源优势，积极响应“一带一路”倡议，全面融入共建“一带一路”，不断推动区域经济高质量发展，并取得了一系列重大进展。

一、涪陵区融入共建“一带一路”的进展情况

（一）进展及成效

自“一带一路”倡议提出以来，涪陵区始终将其作为重要的发展机遇，加大力度推进相关工作。通过积极对接中外企业、深化与沿线国家的经贸合作，涪陵区成功引进了一批重点项目，促进了区域经济的发展，形成了良好的互利共赢的局面。

推动基础设施建设，内外互联互通。一是已建成“五高三铁两江”大通道，五条高速公路总里程达到 175 千米，在全市排名第四，三条铁路总里程达到 207 千米，路网密度远超全国、重庆市平均水平，港口货物年吞吐量达到 3128 万吨，占整个中心城区的 74%，排名全市第一。二是已建成的石渝、南两、渝涪等 3 条高速公路和渝怀、渝利等 2 条铁路与中心城区直连，石渝高速、渝利铁路与渝东北直连，渝怀铁路与渝东南直连，进一步提升了内外通达能力；石沱公铁两用长江大桥、武两高速平桥至大顺段正加快建设；正在建设的龙头港路专用线，计划 2023 年底完工；渝宜高铁、涪陵至武隆高铁、广涪铁路前期工作正在大力推进；渝万高铁已开工建设；白涛园区铁路专用线项目加速推进。三是畅通黄金水道，加快完善龙头港多式联运功能，重庆龙头港作业区完成投资 32. 6 亿元；推动白涛大石溪码头投入运行；加快推进清溪园区货运码头前期工作。四是推进更高水平对外开放，积极融入西

部陆海新通道建设，加快构建西部陆海新通道辅枢纽，2022 年引导企业经西部陆海新通道发送集装箱 4687 标准箱；推动龙头港水运口岸扩大开放，建成投用龙头港进境粮食中转码头，吸引 15 家农副产品企业在龙头港装卸；强化成渝地区双城经济圈物流通道合作，稳定开行涪陵至泸州、宜宾水水中转班轮。

图 11　涪陵区龙头港

促进产业合作，开放产业兴旺。涪陵区在共建“一带一路”中，积极推动与沿线国家的产业合作，特别是在材料产业、装备制造、医疗服务等领域取得了显著进展。一是 2022 年涪陵区外贸进出口总额达到 218.55 亿元，外贸依存度达 14.53%。进出口实绩企业 76 家；外商投资企业 126 家，其中外商直接投资企业 48 家；对外经济合作企业 18 家；服务贸易企业 30 家。各类型进出口企业中，民营企业独占鳌头，外商投资企业增速领先。民营企业与外商投资企业进出口总额之和占涪陵区进出口企业进出口总额的 98.4%。外商独资企业进出口总额占外商投资企业进出口总额的 99.6%。二是华峰化工已是全球最大的己二酸生产企业，出口量占中国同类产品出口量的 40%以上；华峰氨纶已成为全球第一大单体工厂，即将成为全球最大氨纶生产基地和世界行业龙头，出口量占中国同类产品出口量的 25%。三是赛特刚玉成为全球首个单体制造企业，出口量分别占中国、全球同类产品出口量的 10%、5%。四是太极集团成为世界 500 强中国医药集团有限公司的成员单位之一，连续获评工业和信息化部“中国医药工业百强企业”，太极藿香正气口服液等 30 个品规产品，已在新加坡、马来西亚等几十个国家和地区注册。五是三爱海陵生产的汽车发动机进排气门产品产销规模位居世界第一，是德国大众集团全球优秀供应商；攀华板材投资 35 亿美元在菲律宾建设首个全流程年产 2000

万吨综合性钢厂；万达薄板向上延伸产业链，在菲律宾投资建厂。六是川东船舶是目前世界上建造中小特种化学品船数量最多的船舶企业，先后为国内外船东批量建造了10000吨级以下化学品船60余艘，深化"一带一路"国家合作。

创新金融服务，积极吸引外资。加强与"一带一路"沿线国家的产业合作，重点围绕跨境融资、外汇领域改革创新，推动中新（重庆）战略性互联互通示范项目建设，取得阶段性成果。一是强力助推涪陵区实业发展集团分别于2023年3月、5月在新加坡交易所成功发行16亿元自贸区人民币债券、11.4亿元自贸区离岸债券，涪陵区成为自贸区债券发行累计全国最大规模非金融地产类单一发行人。二是涪陵区首笔跨境金融服务平台"银企融资对接"应用场景业务成功落地。2023年4月，招商银行通过跨境金融服务平台为涪陵区玩具企业办理了涪陵区首笔"银企融资对接"应用场景业务，企业足不出户快速获得2000万元的出口贸易融资，全线上操作使企业融资成本降低20个基点，跨境金融数字化服务惠企政策落地开花，让优质中小微企业进一步享受投融资便利化，有力助推涪陵区外经贸高质量发展。三是创新建立"四库一机制"，物流金融为"一带一路"倡议提供支撑。人民银行涪陵中心支行与涪陵区物流办建立物流金融合作机制，创新建立物流企业库、物流项目及融资需求信息库、物流政策信息库、物流金融政策及产品库，1172家物流企业（个体户）、近20亿个物流项目及融资需求、15项物流产业政策、15个物流金融产品等信息入库共享。加强物流产业政策暨物流金融宣讲，加强政银企融资服务对接，为"一带一路"倡议注入金融动能。截至2022年底，涪陵区交通运输、仓储和邮政业贷款余额68.41亿元，同比增长34.13%。

2013年、2022年和2023年涪陵区各项指标对比见表3。

表3 2013年、2022年和2023年涪陵区各项指标对比

指标名称	2013年	2022年	2023年（预计）
高速公路总里程（千米）	100	175	175
铁路总里程（千米）	134	207	207
港口货物年吞吐量（万吨）	2016	3128	3752
经西部陆海新通道发送集装箱（标准箱）	785（2020年）	4687	7000
外贸进出口总额（亿元）	74.99	218.55	225
进出口实绩企业（家）	51	76	80
外商投资企业（家）	56	126	131

（二）存在的问题

不平衡发展。在全面融入共建“一带一路”中，涪陵区与其他地区的发展不平衡问题比较突出。一些沿海地区和大城市更容易吸引外资和合作机会，而涪陵区等内陆地区则面临着较大的发展压力。涪陵区应加强与其他地区的合作，争取更多的机会，实现更平衡的发展。

资金短缺。在全面融入共建“一带一路”过程中，面临资金短缺的问题。大规模的基础设施建设和产业合作需要大量的资金支持，而涪陵区的财力有限。涪陵区应积极寻求多元化的融资渠道，吸引更多的投资，解决资金短缺问题。

风险管理。参与“一带一路”建设意味着涪陵区将面临一定的政治、经济、金融和安全等方面的风险。涪陵区应加强风险评估和管理，制定相应的应对措施，降低风险对发展的影响。

不同文化和法律体系的差异。涪陵区与“一带一路”沿线国家和地区存在着文化和法律体系的差异，这可能给合作和交流带来一定的障碍和挑战。涪陵区应加强与贸易伙伴的文化交流和法律合作，增进双方的理解和互信，为合作提供更好的环境。

环境和可持续发展问题。在“一带一路”建设中，环境和可持续发展问题也是一个需要重视的方面。涪陵区在发展过程中应注重环境保护和资源可持续利用，避免对环境造成过大的影响。

二、特色做法与典型案例

（一）打造港口物流中心

涪陵区利用长江黄金水道优势，建设港口物流中心，与沿线国家共同构建便捷高效的跨境物流服务。在涪陵区开放通道布局中，龙头港是重中之重。涪陵区依托龙头港，对标国际一流港区建设和管理模式，积极打造临港产业集聚区，促进开放创新、推动转型升级，不断提高产业竞争力。同时，推动龙头港与涪陵综合保税区紧密结合，建设口岸功能全、通关效率高、集聚辐射强的口岸高地。

龙头港为铁公水多式联运枢纽，以龙头港 9 号泊位为载体，建成投用龙头港进境粮食中转码头，每年可为辖区内有进口粮食需求的加工贸易企业节约物流成本上千万元。自 2022 年 6 月初以来，已经有重庆一德、正大等 14 家企业在龙头港装卸豆粕、玉米等粮食作物，货运量 39.82 万吨，占龙头港总货运量 104.34 万吨的 38.2%。

（二）成功获批国家中医药服务出口基地

围绕医疗大健康服务重点领域，聚焦涪陵区中医药产业优势，成功支持重庆太极实业（集团）股份有限公司获批第二批国家中医药服务出口基地，实现重庆特色服务出口基地“零的突破”。目前，太极系列已在新加坡、马来西亚、印度尼西亚、泰国、俄罗斯、巴基斯坦等 20 多个国家和地区注册 60 项国际商标，常年出口太极藿香正气口服液、急支糖浆、补肾益寿胶囊、太极天胶、丹参口服液、穿龙骨刺片、超浓缩六味地黄丸等系列太极产品共计 30 余个品规，在海外还设有医疗保健、教育培训、药品研发、文化宣传等服务贸易机构，在新加坡、马来西亚等多个国家有销售网络，在东南亚地区可辐射终端超过 800 家（其中 300 家为中医诊所）。

（三）创新金融服务

外汇局涪陵中心支局在重庆外汇管理部指导下，发布系列跨境金融服务政策包与实践案例，提高市场主体跨境投融资便利性和可获得性，“靶向”解决企业在跨境贸易中遇到的困难和问题。2021 年 11 月，涪陵区某科技企业获批参与全国贸易外汇收支便利化试点，是重庆市中心城区外首家贸易外汇收支便利化试点企业，试点实施首月，该企业累计办理便利化试点业务 24 笔，1412 万元。参与试点后，企业成本降低，每年仅交通费用就可节约 6000 元；业务时效提高，平均一笔业务办理时间由试点前的 2~3 天缩短至 10 分钟；试点工作将为企业年均上亿元进出口业务量提供收支便利。2022 年 2 月，助力涪陵区某清洁能源企业参与外债登记管理改革试点，可融入境外资金额度近 3 亿元，首期实现 4000 万元跨境贷款落地，相比同时期国内贷款可节约财务成本约 18 万元，涪陵区首笔清洁能源产业跨境贷款成功落地。

三、新形势分析

一是国内经济政策变化。随着中国经济的转型升级和结构调整，涪陵区在全面融入共建“一带一路”中面临新的机遇和挑战，相关政策的调整和优化将对涪陵区的发展产生深远影响。二是国际形势变化。全球政治经济格局的变化和国际贸易环境的变动也为涪陵区全面融入共建“一带一路”带来新的挑战。国际贸易保护主义的抬头以及地缘政治的影响，可能对涪陵区的对外贸易和合作产生一定的不利影响。涪陵区应加强对外交流与合作，积极应对国际形势的变化。三是基础设施建设。作为共建“一带一路”的重要组成部分，基础设施建设对于涪陵区的发展至关重要。新形势下，涪陵区应加大对基础设施建设的投入力度，提高建设质量和效率，以适应日益增长的合作需求。同时，要加强与其他地区的合作，争取更多的基础设施建设项目。四是产业合作与转型升级。全面融入共建“一带一路”，涪陵区面临着加快产业转型升级的任务，在新形势下，涪陵区应注重与“一带一路”沿线国家和地区的产业合作，发展优势产业，提高产业链水平，并加强技术创新和人才培养，推动经济结构的优化升级。五是加强人才培养。随着共建“一带一路”的推进，职业教育的国际化迎来了历史性的发展机遇。涪陵区职业教育应进一步加强和相关国家的交流合作，积极引进先进教育模式和理念，输出优质教育资源，探索多样的产教融合办学模式，实现教育资源国际化，以推进涪陵高等教育和现代职业教育跨越式发展。

四、未来发展展望

涪陵区全面融入共建“一带一路”具有重要的战略意义和发展潜力。一是加强与沿线国家和地区的经贸合作。涪陵区位于长江经济带核心区域，具备良好的地理位置和交通条件。通过共建“一带一路”，涪陵区可以积极参与中亚、东南亚等国家和地区的经贸合作，拓展出口市场，吸引外资和技术，推动本地产业升级和经济发展。二是促进基础设施建设。全面融入共建“一带一路”，有利于涪陵区完善基础设施建设。加强交通、水运、能源等基础设施建设，提升区域的交通便利性和资源利用效率，可以为经济发展提供更强的支撑。三是推动产业升级和转型。通过与沿线国家和地区的产业合作，涪陵区可以吸引更多的先进技术和创新项目。积极引进高科技企业和创新项目，可以推动本地产业转型和升级，提高产业附加值和竞争力。

涪陵区共建“一带一路”具有广阔的发展前景。持续做好通道带物流、物流带经贸、经贸带产业文章，解放思想、抢抓机遇，锚定目标、奋勇争先，在更高起点上全面融入共建“一带一路”，以高水平对外开放推动高质量发展。我们相信，在共建“一带一路”的大势下，涪陵区必将迎来更加广阔的发展前景。

［重庆市涪陵区发展和改革委员会　易先勇　高　林　林　峰］

之八：重庆永川区做强双城经济圈枢纽节点功能积极融入共建“一带一路”

2023 年是“一带一路”倡议提出十周年。十年间，永川区充分发挥成渝地区双城经济圈枢纽节点、重庆主城都市区战略支点作用，抢抓成渝地区双城经济圈和西部陆海新通道建设等国家战略机遇，主动融入共建“一带一路”，积极服务国家高水平对外开放，不断提升互联互通水平、外贸外经水平，拓展国际合作领域，在推进共建“一带一路”中取得明显成效。

一、永川区融入共建“一带一路”进展情况

（一）发展成效

永川区深入贯彻落实习近平总书记关于推进“一带一路”建设重要论述，结合实际出台了《永川区全面融入共建“一带一路”加快建设内陆开放高地行动计划》，重点实施开放通道拓展、开放平台完善、开放主体培育、开放环境优化四大战略行动，主动适应对外开放新形势，主动融入重庆市对外开放新格局。

打造综合性交通物流枢纽。推进“一环十一射三通道”公路网络初具雏形。已建成成渝、三环、九永、永泸高速公路，正在加快建设江泸北线、永璧、永津等高速项目，稳步推进 G246 改线、永川至中心城区快速通道、朱沱至合江快速通道前期工作。推进“九干线三支线”铁路网初具规模。成渝高速铁路开通运营。市域铁路永川线已开工建设。重庆至自贡（乐山）、重庆至毕节、合川至璧山至永川等城际铁路，成渝铁路扩能、铁路二环线合川至永川段、重庆至宜宾沿江铁路等普速铁路已纳入市级规划。水路建设初显成效。提档升级朱沱港，推动永川港与江津港、泸州港协同建设长江上游航运枢纽，永川港已接入西部陆海新通道，实现“江铁海”联运，2023 年，永川经陆海新通道集装箱量已有 983 标准箱。永川大安通用机场已于 2019 年正式投用，

成为渝西片区首个建成投用的通用机场。永川“公铁水空轨”立体交通网络体系正全面形成。

搭建高能级开放创新平台。永川区全力打造高能级对外开放平台、高层次产业承接平台、高水平制造创新平台、高标准企业服务平台。2018 年 2 月，永川高新区升级为国家高新区，辖 5 个产业园。永川高新区已集聚国家高新技术企业 189 家、科技型企业 636 家、国家级专精特新“小巨人”企业 6 家、市级专精特新企业 81 家。重庆（国家）自贸试验区联动创新区成功获批，与四川自贸试验区成立川南渝西自贸协同改革联动创新联盟，助力打造对外开放高地。2021 年 8 月，永川综合保税区正式开工建设，2023 年 2 月，通过国家验收，已正式封关运行。永川综合保税区是成渝双城经济圈主轴上的唯一综保区，紧邻“渝新欧”大通道起点，是西部陆海新通道节点，处在川黔渝三区交会点，航空、铁路、公路及水路运输条件便利，距正在规划建设的重庆新机场约 20 千米，距长江永川港区 25 千米，毗邻渝新欧栏杆滩火车站、渝昆高铁永川南站、重庆三环高速永川南下道口。永川综保区探索“汽车 KD（散件组装）零部件集货出口新模式”的创新实践取得进展，2023 年，装载长城汽车“长城炮”零部件和混动越野车零部件的货车驶出重庆永川综合保税区，分别发往厄瓜多尔及泰国，标志着永川综保区首批货物顺利通关出区。成功举办中国电影科创峰会暨第十四届中国电影科技论坛，中国电影科创峰会将长期落户永川。目前，永川科技片场已建成国内单体规模最大、全流程使用虚拟拍摄技术的数字科技影棚，是国内唯一拥有全 LED 虚拟拍摄技术的地方。

图 12　重庆永川综合保税区首批货物通关出区活动现场

构建高水平对外开放格局。永川区坚持“引进来”“走出去”战略，紧盯外资招商，创新方式，强化协同，引进大项目、大企业，培育发展新动能。加快发展外贸业务，提升对外开放水平。目前，永川综保区已储备优质项目50余个，签约入驻项目25个。正发挥海关特殊监管区进口免征关税、出口退税、区内保税等税收政策优势，吸引渝西川南地区外向型企业在永川集聚。其中，长城KD工厂（拼装工厂）已投产运营，国药医疗器械渝西分拨中心、启硕半导体保税封装智能制造、咖啡保税烘焙分拨基地等项目正在进行厂房、仓库装修，预计年内投产。东盟干冻果品集散分拨中心项目已正式签约，欲打造成融“物流+贸易+产业+金融”为一体的东盟干冻果（重庆）交易分拨中心和副中心。智能制造领域已签约引进和培育广州数控、云南台正机床联盟体、德国埃马克、德国利勃海尔等多家企业，打造“高端数控机床产业园”。已入驻德国利勃海尔齿轮加工机床及自动化、德国埃马克机床、德国SW机床、德国德根机械等德国高端数控机床企业4家，台正国产数控机床联盟企业24家，并进驻了西安交通大学和华中数控等2家数控系统及公共技术的研发、检测平台。目前已形成了以智能装备、汽车及零部件、电子信息、特色轻工、能源及新材料为代表的五大产业集群。除了“引进来”，永川“智造”部分产品已开始走出国门。重庆威诺克智能装备股份有限公司的20套“永川造”智能机床在2023年5月底发往越南，是“永川造”智能机床首次出口海外。重庆永川宇航智造技术研究院获得海外订单，其生产的200台桌面3D打印机将出口至卢森堡。另外，还有多批智能机床出口到意大利、越南等国。

推动国际化职业教育合作。依托西部职教基地，坚持推动职业教育对外合作，帮助“一带一路”沿线发展中国家提升劳动人口素质和获取收入的能力。永川区“产城职创”融合发展新模式获教育部高度肯定。西部职教基地已投入运行的院校达17所，在校学生达到18万人，每年向社会输送4万余名高素质技术技能人才。永川区政府与西门子数字化工厂集团、重庆城市职业学院签订战略合作协议，落地永川智能制造公共实训基地和西门子智能制造挑战赛西南赛区等项目，积极推动数字化智能化技术融合职业教育。重庆水利电力职业学院与德国工商大会（AHK）共同成立中德工程师学院，针对《中国制造2025》和“德国工业4.0”对技术人才的新需求，重点建设AHK认证培训中心，共同培养与国际化标准接轨的智能制造人才。重庆水利电力职业技术学院与泰国5所职业院校签订合作备忘录，对接中国“一带一路”倡议和“泰国工业4.0”发展战略，开展短期技能培训、留学生互派、教师互访与培训、语言教学与人文交流等多项务实合作，成为中泰职教间交流与合作的新生力量。永川职教中心引入了德国“双元制”教育理念，与苏州易北教育集团签署了战略合作协议，成立了“重庆中德专业技术培训中心”，重点培养机械、数控机床方面的高水平技能型人才。永川区成功举办首届西部职业教育高峰会、2021“一带一路”暨金砖国家技能发展与技术创新大赛之数据分析与可视化技术应用（高校组）赛项国内总决赛。

（二）存在的问题

基础设施建设滞后。虽然推进“一环十一射三通道”公路网和“九干线三支线”铁路网建设取得了重大进展，但缺乏沿江铁路，北上南下货运铁路不畅通，在一定程度上阻碍了融入共建“一带一路”的进程。

进出口贸易水平低。虽然高新区、综保区等对外开放平台补齐了成渝地区双城经济圈中部地区开放短板，在带动毗邻地区融入共建“一带一路”方面取得了一定成绩，但因起步晚，开放程度不高，对外贸易依存度低。

二、特色做法、典型案例

（一）中德职教合作

永川全面贯彻习近平总书记在党的十九大报告中提出的完善职业教育和培训体系的要求，深化产教融合、校企合作。永川是国家定位的西部职教基地，与拥有世界先进职教模式的德国在职业教育、技能培训、建设技能认证体系和保障德国装备企业在华用工等领域积极开展合作，加强对德国先进职教理念、管理方法、人才资金，及其他职业教育资源的引进，建成校企共建实训基地25个、订单班200多个，每年培养“永川工匠”3万人以上，就业率96%以上，为“德国工业4.0”、《中国制造2025》提供数量充沛、技能达标的产业工人，为“一带一路”建设提供技术、智力支持。

共建中德职教公共培训平台。永川区通过“政校企”共建产业学院、实训基地、研发平台和订单班等形式，拓展中德校企合作的广度和深度。一是共建中德西门子国际学院。永川区与重庆城市职业学院、西门子有限公司三方共建中德西门子国际学院。在专业课程设置培训、实操训练、专业技能认定等方面开展合作，共同打造国内一流，集科技研发、生产示范、人才培养于一身的新型学院。二是共建中德智能制造公共实训基地和赛事基地。德国西门子与重庆城市职业学院共建智能制造公共实训基地，协同筹办“西门子杯”中国智能制造挑战赛西南赛事基地，开展技术培训、师资培训、认证培训等培训服务。

共办中德职业教育论坛，搭建中德职业教育交流通道。永川区搭建中德职业教育论坛、中德职业交易日等交流互动平台，聚集皓然咨询、苏州易北教育科技等来自中国和欧洲的培训机构、服务提供商和设备制造商，为学校和企业在技能教育和培训中遇到的问题提供现代化的解决方案，促进职教高质量发展。

对标“德国工业 4.0”和《中国制造 2025》，共同培养创新型、技术型人才。围绕智能制造产业链，重庆城市职业学院联合永川区凤凰湖工业园区，与德国数控机床企业、重庆广数机器人有限公司共建智能制造公共实训基地，与德国工商大会合作共建中德制造等二级学院（产业学院）。一是推行“园校企共建，产教融合的现代学徒制”，培养重点领域智能工厂、数字化车间所急需的技术人才。二是成立中德智能制造研究所，创建技能大师工作室，为双基地建设搭建桥梁，形成人才培养、产教研用深度融合的开放共享型服务基地和教育教学实践平台。

（二）组建“中国—老挝职业教育发展共同体”

重庆城市职业学院牵头联合中国和老挝首批 33 家普通高校、职业院校、行业企业成员单位组建成立“中国—老挝职业教育发展共同体”。自成立以来，在澜湄基金合作项目申报、国际课程和课程标准开发、专家团队建设、师资人才培训、平台机制建设等方面取得了可喜的成绩，构建形成了中老职业教育研究院、公共实训中心、教育学习中心、教师发展中心、课程资源中心“一院四中心”国际交流合作平台。依托平台机制，成员单位成功申报澜湄基金项目 6 个，获批教育部、中国—东盟、重庆市国际化特色项目 3 个，立项研究课题 10 项，承接开发中老国际化课程和课程标准 33 门，培训老挝中高级管理人才 500 余人，新增成员单位 35 家。“老挝共享国际产业学院建设”入选重庆市国际化特色项目。

图 13 中国—老挝职业教育发展共同体成立仪式

三、面临的新形势分析

（一）面临的机遇

永川区位于成渝双城经济圈发展主轴，在共建“一带一路”、成渝双城经济圈建设等背景下，面临重大发展机遇。通过与“一带一路”沿线国家和地区建立更紧密的经济联系，可以更好拓宽市场空间和资源渠道，同时，“一带一路”沿线国家和地区的市场需求也将带动区内相关产业的发展，提高永川区企业国际化水平和竞争力。

（二）面临的挑战

永川区作为长江上游、成渝发展主轴、双城经济圈桥头堡城市，对外开放起步时间较晚，起点低，加之地理位置限制，发展在很大程度上受到制约。尽管在诸如西部大开发、区域经济发展等政策支持下取得了一定的成就，但总体来看，外资利用率不够，进出口贸易水平较低，对外开放基础设施较薄弱，远不能满足全面融入共建“一带一路”的需求。

四、展望未来

（一）规划建设临江国际物流枢纽

围绕建设全国性综合交通物流枢纽，着力建设临江国际枢纽城，规划建设以永川临江—朱沱物流枢纽为核心、珞璜—小南垭物流枢纽和璧山空港型物流枢纽为支撑的“1+2”国际物流枢纽体系。推动永川港区建设，依托长江黄金水道，加强与沿江港口和口岸合作。加快建设渝西水资源配置工程。加快铁路西二环线和沿江铁路的规划建设。

（二）探索创新跨境电商发展模式

永川区将加快启动跨境电商零售进口试点申报工作，出台《关于支持永川综保区跨境电子商务发展的若干政策》；积极引进国内外跨境电商龙头企业和市内跨境电商重点企业入区发展，通过“产业集群+跨境电商”模式，打造渝西跨境数字贸易产业基地，推动特色产业“抱团出海”；搭建综保区跨境电商综合服务平台，建设国际化跨境电商展示交易中心，服务渝西川南地区外贸企业通过跨境电商“走出去”。

（三）打造共建多元国际合作平台

发挥西部职教基地的主导引领作用，进一步加大对职业教育国际交流合作的支持力度，支持在永中高职院校和“中国—老挝职业教育发展共同体”所有成员单位开展文化、教育、体育等领域国际交流，促进中老两国教育合作。支持“中国—老挝职业教育发展共同体”建设共享型国际产业学院，在永企业与成员单位一起在产业学院内建设“鲁班工坊”、海外职业教育培训中心，在职业教育发展体制机制改革等方面先行先试，在陆海新通道职业教育国际合作联盟体系下，将西部职教基地打造为“一带一路”职业教育国际化开放的重要窗口，推动校企开展深度合作。发挥科技影视创新峰会作用，以科技加速影视工业化进程，以职教赋能影视人才队伍建设，搭建“一带一路”文化交流平台。

（四）持续拓展国际经贸合作空间

依托中新（重庆）战略性互联互通示范项目、西部陆海新通道、中欧班列（成渝号）等建设，积极参与国际多双边合作，加强与东盟全方位合作，加快融入 RCEP 大市场，建设 RCEP 先行示范区，扩大与“一带一路”沿线国家和地区的经贸往来，积极拓展新兴市场，构建安全高效、分工协作的产业链供应链网络。加强与京津冀、长三角、粤港澳大湾区战略对接，强化科技创新合作，加大重大开放平台协同互动。加强与长江经济带沿线省市协作发展，推动长江经济带发展和共建“一带一路”贯通融合。

[重庆市永川区发展和改革委员会　薛　飞　常　烊]

之九：重庆忠县打响“忠橙”国际品牌积极融入共建“一带一路”

近十年来，忠县上下认真贯彻落实党的十九大、二十大精神，深学笃用习近平新时代中国特色社会主义思想，深入贯彻习近平总书记对重庆作出的系列重要指示批示要求，在市委六届二次、三次全会精神和市委、市政府工作部署下，立足新发展阶段，完整、准确、全面贯彻新发展理念，积极融入新发展格局，全面融入共建“一带一路”、长江经济带发展，坚定“双特”发展思路，努力建设三峡库区特色中等城市特色产业集群县域样板，确保新时代新征程全面建设社会主义现代化新忠县开好局、起好步。

一、忠县融入共建“一带一路”的进展情况

近十年来，忠县主动融入共建“一带一路”、长江经济带发展，全县开放通道不断拓展，开放平台日益完善，开放环境逐步优化，开放型经济产业持续壮大，持续探索开放路径。在“十三五”期间，全县进出口总额累计达到1.12亿美元，实际利用外资累计达到414万美元，国际服务贸易实现零的突破，开放型经济活力逐步显现，库区开放高地建设取得新进展。

（一）开放通道体系基本构建

十年来，忠县基本形成“通道+枢纽+网络”的现代化立体交通体系，开放通道持续拓展。一是多式联运功能逐步呈现。渝万高铁忠县段项目提速推进，正式交地率98.5%，高于全市平均水平10个百分点，完成房屋拆迁5.08万平方米；渝万高铁忠县站综合客运枢纽正开展初设；梁忠疏港铁路、黔忠万高铁、梁忠石高速、沿江北线高速、G50沪渝高速复线、长（寿）忠（县）万（州）高速等项目前期稳步推进；忠县通用机场已完成可研报告编制；新生港运营良好，货源辐射至陕南、鄂西、川东、黔北，逐步构建起“铁公水空”多式联运体系，以新生港为核心的东南西北四大开放通道基本形成。二

是城市内交通骨架基本形成。高质量完成“交通三年行动计划”，以工业园区、旅游景区、高速公路、港口、铁路连接道为重点的忠信大道、三峡港湾景区主干道等干线公路建成，国省干道公路全面升级改造，基本形成覆盖全县29个乡镇（街道）的快速骨干通道，“一江两岸四片区”的城市骨架基本形成。三是信息要素作用开始显现。以信息化培育新动能，用新动能推进新发展，“数字忠州”“智慧忠州”建设加快推进，智能化信息基础设施加快完善，形成金融、数据网络，引导资金、技术、人才、数据等流动性要素向忠县集聚。

图14　忠县新生港

（二）开放平台能级显著提升

乌杨新区、临港新城、数字产业特色小镇、中国柑橘城、“三峡库区·长江盆景”五大开放平台加快建设，平台集聚辐射能力逐步提升。一是乌杨新区初具规模。乌杨新区作为全县特色工业平台初具规模，已建成10平方千米，入驻企业121家，实现年产值207亿元，对新能源、生物医药、智能装备、资源加工四大产业集群的集聚作用进一步凸显。二是临港新城项目建设快速推进。新生港一期正式开港运营，年通过能力达到720万吨。按“前港中仓后园”综合港口模式，“江海直达+渝新欧”临港新城一期基本建成，物流集散平台作用进一步发挥。三是深入打造数字产业特色小镇。按照“三区六园”格局，3.2平方千米的数字产业特色小镇提速建设，成功引进腾讯、游族、无锋等20余家上中下游企业，重庆数字产业职业技术学院完成一期工程建设。数字产业特色小镇荣获“重庆数字经济（电竞）产业示范园”称号，成为重庆数字内容产业集聚区之一。四是“三峡库心·长江盆景”基本构建成形。978 平方千米“三峡库心·长江盆景”规划编制完成，与万州、石柱建立了信息互通共享机制，区域联动格局全面形成。石宝寨景区、《烽烟三国》实景演出及白公祠文博景区、三峡港湾旅游度假区的知名度、美誉度、影响力持续提升。“三峡留城·忠州老街”（示范区）一期工程、汉阙广场、皇华岛生态修复项目一期工程、皇华城考古遗址公园项目（一期）等 8 个项目建设完成，独珠江村路网项目、二面江区域建设项目、数字产业特色小镇污水处理厂及附属管网项目等 11 个项目在建设中。忠县文旅对外开放平台载体进一步充实和完善。

图 15 三峡库心·长江盆景

（三）开放型产业持续壮大

以特色产业为支撑，以新兴产业为抓手，以开放农业为基础的开放型产业持续壮大。一是特色产业支撑作用明显。以新能源、生物医药、智能装备、资源加工为主的四大产业集群基本形成。新能源方面，形成锂电全产业链，成为全国重要的锂电产业基地之一。生物医药方面，引进培育原料药品种，培育天地药业、巨琪诺美等一批实力企业，建成 1 平方千米的医药产业园。智能装备方面，不断引进高端数控机床、机器人、无人机等智能制造企业，推动智能装备产业从“制造”向“智造”转变。资源加工方面，依托柑橘、石灰石等资源，围绕精深加工做文章，着力提升产品附加值，将资源优势转化为经济优势。二是新兴产业快速兴起。总部经济、电子商务、电子竞技及数字经济等产业高速发展，规模继续壮大。2020 年，全县电竞相关企业 4000 余家，结算金额 75.15 亿元，实现税收 3.36 亿元。全县总部及结算中心实现税收 8 亿元以上。全县农村电子商务交易额 31.25 亿元，网络零售额 16.68 亿元。三是现代山地特色高效农业发展势头强劲。大力推进“103050”工程，农业结构持续优化，着力发展柑橘、笋竹等特色产业。2020 年，累计培育家庭农场、龙头企业等新型农业经营主体4717个，累计认证“两品一标”106个，创建市级名牌农产品29个。“忠橙”代表重庆柑橘首次直接出口新加坡，并实现常态化出口东南亚等“一带一路”沿线国家和地区。

与此同时，打造内陆开放高地，需要以大城市、大枢纽、大口岸、大平台、大产业为基础，忠县尚未形成集聚效应。一是总体发展水平不高，2020年忠县地区生产总值427.65亿元，低于周边区县，整体经济有待进一步提振。二是虽然近年来全县多式联运发展迅速，但通道基础仍较为薄弱，暂无铁路过境，乡镇道路等级不高，衍生出较高的企业物流成本，运输能力对外贸出口的促进带动作用有待进一步提高。三是优势产业集群已初步形成，但开放主体较少，产品高端化不足，拥有自营出口经营权及实绩的企业基数较小，缺乏具有实力的本土及境外市场和销售渠道。四是现有开放平台资源整合协同欠佳，周边区县竞争激烈，使招商引资难度加大，洽谈项目增量有限。

二、特色做法及典型案例

（一）打响“忠橙”国际品牌

忠县为做好做优柑橘产业综合文章，精心打造了“忠橙”区域公用品牌，全力推动“忠橙”唱响全国、走向世界，“忠橙”品牌价值达到7.94亿元。2020年，通过陆海新通道，“忠橙”首次代表重庆柑橘出口新加坡，有效拓展了国际市场。2022年4月，忠县3000吨忠橙出口至东盟国家，这是当时重庆最大规模的生鲜水果出口“大单”。

（二）成功创建中国（重庆）自由贸易试验区忠县高新区联动创新区

2023年4月，中国（重庆）自由贸易试验区联动创新区（第二批）名单出炉，忠县成功创建中国（重庆）自由贸易试验区忠县高新区联动创新区，将重点围绕数字经济、多式联运、港口物流等方面开展差异化探索，有利于忠县发挥交通区位优势和自贸试验区政策优势，深度融入共建“一带一路”。

三、面临的形势分析

“一带一路”建设和长江经济带、新时代西部大开发、西部陆海新通道、成渝地区双城经济圈等重大战略的深入实施，为西部地区协同发展带来新的机遇，有利于西部地区实现高水平开放。

（一）全球治理体系发生深刻变革，为忠县更好参与全球产业分工和世界经济大循环提供了广阔外部空间

全球双边、区域经济合作势头上升，对外交往朋友圈不断扩大，RCEP 签署和 CAI 谈判完成，共建“一带一路”等深入推进，有利于忠县更好参与全球产业分工和世界经济大循环，培育外贸外资新增长点。

（二）推进西部大开发形成新格局、成渝地区双城经济圈等国家战略的实施，为忠县打造库区开放高地提供强大动力

《关于新时代推进西部大开发形成新格局的指导意见》中提出，以共建“一带一路”为引领，支持重庆打造内陆开放高地和开发开放枢纽，鼓励重庆加快建设国际门户枢纽城市。党中央作出推动成渝地区双城经济圈建设、培育建设国际消费中心城市、服务业扩大开放试点城市等重大决策部署，忠县被纳入成渝地区双城经济圈重庆 27 个区县建设范围，定位为“双核”之“重庆核”北翼重要节点城市，忠县成为沿江通道重要组成部分。

（三）重庆打造内陆开放高地的战略目标定位，为忠县打造库区开放高地提供重要推力

《全面融入共建“一带一路”加快建设内陆开放高地行动计划》指出，到 2022 年，重庆将基本形成全方位、多层次、宽领域的开放格局，初步建成内陆国际物流枢纽和口岸高地，全面融入共建“一带一路”加快建设内陆开放高地进入新阶段。忠县以全面开放和重点突破相结合为导向，针对通道、平台、口岸、主体和环境五大开放要素，围绕“两点”优势，部署具有突破性与引领性的重大项目和改革措施，以求重点突破，以点带面。

（四）重庆推进“一区两群”协调发展的战略举措，为忠县打造库区开放高地提供重要抓手

从全局谋划一域、以一域服务全局，重庆市将着力构建“一区两群”协调发展格局，促进各片区发挥优势、彰显特色、协同发展。突出渝东北三峡库区城镇群“库区”“山区”特点，更加注重生态经济要素集成与协同，建

设长江经济带三峡库区生态优先绿色发展先行示范区。忠县地处三峡库区腹心，是重庆市“一区两群”发展蓝图中渝东北三峡库区城镇群的重要组成部分。该战略的推进实施有利于忠县充分挖掘自身特有的生态资源，凸显比较优势，并将优势发挥到极致。

四、未来发展愿景及展望

按照重庆市委把成渝地区双城经济圈建设作为“一号工程”和全市工作总抓手总牵引的决策部署，依托新时代西部大开发、共建“一带一路”、长江经济带、成渝地区双城经济圈、西部陆海新通道建设等重大机遇，坚持从全局谋划一域、以一域服务全局，全力推进库区开放高地建设，加快推动经济社会高质量发展。

（一）强化与长江经济带和东部地区合作

发挥忠县位于长江上游的优势，积极推进与长江经济带沿线地区的交流与合作，推进区域产业协同发展和市场一体化建设。推进新生港等开放平台与长江经济带沿线重要口岸和企业的战略合作，在平台建设、物流领域、产业协同、对外贸易、开放通道等方面开展全面合作。建立与东部沿海地区产业转移对接机制，共同打造园区建设、项目孵化、人才培养、市场拓展等服务平台，定期组织开展对接活动，承接沿江沿海产业转移，打造市级与沿江沿海地区合作试点。

（二）主动参与成渝地区双城经济圈建设

发挥比较优势，积极在区域协同协作、现代产业补链延链强链、交通基础设施互联互通、生态环境联防联控联治、公共服务共建共享等方面参与成渝地区双城经济圈建设。积极承接成渝地区产业转移，增强产业配套能力，优选产业配套项目，加大招商引资力度，建设加工贸易转移示范地和成渝地区产业转移示范区。积极对接万达开川渝统筹发展示范区，提速打造成渝地区双城经济圈“双核”之“重庆核”北翼重要节点城市。依托新生港及快速物流通道，为川东北、渝东北和渝东南广大经济腹地提供快捷便利的水运通道。争取三峡枢纽水运新通道建设后，实现万吨级船舶“江海直达”。主动融入巴蜀文化旅游走廊建设，着力打造一批跨区域特色文旅融合精品旅游线路。

（三）加快融入西部陆海新通道建设

优化通道网络、枢纽节点，构建东挽长三角、西融成渝地区、南连21世纪海上丝绸之路、北接渝新欧的陆海联动开放格局。依托广忠黔铁路、梁忠黔铁路，深度融入全市西部陆海新通道“七大交通走廊”建设，建成投用渝万高铁，积极推进黔忠万高铁前期工作。用好西部陆海新通道，更好发挥沿江通道作用，积极推进水运枢纽建设，加强与长江沿线港口协作联动，打造新生港铁公水多式联运中心，构建“铁公水空”多式联运体系，为川东北、渝东北和渝东南广大经济腹地提供快捷便利的水运通道。加强与山东省港口集团合作，探索“内陆港—海港”江海联运新模式。

（三）全面融入“一区两群”协调发展

积极对接主城都市区，加强与中新（重庆）互联互通项目及自贸试验区在贸易、金融、交通等方面的深度合作，积极推进一批合作项目落地忠县。强化与西部（重庆）科学城、两江新区等开放平台的合作，探索共建合作共赢、资源互补的“飞地”园区和“飞地”楼宇，探索建立规划建设、运营管理、成本分担、利益分配等“飞地经济”模式。全面融入渝东北三峡库区城镇群，加强与渝东北周边区县在机制互建、交通互联、文化互融、产业互动等方面的合作。联动万州、石柱等库区腹心区县，共同打好“三峡牌”，推进长江三峡区域旅游一体化发展，全面提升“大三峡”旅游品牌形象，扩大“大三峡”国际影响力和美誉度。携手万州、长寿力争创建国家级化学原料药基地。联动“三峡柑橘”等品牌，着力打造长江流域“三峡橘乡”生态精品现代柑橘产业示范带。强化与万州、奉节、丰都等长江沿线著名景区在文化挖掘、功能拓展、设施配套等方面的合作。主动对接万达开川渝统筹发展示范区建设，推进与川东北、渝东北协同发展。

[重庆市忠县发展和改革委员会　黄　星　周致衡]

Ⅳ

代表企业

之一：重庆物流集团全面融入共建“一带一路”的初步成果与开拓前景

重庆物流集团有限公司（以下简称“重庆物流集团”）始终坚持服务国家战略，深度融入共建“一带一路”大局，用足用好各类政策，以参与中欧班列（渝新欧）运营为切入点，全面推动构建全市一体化“通道+枢纽+网络+服务+平台”现代物流运行体系和辐射网络，为维护产业链供应链稳定畅通、高质量共建“一带一路”提供有力支撑。

一、融入共建“一带一路”进展情况

（一）中欧班列（渝新欧）发展成效

运行质量更优。2013 年 3 月 18 日，首趟欧洲—重庆回程班列正式开通，当年共计开行班列 45 列。此后，渝新欧相继开行中亚、中越、中老泰、渝滇缅印度洋等国际班列并稳定运行。2022 年，渝新欧共计开行国际班列超 3100 列，较 2013 年增长近 70 倍，货物发送量增长 157 倍，班列去回程更加均衡，开行质量大幅提升。

货物品类更全。由 IT、整车等产品拓展至目前涵盖智能终端、汽车整车及零部件、高端医疗药品及器械、冷链医药、邮包、跨境电商、轻工制品、大宗物资等上万种货物，门类更为齐全、货源更加多元。

运行线路更密。现已形成“3+8+N”集结分拨体系，稳定运行线路近 50 条，国际可辐射欧洲、中亚、日韩、东南亚、北美及北非等地区，通达亚欧 100 多个城市。

资源分布更广。境内外仓储资源已拓展至近 40 万平方米，覆盖德国、波兰、匈牙利、越南、泰国等近 20 个欧亚国家，并拥有国内首个自主产权杜伊斯堡海外仓，可充分满足客户多点位、多元化运输和运营需求。

研发新型保温集装箱，破解冬季运输难题，保障班列全年稳定运行；通道网络发达、体制机制健全，可有效规避单一运输方式和运行线路断链风险，快速解决突发状况，保证班列境外运输更加安全高效。

营商环境更优。推动建立沿线“五国六方”铁路联席会议制度、跨国海关国际协调机制、量价挂钩机制、“五定”班列模式、中欧“安智贸”试点、多国海关便捷通关和境外运输安全保障机制等，不仅降低了运输成本，解决了重庆本地电子产品出口困难的问题，更开创了亚欧两大铁路组织使用统一运单先例，开了中欧班列运输先河。

区域联动更实。作为行业高质量发展的引领者，除了实现自身向好发展外，还积极开展区域合作，推动行业行稳致远。通过跨区域集货集运、合资合作、股权收购等模式，与全国近10个省份建立起区域战略合作关系，促进中欧班列向“融合共生”的高质量发展目标迈进。

创新突破更强。率先打破国际铁路60年来禁止运邮的禁令，成为海关总署批准的国内第一个铁路运邮试点城市，构建了国际铁路运邮新规则。累计发送邮包3000万件，货值21亿元，位居全国第一。在开具首笔铁路提单国际信用证基础上，完成铁路提单的地方立法，并在国内率先通过司法判例获得国家法律支持，获批全国中欧班列铁路物权凭证试点，成为全国首批中欧班列集结中心示范工程建设城市。

品牌打造更响。“渝新欧”成为中欧班列中唯一获得中国驰名商标保护和全国5A级综合型物流企业双认证的综合物流服务商，综合竞争力显著提升，在国内外享有极高的知名度。截至目前，渝新欧国际班列已累计发运超过1.3万列，运输货值近5000亿元。重庆现已成为全国中欧班列开行时间最早、数量最多、运输货值最高、辐射范围最广、带动产业最强的城市。

（二）存在问题

1. 中欧班列（渝新欧）存在的问题

地缘政治风险。受俄乌冲突持续影响，欧洲方向货源出现持续下降趋势，并且俄乌冲突暂时没有终结的迹象，因此其对班列线路、市场等的影响会持续下去。由于俄乌冲突不仅影响过境乌克兰的线路，还影响欧盟企业对待中欧班列的态度，导致中欧班列整体拓展欧盟市场的难度加大。此外，欧美实施的多轮经济金融制裁也给中欧班列业务拓展带来一定挑战。

海运市场挤压影响。自2022年开始国际航运市场出现重大变化，尤其是海运价格不再像疫情暴发后的两年那样居高不下。2023年在海运价格持续下降的情况下，中欧班列价格竞争力相应减小。根据2023年国际政治经济走势，以及市场对全球海运行业的研判，海运市场对中欧班列市场的挤压会更明显。

受铁路计划有限、沿线基础设施饱和等因素制约，班列开行仍面临较多挑战。通常情况下口岸换装4小时左右就能完成，但受极端天气（大风等）以及车班调度等因素影响，口岸换装作业相对较慢，可能造成班列拥堵。

2. 兰渝铁路运价过高问题

兰渝铁路是连接我国西北与西南地区的重要交通干线，也是“一带一路”与长江经济带实现互联互通的重要支撑，于2017年全面开通，虽然铁路运距大大缩短，但铁路运价相对较高，每吨千米运价0.185元，实际运行中每吨千米高达0.20元以上，而国铁收费仅为0.145元，使得兰渝铁路物流成本优势锐减，西北地区客户仍不能轻易享受到长江黄金水道经济、绿色航运物流服务，且兰渝铁路运力也未得到充分释放。建议将兰渝铁路运价降到国铁标准。

3. 铁路运能不足、衔接不畅、标准不一的问题

西部地区的铁路运输基础设施不足，铁路复线率较低，列车运输速度慢，技术装备水平仍然偏低，现代化运输手段落后，导致铁路运能不足，不能适应运输需求。目前，多种交通方式看似无缝衔接，但铁路、公路、水路等不同运输方式管理体制相互割裂，各自的运单、标准等差别巨大且无法互认，信息无法共享。

二、融入共建“一带一路”的特色做法、典型案例

（一）中欧班列

1. 融入中新示范项目和西部陆海新通道建设

为进一步联通亚欧大陆、融入“一带一路”建设，于2017年6月，与新加坡合资组建中新环通（重庆）多式联运有限公司（YPL），充分结合集团在渝新欧大通道上的物流优势和合作伙伴的国际网络优势，现已成为中新（重庆）战略性互联互通示范项目（以下简称中新示范项目）的杰出代表。同时，为进一步拓展和增强渝新欧班列的辐射范围和带动效应，促进重庆与中南半岛的贸易往来，高效衔接中欧班列（渝新欧）与陆海新通道，2018年3月，率先开通越南国际班列并相继开行中老泰、渝滇缅印度洋等国际班列，实现了

“一带一路”与西部陆海新通道的无缝衔接，推动重庆加快建设内陆开放高地。

2. 探索多元创新业务，充分发挥通道积极作用

一是“铁路快通”。率先实现“铁路快通”模式下进出口双向贯通，累计完成超3300票，在全国遥遥领先。二是跨境人民币支付。顺利完成班列开行以来首笔跨境人民币支付业务，也是全国中欧班列开展的首笔业务。三是金融服务。大力推广使用铁路提单，积极推进“区块链+供应链金融”，加强与沿线国家金融交流，为多家上下游供应企业提供融资近2亿元。

3. 推动沿线国家紧密合作，深化多层次和领域交流

加强与沿线国家对接磋商，凝聚合作发展共识。积极参与国际铁路联运规则和铁路相关国际标准制修订。着力发掘中欧班列在人文交流中的作用，推动班列起点城市、终点城市加强全方位交流合作，并积极探索开行“人文班列”“医疗班列”“旅游班列”等。

4. 带动开放服务全局，促进沿线国家经贸往来

推动重庆市连续8年成为全球最大IT生产基地，形成电子产业集群。带动保时捷、奥迪项目相继落户重庆，助推长安、东风等品牌汽车整车及零部件出口，助推重庆形成品牌+代工+配套企业和汽车等产业集群，为区域汽车贸易产业生态圈的构建奠定了坚实基础。同时，带动进口奶粉、红酒等“保税+”业务有效拓展，加速跨境电商、药品进口等业态萌芽发展，沿线国家经贸往来更为多元，货物流转更为高效。

5. 战略通道作用凸显，推动重庆吸引沿线国家投资

一是疫情时期发挥“生命和战略通道”的作用。全国首发跨境电商B2B出口专列和“中国邮政号”专列，2020年运输防疫物资近7000吨，疏运邮包超过2000万件，发运跨境电商货物超过7000标准箱。二是促进重庆市招商引资。催生多个开放口岸，并带动发展了两个国家级保税区，现已累计推动引进外商投资超千亿美元，吸引落户世界500强企业近300家，拉动外贸进出口总货值超过4000亿元，带动外向型产业实现年均13.9%左右增长。

6. 引领行业高质量发展，打造沿线物流品牌新标杆

推动企业专列向公共班列、货源单一化向多元化转变，为行业高质量发展打下了坚实基础。在铁路运邮方面，助推构建国际铁路运邮新规则。目前，重庆是首个实现中欧班列双向运邮政策落地的城市，重庆铁路口岸也成为全

国首个国际铁路邮件进口口岸。截至2022年底，中欧班列（渝新欧）已累计发运国际邮包3000万件，货值21亿元，位居全国之首。

（二）中欧班列与长江经济带等互联互通

为高质量助力“一带一路”建设，重庆物流集团依托果园港的通道枢纽优势，实现中欧班列与长江经济带无缝衔接、高质量发展。

1. 通道无缝衔接

2017年12月，果园港发运了首趟中欧班列，目的地德国杜伊斯堡，实现中欧国际铁路与长江黄金水道的资源优势相互融合。2018年11月，开行德国曼海姆港—重庆果园港班列。2019年3月12日国际陆海贸易新通道暨路企直通班列在果园港成功首发。

2. 完善口岸功能

2019年，果园港铁路专用线设立海关临时监管设施，为中欧班列、陆海新通道班列、渝满俄班列的发运创造了有利条件。2019年9月，果园港获批成为全国首批港口型国家物流枢纽。2021年9月27日，果园港海关集中监管作业场所正式通过验收。2021年12月，重庆港口岸扩大开放果园港区顺利通过国家验收。2022年至今，果园港先后获得进境肉类、粮食、水果口岸资质，为重庆打造内陆开放高地提供有力支撑。

3. 畅通长江水运主通道

积极配合相关部门在2018年10月争取到三峡船闸集装箱优先过闸政策，每天至少确保24艘集装箱船舶优先通行，且通闸时间由以前的7~10天下降到2天左右。提升重庆水运物流运输时效，2019年5月联合上海港、支线船公司共同打造“沪渝直达快线”，通过实施定时发班、舱位互换、一船直达等系列措施，水运周期压缩35%以上，重庆至上海单航次可节约4天。

4. 发展成绩

作业货物：目前中欧班列、陆海新通道班列、渝满俄班列在果园港已常态化运行，果园港成为几大战略通道无缝衔接、互联互通重要港口，成为中欧班列、陆海新通道班列重要始发点。中亚班列回程的木材、矿石等货物，原箱经果园港中转，运输至下游江苏（张家港港）、上海地区；长江上游元明粉等货物，通过水路运输至果园港，搭乘陆海新通道班列发往东南亚。

作业量：2020年，果园港累计发运中欧班列（重庆）200多列，发运陆海新通道班列近 50 列；2021 年，中欧中亚班列 395 列，同比增长 68.8%，运输 3.2 万标准箱（含铁水联运 9206 标准箱），西部陆海新通道 267 列，增开 204 列，运输 1.3 万标准箱（含铁水联运 1127 标准箱）。2022 年中欧、陆海新通道共 1004 列，运输集装箱 6.6 万标准箱，同比增长 48.2%，各通道间铁水联运箱量超 2.5 万标准箱，同比增长 127%，国际集装箱铁水联运发展质量领先国内其他内河枢纽港。

三、面临的新形势

一是受全球经济低迷和地缘政治影响，货源挖掘难度持续加大。俄乌冲突爆发以来，不仅过境乌克兰的线路受到冲击，欧盟企业对待中欧班列的态度也受到影响，加之全球贸易趋于萎缩，民众购买力相对下降，出口市场需求减少，货源挖掘难度持续加大。

二是海运市场挤压，班列竞争日趋激烈。2023 年来海运价格断崖式持续下降，不仅导致中欧班列货源严重外流，也加剧了班列市场低价竞争乱象，集团业务开展压力持续增大。

三是线路拥堵严重影响客户体验。尽管中欧班列市场环境发生变化，但全国整体运量仍居高位，受边境口岸和境外铁路场站操作能力制约，班列拥堵、时效不理想的情况仍然存在，一定程度上造成客源流失。

四、未来发展展望

（一）中欧班列（渝新欧）下一步工作计划

渝新欧将围绕提高服务质量、加强衔接合作、推动扩围增效等多个方面，持续做好中欧班列各项保障工作，为维护国际产业链供应链稳定畅通、高质量共建“一带一路”提供有力支撑。

一是加快转型步伐，依托信息化水平提升、创新项目建设等，加快向供应链物流体系发展，提升企业综合服务能力，并引导下属企业探索更多除班列相关业务外的盈利业务，进一步增强集团整体可持续发展能力。

二是完善通道网络，持续推动喀什合资公司及中欧班列欧洲统一经营服务平台设立，在此基础上通过股权合作等多种方式适时加强对二连、同江等边境口岸的布局，并探索以多种形式在俄罗斯及西部陆海新通道沿线国家打造海外仓及物流集散中心。

三是密切关注国际形势和市场变化，针对性调整班列开行结构及计划申报，合理组织集团集装箱、拖车等业务资源，最大限度促进资源节约和高效利用，全力优化班列运营成本，确保班列发展质效。

四是针对口岸拥堵及市场竞争加剧的情况，大力呼吁国家部委采取有力措施保障重点利益，以五大中欧班列集结中心城市为发运核心，优化开行布局，引导省市间加强合作，合理控制开行城市数量，打造重点开行线路，维护行业发展秩序。

（二）通道发展计划

一是推动物流通道联动融合。推动中欧班列（渝新欧）与长江黄金水道和西部陆海贸易新通道互联互通，不仅可以直接延伸“中欧班列”的物流辐射半径，也可以通过“通道带物流、物流带经贸”，带来更多的货运量、贸易量。下一步，将重点分析重庆及周边省市几大物流通道产业布局情况、货源互联情况，构建重去重回、高效互联的经济物流运行模式。

二是推动物流运输时效联动融合。重庆几大物流通道在联动融合发展过程中，可以根据货物的附加值高低、运输时效要求等属性，科学统筹规划出海出境货物的运输路径、运输组织方式等，最大限度释放两个通道的运输潜能，形成各具特色、互为补充的发展格局，以充分满足市场对物流时效的发展需求，高质量助力我国“一带一路”建设。

三是推动多式联运联动融合。多式联运具有资源利用率高、综合效益好、责任统一等显著特点，是国家推进运输结构调整、促进物流降本增效的关键发力点。目前，重庆围绕重点枢纽港口已成功开行至四川、贵州、陕西等西部多个省市的铁水联运班列，开行有覆盖长江上游干线、嘉陵江流域的集装箱水水中转公共支线，港口多式联运集装箱量占到全市集装箱吞吐量的25%以上，处于全国港口多式联运发展领先水平。重庆融入共建“一带一路”，可以多式联运为重要抓手，依托重庆港及长江沿线港口，在现有公铁联运、海铁联运的基础上，不断拓宽多式联运服务领域，切实打通多式联运“最后一公里”，有效推动我国多式联运“一单制”、多式联运运输技术标准规范体系的健全完善。

[重庆物流集团有限公司　杨　杰]

之二：中国进出口银行重庆分行融入共建“一带一路”的初步成果与开拓前景

“一带一路”倡议提出10年来，逐渐从理念转化为行动，从愿景转变为现实，建设成果丰硕，习近平总书记强调，未来“一带一路”建设需要聚焦重点，精雕细琢，推动共建“一带一路”高质量发展，这既对金融业促进资金融通提出了更高的要求，也将为各金融机构带来更大的合作发展机遇。中国进出口银行重庆分行（以下简称重庆分行）积极落实习近平总书记对重庆积极发挥“三个作用”的重要指示精神，在市委、市政府的正确引导下，紧抓重庆地处“一带一路”与长江经济带“Y”字形大通道联结点，打造“承东启西、牵引南北、通达江海”内陆开放高地和美丽山水城市的契机，助力“一带一路”建设。

一、融入共建“一带一路”的进展情况

作为长期致力于推动我国进出口贸易和国际经济合作的金融机构，中国进出口银行始终致力于将专业优势与重庆市经济发展紧密结合，大力支持“一带一路”建设。重庆分行紧扣重庆处在长江经济带、成渝双城经济圈、西部陆海新通道等多个战略支点之上的发展实际，坚持政策性金融职能职责，聚焦具有战略意义、社会效益和示范效应的重大项目，持续服务重庆区域“一带一路”相关产业链和基础设施建设，助推实体经济高质量发展。截至2023年7月，重庆分行累计支持“一带一路”贷款超过612亿元，贷款余额超过125亿元，支持项目近300个，融资支持项目和余额逐年稳步提升。

二、融入共建“一带一路”的特色做法与典型案例

（一）增强“一带一路”出口，聚焦企业“走出去”

发挥传统优势以支持企业“走出去”对外承包工程为例，重庆分行以开

立投标保函、预付款保函、履约保函、融资保函及发放境外工程承包贷款等方式支持重庆在乌干达、肯尼亚、孟加拉国等地建设多个项目；支持中冶赛迪集团有限公司开展对文安钢铁（马来西亚）有限公司 Samalaju 联合钢厂集钢铁冶金、建筑建材、石材加工、港口物流、商贸等功能于一身的大型临港综合产业园区建设。支持国内一流通机及其关键零部件生产企业润通科技，助力其拓展越南、阿联酋、巴基斯坦、菲律宾、柬埔寨等国家业务。土耳其作为“一带一路”重要支点，向其境内银行提供转贷款，用于满足土耳其进口商开展中土贸易所产生的资金需求，助力中土双边经贸合作。在支持企业开展对外投资方面，重庆分行积极作为，参与中节能集团等一批重点项目的融资，而在近年发展战略性新兴产业的背景下，重庆分行持续加大对智飞生物、华邦健康、重庆药友等一批重庆市医药产业企业的金融支持力度，助力其“走出去”引进先进技术和获取海外市场，有力推动了重庆市医药产业做大做强，以实际行动贯彻落实健康中国战略。

（二）提升“一带一路”进口，助力项目“引进来”

崇尚创新。为重庆万国半导体科技有限公司提供融资支持，助力中国首家、全球第 2 家 12 英寸功率半导体芯片制造及封装测试生产基地项目投入运营，进一步推动我国集成电路发展的同时，也极大地助推了“中国芯”重庆制造的提速。与重庆恒芯天际科技有限公司在重庆签署贷款和贸易金融协议，支持恒芯天际生产、制造特定用途的高端通信设备，发放转型升级流动资金贷款及贸易融资，继续支持其在重庆市合川区投资建设国家级信息安全产业示范基地，形成集信息安全产业研发、生产、测试、展示、销售、服务于一身的年产值千亿元级的信息安全产业集群，打造信息安全的产业圈、创新圈和生态圈。支持智飞生物等一批重庆市生物医药产业企业的转型升级资金需求，以及引进国际先进技术，并与重庆市经信委就支持重庆市医药产业发展达成战略合作意向；支持重庆市打造“6+1”产业集群，为机电制造企业提供营运资金支持，为重庆神驰机电股份有限公司全资子公司重庆安来动力机械有限公司开立 EPA 保函等。

厚植开放。中新（重庆）战略性互联互通示范项目（以下简称中新互联互通项目）是中国和新加坡第三个政府间合作项目，重庆分行自中新互联互通项目落户重庆以来，全面对接项目建设金融需求，全过程跟踪，全流程服务，不懈努力，现已初现成效。以重庆西部现代物流产业园有限责任公司为例，重庆分行为其提供信贷资金，重点支持了铁路口岸公司铁路保税物流中心（B型）项目、物流园公司中国西部生产资料市场和铁路保税物流中心（B型）拓展区等重庆市级重点项目，大力支持其将重庆西部物流园打造成重庆市“一带一路”起点、国家服务标准化试点园区和首批市级重点物流园区。

（三）畅通“一带一路”建设，构建内陆开放高地

支持大通道建设。为进一步提高重庆航空业的运输能力，充分发挥重庆区位优势，提升对长江经济带、西南地区乃至西部地区强大的辐射和带动作用，重庆分行为重庆江北机场T3航站楼建设及第三跑道扩建提供信贷资金支持，助力重庆江北机场建成旅客吞吐量4500万人次、货邮吞吐量110万吨、飞机起降37.3万架次综合性国际机场。

支持口岸经济建设。重庆港主城港区果园作业区作为重庆市的核心枢纽港，是长江上游最大的综合港口枢纽和我国最大的内河水、公、铁联运枢纽港，它的投入使用将实现丝绸之路经济带与长江黄金水道的无缝连接。重庆分行为重庆港主要建设运营企业重庆港务集团提供资金支持，主要支持项目包括果园港铁路专用线项目、果园集装箱码头项目、果园商品车滚装功能区项目等，有利于完善重庆港果园作业区功能分布、提升果园作业区吞吐能力，同时对于重庆发挥西部大开发的重要战略支点、“一带一路”和长江经济带的联结点作用具有重要意义，推动重庆形成区域协调发展和对外开放新格局。

支持大通关建设。重庆分行抢抓重庆市“渝新欧”班列开行，保税区、整车进口口岸获批等重大开放型经济建设成果和机遇，主动加强与西永综合保税区、寸滩保税港区、团结村铁路保税物流中心的合作，推动重庆市打造西部平行进口车集散地，引导平行进口汽车企业落户重庆并支持其进口所需资金，助推“渝新欧”回程班列稳定货源，降低开行成本。

三、面临的新形势分析

（一）发展机遇

自2013年9月“一带一路”倡议提出以来，越来越多的“一带一路”沿线国家和地区加入其中，为区域经济发展注入了新的活力。重庆地处长江上游地区，是内陆地区唯一的直辖市；又是丝绸之路经济带与中国—中南半岛经济走廊和长江经济带“Y”字形大通道的重要战略节点，是海上丝绸之路重要战略腹地。优越的地理位置为重庆经济发展打下良好基础，也使重庆在

“一带一路”框架中扮演着重要角色。

有利于产业发展。“一带一路”倡议的提出加强了重庆与全球的联系，要求重庆必须完善交通、商业服务、科研技术服务等基础设施，更好地促进经贸往来。在“一带一路”倡议下，要想出口产品竞争力高，更好地实现“走出去”，需要不断优化产业结构，利用创新驱动发展，形成电子、汽车、生物医药产业集群。

有益于市场拓展。“一带一路”倡议提出政策沟通、设施联通、贸易畅通、资金融通和民心相通的五通发展，65 个国家的互联互通带来了巨大的经济价值。沿线人口占全世界人口的63%，并且随着“一带一路”倡议的完善与发展，沿线各国经济实力上升，人民生活水平提高，愿意把钱花费在旅游或者其他高档耐用品上，消费潜力呈上升趋势。整体看，“一带一路”倡议的提出拉动了沿线国家经济的发展，有益于消费潜力的释放和市场的开拓。

有助于深化改革开放。“一带一路”倡议的提出有利于重庆“走出去”，进一步促进内陆开放，打造“内陆开放高地”。促进与沿线国家的政府、高校、企业三方合作开展旅游文化与人才的发展、培养，促进双方旅游业的发展，从而带动第三产业发展壮大。

（二）面临挑战

宏观方面的挑战。一是经济波动的传导与影响风险。“一带一路”倡议的提出，客观上加强了沿线国家的经济联系。不少国家却采用贸易保护主义方式，保护本国市场。同时，沿线国家经济实力相差较大，各国采取的贸易政策不确定，政局不稳定，存在贸易水平下降的风险。二是文化差异可能成为发展障碍。在“一带一路”交流日益加深的同时，各国间的国民商事纠纷、涉外诉讼也不断增多，这源于国家间文化的不同引起不必要的误会。如果不了解对方国家的风土人情、文化背景很容易好心办坏事，导致合作失败，甚至产生不必要的摩擦。三是地区安全问题可能妨碍经济健康发展。“一带一路”沿线国家众多，由于经济、文化、民族或是宗教信仰不同等原因在政治上存在矛盾。重庆在与沿线国家交流合作时如何确保双方信息真实可信，如何确保信息不被泄露等，这些都构成发展的潜在挑战。

微观方面的挑战。一是项目信息获取及项目参与存在一定困难。近年来，随着“一带一路”的持续推进，虽然“一带一路”项目不断增多，但是重庆分行获取“一带一路”项目信息方面还存在一定的困难，暂无较为成熟的项目获取、推荐渠道。在“一带一路”重点项目的营销方面，重庆分行成功参与和取得较大贷款份额还存在一定的难度。二是国际汇率风险。2018年以来，由于贸易摩擦持续等原因，一些国家货币的汇率极不稳定，重庆分行2019年开展的印度尼西亚和土耳其项目都曾面临货币汇率闪崩的情况，复杂多变的国际经济形势对下一步开展工作造成一定的困难和影响。三是政治、法律风险。从重庆分行已开展的一些境外项目法律尽职调查分析，某些国家尤其是非洲、东南亚国家，在贷款发放、担保落实、贷款回收等各方面存在诸多特殊、复杂的法律规定，某些国家还有较高的国别和政治风险。重庆分行在这些国家拓展业务时面临的政治、法律风险要远大于在国内以及法律制度较先进和健全的国家。

四、未来展望

“一带一路”是连接我国全方位对外开放与沿线地区繁荣发展的纽带，既为重庆发展提供机会，也为中国发展提供动力，又为世界发展创造机遇，将推动形成以外带内、以内促外、内外联动、内外一体发展的新局面。党的十九大报告提出：要推动形成全面开放新格局；要以“一带一路”建设为重点，坚持“引进来”和“走出去”并重，遵循共商共建共享原则，加强创新开放合作，形成陆海内外联动、东西双向互济的开放格局。重庆是“丝绸之路经济带”的重要枢纽和“21世纪海上丝绸之路”的产业腹地，“渝新欧”国际铁路大通道与“一带一路”、长江经济带的结合点，重庆分行将助力其搭建开放式、包容性的金融平台，深化互联互通、加强务实合作，积极发挥政策性银行的引领和导向作用，全力打造支持“一带一路”的金融大动脉；未来，将继续坚持“质量第一、效益优先”的发展目标，加大资金投入，扎实推进相关工作，为重庆融入“一带一路”建设架桥铺路，为实体经济高质量发展融资献智。

（一）坚持政策性职能定位，积极落实国家战略

结合政策性业务特点，业务拓展重点向支持外经贸发展、对外开放、国际合作、企业“走出去”等“一带一路”领域倾斜。要求员工熟练掌握重庆分行规章制度及业务管理办法，明晰重庆分行服务领域及经营范围，以政策性金融机构的定位开展信贷业务。积极向客户宣传重庆分行业务、产品特色，以政策性业务为主体，结合企业特点，用好政策性业务产品，支持实体经济

发展。重庆分行将积极通过出口卖方信贷、优惠利率进口信贷等贷款品种，为有高新技术、有较强竞争力的企业提供金融支持，支持企业进口国外先进技术及国内稀缺资源等。

（二）支持产业转型升级，助力贸易回稳向好

重庆分行充分分析重庆企业进出口贸易形势，发挥政策性银行作用，加快培育外贸竞争新优势，推动“一带一路”进出口贸易平衡发展。主要支持的行业有：高档数控机床、高端生物医药、高端装备制造、太阳能装备、新能源发电运营维护等，涉及重庆两江国际云计算产业园一期工程、西永综合保税区达丰（重庆）电脑生产基地项目等。一方面，持续加大“一带一路”国家进出口贸易项目储备，深耕已有项目。另一方面，将积极向中国人民银行申请使用 PSL 专项资金，发挥 PSL 贷款支持国家重点领域、重大战略的作用。

[中国进出口银行重庆分行　操苏蓉　龙江林]

之三：重庆建工集团融入共建“一带一路”的初步成果与开拓前景

重庆建工集团股份有限公司（以下简称重庆建工集团或公司）是市属国有重点企业，于1998年由原重庆市建筑工程管理局整体改制而成，于2017年在上海证券交易所主板挂牌上市（股票代码：600939），现已发展成为一家集投资、开发、建设、管理、经营、服务于一身的大型国有建筑企业集团。公司注册资本金18.15亿元，下辖全资控股二级企业25家，拥有房屋建筑工程、公路工程施工总承包双特级资质和建筑行业甲级设计资质，拥有超高层建筑、高速公路、超大跨度桥梁及隧道施工、商品混凝土生产、建筑机械制造等核心技术，具有行业卓著的工程建设品牌影响力。公司业务遍布全国大部分省（区、市）和全球20多个国家和地区，连续22年入选中国企业500强。

近年来，重庆建工集团坚持以习近平新时代中国特色社会主义思想为指引，认真学习贯彻习近平总书记关于共建“一带一路”、对外开放重要论述和视察重庆重要讲话精神，深入贯彻落实重庆市委、市政府全面融入共建“一带一路”加快建设内陆开放高地的重要工作部署，积极布局“一带一路”沿线国家和地区市场，加快向打造“千亿建工”、建设一流企业的战略目标挺进。

一、融入共建“一带一路”的进展情况

“一带一路”倡议提出以来，重庆建工集团高度重视，主动站在党和国家大局上谋划推动共建“一带一路”工作，专门组建了市场营销管理部和埠外工程事业部，在更高层面上统筹资源，集中力量实施“走出去”战略，加大“一带一路”沿线市场布局，取得了显著成效。2013年至今，重庆建工集团承建国际工程项目31个，其中“一带一路”沿线国家工程项目28个，签订

工程承包合同额超10亿元，成功进入沙特、巴林、伊拉克、科威特、斯里兰卡、尼泊尔、埃塞俄比亚、赤道几内亚、塞尔维亚等9个新国别市场，并在塞尔维亚、埃塞俄比亚、巴林等国家新注册成立了海外分支机构。在“一带一路”沿线65个国家中，公司足迹已遍布20多个国家，业务涉及房屋建筑、道路桥梁、石油化工、水利水电等诸多施工领域，建成了一批在行业内具有很大影响力的工程项目，在国际建设市场赢得了良好的信誉和品牌。

近年来，公司主动加强对外交流合作，积极参加中国国际智能产业博览会、中国西部国际投资贸易洽谈会、“一带一路”高峰论坛、“一带一路”国际技能大赛、“一带一路”科技交流大会等活动，成功接待了斯里兰卡国家供电局代表团、缅甸工业部代表团、蒙古国乌兰巴托市代表团等国际友人，国际交流广度深度显著提升。围绕“一带一路”基础设施互联互通，公司承建了塞尔维亚兹雷尼亚宁轮胎工厂项目、苏丹综合化工项目、赤道几内亚马拉博大学项目、塞尔维亚贝尔格莱德污水处理厂项目、斯里兰卡阿塔纳水厂项目、斯里兰卡普特拉姆二期2×300兆瓦燃煤电站项目、柬埔寨上达岱水电站项目、埃塞俄比亚GORE-Masha-TEPI道路项目等重点工程，明显改善了“一带一路”沿线国家基础设施，带动了沿线国家当地就业近万人，有力推动了当地经济社会发展，架起了中国、重庆和“一带一路”沿线国家的友谊桥梁。

图1　重庆建工集团承建斯里兰卡普特拉姆燃煤电站工程施工现场

二、融入共建“一带一路”的特色做法及典型案例

重庆建工集团融入共建“一带一路”，始终坚持党的领导，强化统筹协调，以工程承包为重点，以风险防控为底线，推进国际业务合作、优化市场布局，在共商共建“一带一路”中实现共享共赢。

（一）坚持党的领导，统筹推动共建“一带一路”

在融入共建“一带一路”过程中，公司党委充分发挥“把方向、管大局、促落实”作用，加强党对共建“一带一路”工作的领导。公司党委把参与“一带一路”建设融入公司“十三五”规划和“十四五”规划，并与公司党代会目标任务结合起来，纳入年度重点工作进行部署推进，对相关重大项目、重大方案、重大问题及时进行专题研究。涉及“一带一路”项目的“三重一大”事项，由公司党委集体审议决策或前置研究后决策。此外，公司围绕融入和服务“一带一路”建设，结合项目实际，将党支部建在“一带一路”项目上，做到项目建设到哪里、党的工作就覆盖到哪里，以高质量党建引领共建“一带一路”高质量发展。

（二）坚持抱团发展，携手央企合力拓展海外市场

公司采取“搭船出海”“借船出海”模式，与中国能建、中设集团、中工国际、保利海外等央企合作，稳妥跟进海外市场，先后开拓了非洲、中东、东南亚、东欧等“一带一路”沿线国家工程承包业务，提升公司国际工程承包知名度。其中，公司与中国能建天津电力公司合作的赤道几内亚马拉博大学项目，是赤道几内亚最大的综合体大学工程，也是赤道几内亚一号重点工程；与中设集团合作的斯里兰卡阿塔纳水厂项目，是斯里兰卡迄今最大的单体水厂项目，也是斯里兰卡重点民生项目。同时，通过与央企合作，公司积累了国际化经营经验，提升了公司自主“走出去”拓展市场的能力水平。如今，公司自主“走出去”也结出硕果，公司承接的埃塞俄比亚 GORE-Masha-TEPI 道路项目已开工建设，合同额达 5661.26 万美元；公司下属安装集团与众多国际工程承包商同台竞技，以优秀的方案和优势的价格成功中标了沙特 F 项目。

图 2 重庆建工集团承建赤道几内亚马拉博大学项目效果图

（三）坚持依法合规，强化国际工程风险防控管理

公司多措并举，严格把控海外投资经营风险。在健全管理制度方面，公司建立了境外经营合规管理、境外投资管理、境外分支机构管理、境外财务管理、境外项目管理等制度，从企业制度层面规范了海外经营投资行为。在海外项目投标前，公司聘请熟悉当地法律法规的事务所开展当地法律和项目尽调，提前熟悉了解“一带一路”沿线国家和地区政治、经济、法律、文化等方面的实际情况，按通行规则加强项目可行性分析论证，从源头避免重大合规风险和稳定风险。在海外项目建设过程中，公司依法诚信经营，遵守我国和项目所在国的相关法律法规和行业管理规定，尊重当地风俗习惯，与当地居民和谐共处，妥善防范和化解各类风险。

（四）坚持共建共享，深化沿线国家互利共赢合作

公司在参与共建“一带一路”中，深化与项目所在地政府和企业的合作关系，在推动项目建设、改善当地民生、促进文化交流等方面发挥了积极作用，推动了当地经济社会发展。以公司承建的斯里兰卡普特拉姆二期 2×300 兆瓦燃煤电站项目为例，项目建成后日常发电量占该国总需求电量的 45%，平均降低当地电价 1/3，为当地人民生产生活带来了实实在在的便利。同时，公司大力推行属地化管理，充分利用当地资源，以有效降低施工成本、管理成本，除核心人员由公司委派外，项目属地人员占比超过 85%，有效带动了当地人员就业，并培训了大量专业技术人才。公司还积极履行国际责任和义务，参加当地公益事业，营造良好的外部环境。在斯里兰卡库鲁勒格勒遭遇洪灾时，公司项目部主动参与当地一所学校排洪抢险，有效保护了学校及周围人员和财产安全，赢得了当地社会和居民的广泛赞誉。

三、面临的新形势分析

正确认识和把握共建“一带一路”面临的新形势，是我们更广更深融入进去参与国际市场开拓的必要前提。总体看，共建“一带一路”的机遇与挑战并存，机遇大于挑战。

（一）发展机遇

当今世界和平与发展的时代主题没有改变，经济全球化大趋势不可逆转，尤其是中国坚定提倡构建开放型世界经济，维护多边贸易体制，为中国企业参与全球合作注入强劲动力。

随着“一带一路”倡议的不断深化和发展，双边、区域经济合作势头上升，中国已同151个国家和32个国际组织签署共建“一带一路”合作文件，“朋友圈”越来越大，为中国企业提供了良好的国际发展圈。

10年来，共建“一带一路”倡议拉动近万亿美元投资规模，形成3000多个合作项目，促进了沿线国家基础设施升级和工业化，为中国建筑企业国际工程承包提供了新的市场机会。

地处“一带一路”和长江经济带联结点上的重庆，正加快建设内陆开放高地，中新（重庆）战略性互联互通、西部陆海新通道、长江黄金水道等建设释放大量项目，为重庆建筑企业“走出去”拓展市场打开了新空间。

（二）面临挑战

当前，世界百年未有之大变局正加速演变，地缘政治形势严峻，后疫情时代全球化、多边主义在曲折中发展，共建“一带一路”作为多边开放合作平台受到一定影响。

“一带一路”沿线部分区域政治风险高、法治环境差、资金及汇率风险大、宗教和民族问题复杂，项目所在国的经济波动及政局变化增加了当地工程建设的不稳定性和不确定性。

与央企及国外大型国际工程承包商相比，重庆建筑企业对国际市场信息掌握不够及时，复合型国际工程管理人才、商务人才欠缺，自主“走出去”实施工程总承包能力有待提升。

四、未来发展展望

（一）主动对接国家发展战略，深度融入共建“一带一路”

积极融入以国内大循环为主体、国内国际双循环相互促进的新发展格局，加强融入共建“一带一路”同京津冀协同发展、长江经济带发展、粤港澳大湾区建设、成渝双城经济圈建设等国家战略对接，统筹开拓“一带一路”概念下的国内国际两个市场。在国内市场，充分发挥地域、资源和专业优势，积极布局“一带一路”国内沿边、沿海、沿途节点城市，在服务和融入国家重大战略上发挥更大作用。在国际市场，继续加强央企和国内优秀企业的战略合作，通过“搭船出海”“借船出海”等模式，强强联合，优势互补，共同参与国际工程承包和“一带一路”建设。同时，积极寻求与项目所在国当地政府和业主单位深化合作关系，创造条件开展二次经营，扎根一方市场共同发展，打造“一带一路”利益共同体。

（二）积极履行市属国企责任，助力重庆内陆开放高地建设

抓住重庆全面融入共建“一带一路”加快建设内陆开放高地机遇，积极对接重庆与共建“一带一路”国家友好城市和国内相关城市的协调联动机制，持续加强与重庆市属国企合作，共同参与重庆对外通道重大工程项目建设，带动重庆商品、技术、设备、服务“走出去”，同时引进先进技术、关键设备、管理经验等，发挥市属国企在内陆开放高地建设中的引领作用。同时，积极转变商业模式，密切关注国家和重庆对外开放领域财税、金融等支持政策，寻求与亚投行、丝路基金、各政策性银行和商业银行等加强沟通合作，通过 EPC、BOT、PPP 等模式开拓“一带一路”沿线工程总承包业务，打造投融建营一体化，增强公司国际市场竞争力。

（三）贯彻公司二次党代会要求，提升经营国际化水平

围绕公司第二次党代会确立的打造“千亿建工”、建设一流企业目标，突出主责主业，发挥公司在建筑、交通、水利、市政、石油化工等施工领域的差异化优势，优先沿着“一带一路”国家和地区开展工程承包业务，并以此带动公司设计咨询、建筑机械、建筑材料等业务板块“走出去”，提升国际化经营视野，实现多元化业务协同发展。坚持“引进”和“培养”并重，健全公司国际化经营管理人才选拔、引进、培养、评价和流动机制，以项目为纽

带加强对外开放复合型人才储备，为开拓海外市场提供坚实的人才保障。坚持“走出去”与“防风险”相结合，健全境外项目管理、人员安全风险和应急保障体系，完善公司国际化经营科学决策机制，不断提升公司国际化经营能力和抗风险能力。

展望未来，重庆建工集团将深入学习贯彻习近平总书记关于共建“一带一路”的重要论述和系列讲话精神，立足公司主责主业，借助企业技术优势、资金优势、人才优势和管理优势，持续巩固与央企、市属国企的战略合作，不断完善公司市场结构，打响重庆建工海外品牌，打造“千亿建工”、建设一流企业，为高质量践行“一带一路”倡议、服务重庆内陆开放高地建设贡献力量。

［重庆建工集团股份有限公司　薛　健　周　果　文　峰］

之四：民生集团融入共建“一带一路”的初步成果与开拓前景

民生实业（集团）有限公司（以下简称民生集团）作为重庆本土一家大型综合物流企业，自 2014 年起积极参与共建“一带一路”和加快内陆开放高地建设相关工作。参与共建“一带一路”的十年，也是民生集团从传统航运企业向综合物流企业转型的十年。坚信“通道带物流、物流带经贸、经贸带产业”的发展理念，2020 年，集团制定了《民生集团全面融入“一带一路”加快建设内陆开放高地行动计划》，明确集团全面融入共建“一带一路”的工作目标和实施计划。在集团领导带领下，集团较好地完成了相应的发展目标，在长江航运、中欧班列和西部陆海新通道等国际物流通道建设和重庆国际物流分拨中心建设等方面取得了一定的发展成效。

一、融入共建“一带一路”的进展情况

（一）发展成效

1. 助力重庆市对外国际物流大通道体系的构建

在“东向”长江航运东部出海大通道建设中，民生集团于 2007 年在长江上首开重庆至上海的外贸集装箱“五定”班轮（又称沪渝直达集装箱快班），是长江上游最早的“五定”指泊班轮。运输货物占重庆外贸进出口货源的 30%左右；开展商品车滚装运输航线，是长江上游最早和最大商品车滚装运输企业，运输量占到重庆市的 60%左右。

在“西向”中欧班列（渝新欧）通道建设中，民生集团于 2014 年被重庆市政府指定为渝新欧回程国际班列运营平台。集团迅速组建了销售和运营团队，在重庆市政府的大力支持和帮助下，克服各种困难，做了大量开创性的工作。在 2011 年至 2013 年仅开行一班回程专列的起点上，2014 年民生集团实现了发运回程班列 22 列，占 2014 年全国中欧回程班列的 80%，2015 年渝

新欧回程班列超过100列。2016年，为了统一渝新欧班列去回程运营平台，民生集团入股渝新欧（重庆）供应链管理有限公司，将骨干团队并入渝新欧公司。自此，民生集团开始提供中欧班列去回程代理服务，助力渝新欧在各中欧班列中首开了整车班列、电商班列、红酒班列、奶粉班列、医药产品班列，第一个提供拼箱服务等。

在“南向”西部陆海新通道建设中，民生集团自2016年初开始积极探索通道的可行性，经过前期市场摸排和准备，于2017年7月合资组建了运营平台公司（陆海新通道运营有限公司），并负责市场推广、货源组织、干线船东合作、关务协调等沟通工作。同时民生集团积极协助完成班列试运行和常态化开行，2017年5月，由民生集团组织的首趟外贸试运行班列成功开行，同年9月助力通道实现常态化开行，后续相继参与了江津、长寿、涪陵、万州等地的首趟班列开行，首创了“长江航运+陆海新通道铁海班列”运输模式，将长江中游地区货物引流到重庆中转出海。2021年底，民生集团参与了首趟成渝中老跨境铁路班列的开行。

2. 实现国际物流通道运量和运能双提升，为重庆市产业出境出海提供支撑

长江航运方面，稳定开行渝沪直达集装箱班轮，2013年至今，民生集团共开行近3000个航次，发班数量和运箱量均占重庆市场第一位；长江商品车滚装运输稳居长江上游第一位，近10年运输量超过300万辆，助力重庆汽车整车等制造业出口出境。

中欧班列方面，动员各业务公司加大货源组织能力，重点聚焦在汽车、跨境电商、装备制造、高端零售等产业上，为重庆制造业提供跨境铁路运输解决方案，在传统江海联运模式上大大节省了运输时间。自2014年民生集团参与中欧班列回程运营以来，公司在中欧班列中的回程货源量不断增长，目前民生集团在渝新欧回程的非大宗货运量中排名前三。

陆海新通道方面，加大力度开拓市场，拓展服务路线和服务模式。率先将江海联运在上海口岸的快速中转做法推广至西部陆海新通道铁海班列，助力通道运行效率提升，为重庆及西部产业走向东南亚提供便捷通道。2017年至2023年前两季度，民生集团通过陆海新通道运量累计突破5万标准箱，外贸货比例达到近75%；2023年1—7月，通过中老跨境铁路运输量突破3000标准箱，同比增长近200%。

3. 发挥“一带一路”与长江经济带的联结点优势，助力重庆国际物流分拨中心建设

搭建市场体系，增加重庆市西部陆海新通道与周边省份的互动。以成渝为据点，川、云、贵、粤、皖等为节点，拓展东南亚粮食、化肥、水果，中部汽车整车等货品。通过铁路、公路和水运的方式，引流更多外地货物通过重庆口岸从西部陆海新通道发运。目前民生集团在西部陆海新通道中的市外货源在35%以上。

搭建产品体系，加强国际物流通道之间的衔接和联通。积极推动渝新欧通道、陆海新通道与长江航运通道之间的衔接，增加货物在重庆的中转。2022年，推动国际物流通道衔接联通的货物量超过1万标准箱。形成了以渝申（上海）、叙（宜宾）申、泸（泸州）申、泸浔（九江）、渝岳（岳阳）长江干线快班为主，广（元）渝嘉陵江航线为辅的“5+1”长江集装箱班轮航线体系；在成都建立“无水港”，推动成都无水港与重庆果园港双港联动，助力重庆长江上游航运中心建设。目前民生集团承运市外的航运货源达到40%左右。

搭建服务体系，助力重庆物流通道高质量发展。通过开拓新的服务路线、服务模式和服务产品，提升国际物流通道的服务质量。在渝新欧和陆海新通道建设中，民生集团率先设计推出江铁海联运、干支+江铁联运、公铁联运等服务产品，率先开展了拼箱、散改集、冷链、整车入箱等服务模式，率先在重庆各区县联动开行班列，优化班列服务路线。

（二）存在问题

1. 需要进一步提升通道高质量发展，从而实现“通道带产业”

渝新欧和陆海新通道在基础设施、服务路线、覆盖范围、班列运行等方面都已经非常成熟，但是在通道的服务产品和模式方面，尚需加强与贸易和金融的结合，例如当前铁路提单与金融产品尚未完全融合，多式联运“一单制”尚未常态化应用，重庆等内陆腹地在贸易市场的“话语权”较沿海地区而言仍偏小。在品类方面，陆海新通道中老铁路中对水果、冻品和跨境电商拼箱服务等细分市场还未实现常态化运作。可持续发展方面，通道的绿色低碳化和数字化赋能还不充分。

2. 区域之间联动不足，存在通道之间同质化竞争

重庆是国内最先常态化开行中欧班列的城市，之后全国各地中欧班列如雨后春笋般发展，目前中欧班列虽然统一了品牌，也形成了联合协调机制，

但区域间同质化竞争“抢货”情况仍有发生。从 2015 年开始，重庆周边的成都、泸州和宜宾等地相继出台了政策；从 2017 年开始，贵州和兰州等地也出台了关于中欧班列和陆海新通道的集货政策。这些政策减少了重庆对周边货物的吸引力，导致本地货源被周边省份分流。

3. 国际物流通道之间无缝衔接和联动不足

西部陆海新通道可实现“一带”与“一路”的闭环链接，但目前长江航运和中欧班列同陆海新通道的联运不充分，由于港口装卸费高、箱源使用不够通畅，海船公司用箱期短、价格高等一系列问题，长江沿江港口目前仅涪陵地区经长江到果园港后走陆海新通道的路径比较畅通，万州地区、中下游地区经长江同陆海新通道的联运基本尚未实现。

二、融入共建“一带一路”的特色做法和典型案例

（一）服务汽车产业，争做“排头兵”

1. 特色做法

重庆是西部汽车制造重镇，也是全国第一个获批的内陆汽车整车进口口岸。利用渝新欧、陆海新通道等物流通道，服务好重庆的汽车生产企业和汽车消费市场，是民生集团一直在实践的课题。民生集团将重庆整车进口口岸与渝新欧通道“完美”结合，使得国外进口整车或汽车零配件可通过渝新欧直达重庆，通过陆海新通道出口直达东南亚等地区，打破了传统的经沿海港口中转的模式。在此模式下，民生集团不断创新，从 2014 年 8 月组织了全国首批跨境铁路汽车整车进口班列，到同年 12 月组织首批平行进口车班列，到 2015 年 8 月“整车入箱”车架技术突破创新，再到 2020 年承运首趟陆海新通道铁海联运出口整车，民生集团一次次以高效服务和专业能力，努力促进通道服务效能提升，助力重庆汽车产业发展。

图 3 民生集团组织的首趟渝新欧进口整车专列顺利开行

2. 典型案例：中欧班列奥迪进口整车一体化服务项目

项目难点。随着民生团队在中欧班列中汽车物流服务能力的提升，民生集团开始尝试从站到站服务做到“门到门”服务。奥迪进口服务覆盖收车、装箱、铁路干线运输、口岸清关及基地暂存、PDI 检测等全程。民生团队在接到奥迪项目委托后，从项目合同签订到启动仅剩不到一个月时间，整体运作面临巨大挑战。

项目运营。由于时间紧任务重，项目小组只能“倒班”工作，加强电话和邮件沟通。本批次运输中，首班班列于 2021 年 5 月 29 日从德国不来梅哈芬站始发，途经波兰、白俄罗斯、俄罗斯、哈萨克斯坦，在阿拉山口进境，通过积极协调转关环节，最终于 6 月 14 日抵达重庆团结村站，全程运输 16 天，完全符合客户预期。民生团队不但为客户提供传统的仓配一体化服务，更提供辅助奥迪做底盘检测和 PDI 的个性化服务。奥迪进口项目全程运营得到了有力保障，民生团队也获得了客户的高度认可。

项目影响。奥迪进口整车一体化服务项目，充分结合了民生集团在陆、空、铁、仓等方面的资源，为渝新欧强化了“两端”服务能力，同时强化了物流及通道的“零距离”换乘和无缝化衔接，有利于物流通道服务能力的延伸，也提升了重庆汽车整车进口口岸的综合竞争力。

（二）踔厉创新，开拓特色服务产品

1. 特色做法

渝新欧自 2013 年开始运营以来，回程班列中开拓了多种货物运输品类，包括进口食品、汽配、化工品、整车等，这些货品全部采用整箱运输。随着进口班列的稳定开行，市场上不断有客户提出不同的需求，由于货物品类不一样，物流各环节的要求也不尽相同。为了满足市场需求，民生集团团队开拓了多种新的服务产品，包括跨境电商产品、冷链产品、整车入箱、运贸一体化服务等，为了满足中小型客户提出的拼箱服务需求，民生集团探索打造了进口拼箱服务产品。

2. 典型案例：打造渝新欧进口拼箱服务产品

项目难点。国际拼箱服务与整箱服务差异巨大，拼箱服务中箱子涉及的客户多、单证多、品类多、环节多，技术难度非常大，世界上发达的港口和场站（如新加坡港）往往都有非常成熟和完整的拼箱服务体系。由于是首次开展进口拼箱服务，民生团队还面临装箱方案、单据整理、关务处理等不同环节的难题。

项目运营。针对此项目，民生集团成立了项目小组，想方设法寻求各种资源，包括联系海外代理和重庆海关落实方案细节；一丝不苟安排发送、装箱、追踪、掏箱、报关、清关、还箱等环节，为了给中小客户提供便利，提出了单票货物门到门运输时间缩短至 35 天以内的目标。最终经过不懈努力，第一个拼箱货柜于 2015 年 10 月 31 日从德国杜伊斯堡站始发，途经波兰、白俄罗斯、俄罗斯、哈萨克斯坦，在阿拉山口进境，完成转关换轨后于 11 月 15 日抵达重庆团结村火车站。全程干线运输时效 16 天，与海运相比缩短 15 天以上。到团结村后，集装箱货柜第一时间转至重庆西永综保区，根据客户订舱情况，理货、分货、报关，再配送至客户收货地。民生团队上下一心，团结协作，成功运行了渝新欧首票拼箱进口货，服务质量和运营能力得到了客户的高度认可和评价。

项目影响。渝新欧进口拼箱服务产品的成功运营和落地，标志着民生集团在跨境铁路服务模式、服务范围及服务能力方面取得重大突破。第一批次进口拼箱以进口汽车零部件为主，支持了重庆汽车产业的发展，提供了小批次货物应急响应的物流解决方案，这也体现了民生集团为支持重庆市对外开放和产业发展而作出的努力与贡献。

（三）发挥优势，扩大通道影响力

1. 特色做法

自 2017 年，西部陆海新通道铁海班列开行以来，快速实现了班列的常态化开行，不断扩大“朋友圈”，连接西部各省（区、市）经钦州北部湾已可通达全球。重庆作为陆海新通道的运营组织中心，需要不断扩大集货范围，结合重庆的区位优势，民生集团通过利用好长江航运、公路和铁路等方式，以铁水、公水和公铁联运的方式扩大通道的集货范围，进而扩大陆海新通道的影响力。

2. 典型案例：开行万州港—果园港—钦州港“江铁海”全新物流运输模式

项目难点。传统运输模式中，重庆万州地区出口到东南亚的货物主要通过江海联运的传统运输方式，正常情况下江海联运到东南亚地区运输时效一个多月，若遇三峡大坝检修、长江洪水期或枯水期停航等情况，运输时间将大幅延长，时效很慢。若采用“水铁海”联运，利用长江航运的服务范围大、运输成本小的优势，结合铁路时效优势，可大大优化全程服务，但江海联运与国际铁海联运运输方式不一样，同时还存在调用箱、作业衔接、班期对接、单证和关务等问题。

项目运营。民生集团发挥江运优势，2022 年 3 月 2 日，首先利用自有拖车资源从重庆果园港调运空箱到万州港口，承揽的 23 个标准箱搭乘民生集团“民展轮”从万州港起航，于 3 月 3 日顺利抵达重庆果园港，经与陆海新通道运营平台公司沟通，及时跟进班列计划情况，货物在果园港集并后搭乘陆海新通道果园班列运往马来西亚民都鲁。通过江运上行+陆海新通道铁海联运模式，将万州等渝东北地区的货物出口东南亚运输时效较传统江海联运模式缩短 7~10 天，极大提高了物流效率，节约了企业的时间成本，有效缓解了三峡修闸、长江洪水和枯水期造成的货物积压问题。

项目影响。开拓“万州港—果园港—钦州港”江铁海联运产品，民生集团首次将万州地区货物通过江运上行+陆海新通道铁海联运模式运往东南亚国家。该全新的江铁海物流运输模式，在物流成本不增加的情况下，一方面大大降低了运输时间，另一方面为陆海新通道增加了新的集货方式，扩大了集货范围和服务范围，提升了通道的服务影响力。

图 4　民生集团创新探索“万州港—果园港—钦州港”江铁海全新物流运输模式

三、面临的形势

（一）新的机遇

1. 国际物流通道带动贸易增长、促进产业融合的机遇

中国“一带一路”最重要的一个合作伙伴——东盟，已成为中国最大的

贸易伙伴，借助陆海新通道、中老铁路、中越铁路（以及正在修建的中老泰、中缅铁路）、渝新欧等陆上通道，重庆与东盟、中亚和欧洲等地可实现快速贸易往来。重庆具有全门类的汽车、电子类制造和供应链配套能力，与东盟及中亚等地的产业、生产资源要素（劳动力等）可形成良好互补发展，为物流市场带来新的发展机遇。

2. 作为“一带”与“一路”连接点，重庆具备发展国际中转中心的机遇

川渝及中国西部与东盟地区都是人口密集地区，未来在工业、消费等贸易方面都有很大发展潜力。重庆地处长江经济带、“一带”与“一路”的连接点，通过陆海新通道可实现长江经济带与“一带一路”无缝衔接，进而可以利用通道将重庆打造成为东盟与欧洲/中亚之间的国际中转中心，并在此中心上延伸发展区域中转贸易和中转产业，从而提升重庆的战略地位。

3. 在通道物流加持下，区域竞争力提升和经济发展的机遇

重庆是典型的内陆城市，在全面融入“一带一路”、成渝地区双城经济圈、内陆开放高地建设背景下，通道、物流、融资等服务体系将加速构建，提升城市及区域竞争力，为产业引进和发展带来更多机遇。

（二）新的挑战

1. 国际形势日趋复杂，地缘政治影响“一带一路”发展

美国大肆宣扬单边主义、保护主义，搞脱钩、断供，联合欧美国家及日韩等国对抗我国“一带一路”，不利于产业链和供应链全球化发展，甚至会发生供应链中断，反映到中欧班列上就是到欧洲的货源在减少，增加了俄罗斯与中国往来的货源。未来这或将是常态，需要应对通道发展不平衡及突变事件带来的挑战。

2. 产业转移带来的挑战

以美国为首的西方发达国家对我国进行经贸打压、技术封锁，国内高端产业链被美国“卡脖子”。一方面，“一带一路”其他国家产业链的能力也随之被削弱；另一方面，许多制造业被迫迁移至东南亚，中国企业生产和市场“两头在外”的情况下，经济发展将面临挑战。

3. 中国企业“走出去”面临的综合挑战

在“一带一路”和新形势下，中国制造业企业“出海”，物流企业进入“大航海”时代，需要更多的复合型国际化人才，拥有语言、法律、金融及本

地化方面的能力，对不同行业也需要更多的技术和法规风险的指导，帮助企业应对挑战，最大限度减少海外投资的壁垒和风险。

四、未来发展展望

（一）愿景展望

民生集团秉承以“爱国主义”为核心的民生精神，在集团公司的“十四五”发展规划中，明确了公司参与融入国家重大战略，参与建设渝新欧和西部陆海新通道的目标和愿景。未来，公司将一如既往全面融入“一带一路”建设，铸就百年民生品牌，传承爱国企业家精神，努力打造以百年民生品牌为核心竞争力的长江上游综合物流领先企业。

1. 持续加大物流通道参与力度

发挥江海航运支撑作用，继续打造长江航运精品航线，加大对 LNG 动力船舶和新船型的投入，围绕结构调整和提质增效做文章。更多参与陆海新通道和渝新欧的服务，围绕市场拓展、服务创新和模式创新等做文章。加强各通道之间互联互通，为重庆形成陆海内外联动、东西双向互济开放格局作出新贡献。

2. 积极融入成渝地区双城经济圈建设，使“一带”和“一路”在成渝两地实现融合联结

持续推进川渝“四江六港”项目，打造川渝航运“干支联运”服务体系。推进成渝地区“双港联动”项目，持续参与成渝“氢走廊”“电走廊”建设，加大绿色物流服务力度。

（二）政策建议

1. 建议重点研究加强渝新欧、陆海新通道等与产业的结合，发展通道的“软实力”

在多式联运建设方面，探索和发展多式联运“一单制”改革，提升通道建设中金融和贸易的结合度。促进通道与产业的融合发展，重点关注新能源汽车整车的出境和出口“瓶颈”问题（包括海运滚装运力受限、铁路通道仓位不足等问题）。

2. 建议突出重庆“两点”定位，加强顶层设计

推动成渝一体化发展，包括两地物流功能错位互补发展，实现物流政策

“一盘棋”，打破公路运输过路费不对等的壁垒；发挥好重庆物流枢纽作用，共同做大成渝乃至西部物流市场“蛋糕”，避免同质化竞争，为全国区域经济增长“第四极”做好物流服务。

3. 建议支持通道高质量发展，创新服务模式和服务产品

推广“散改集”、驮背运输、拼箱及冷链物流等增量货物市场的配套和市场培育政策。加强长江黄金水运同陆海新通道和渝新欧的连接，为在重庆中转的货物策划“绿色通道”，建议在中转作业费、用箱和堆场费等方面给予支持，加大对重庆以外货源的吸引力。

［民生实业（集团）有限公司　余　平］

之五：长安汽车全面融入共建“一带一路”的初步成果与开拓前景

为贯彻落实党中央建设“新丝绸之路经济带”和“21 世纪海上丝绸之路”的合作倡议，2013 年以来，重庆长安汽车股份有限公司（以下简称长安汽车）加快“走出去”步伐，将海外市场作为打造世界一流汽车企业的重要组成之一，已发布“海纳百川”计划。当前长安汽车境外业务已覆盖 60 余个国家和地区，在 60 多个“一带一路”沿线国家建设了 400 多家汽车销售与服务网点，2022 年产值超过 120 亿元。同时，通过“六国十地”全球研发布局、搭建海外供应商认证体系、投资布局巴基斯坦和东盟等整车项目、构建“五大区、十四航线”的基本运输网络，已初步形成产业链全球协同布局。积极传播长安文化，强化国际化品牌建设推广，以关爱公益、试驾等多种活动方式，向世界展现了充满活力、和合共生、负责任有担当的中国企业形象。长安汽车已成为中国出口头部汽车企业之一，助推中国成为全球第一汽车出口国。

一、融入共建“一带一路”的进展情况

（一）已成为中国汽车海外出口头部品牌

截至 2023 年 6 月，长安品牌已经在俄罗斯、沙特、智利、巴基斯坦等 60 多个“一带一路”沿线国家建设了 400 多家汽车销售与服务网点，拥有了近 90 万名忠实的用户。2022 年长安汽车出口量的 90%来自“一带一路”沿线国家，产值超过 120 亿元。2023 年上半年，长安汽车出口 18 万辆，在中国汽车出口企业中排名前三。

（二）用匠心打造优质产品，赢得海外用户信赖

多年来，长安汽车坚持将“研发投入不低于销售收入的 5%”作为管理原则，在重庆、北京、意大利、德国、英国等地相继建立起“六国十地”开放

共享、全球协同的研发布局，投资 43 亿元建成全球研发中心，投资 20 亿元建成综合试验场，打造出行业领先的汽车研发流程体系和试验验证体系。目前，长安汽车拥有关键核心技术 1100 余项，专利 7500 余件，掌握 400 余项新能源和 200 余项智能化核心技术，发布原力电动、智电 iDD、诸葛智能技术品牌，APA6（自动泊车）、超频脉冲加热等 16 项领先技术实现量产，研发实力六届 12 年排名中国汽车行业第一。

坚持以匠心打造深受消费者喜欢的卓越产品，让全球用户同步享受长安汽车最新技术及产品成果。近年来，长安汽车大力推进产品创新、品牌向上，先后向海外推出 CS 系列、EADO 系列、UNI 系列产品，持续用高质量的产品与服务，赢得海外用户的喜爱和信赖。在沙特吉达、利亚得等多个国际车展中，全新 UNI 系列产品亮相即惊艳全场。在美洲市场，CS 系列、UNI 系列产品获得当地客户纷纷称赞。

（三）加强海外供应商合作，搭建海外供应商认证体系，支撑海外基地快速投产

2013 年至今，共计 20 余家“一带一路”供应商与长安汽车合作，主要涉及轮胎、辅料、内外饰、灯具、底盘等品类，采购金额累计超 126 亿元（未税）。当前长安汽车正在泰国投资建厂，未来可以带动当地零部件企业发展，采购金额预计也将大幅增加。长安汽车基于“大品类、大采购、铁三角、强战略、提效率”原则，搭建海外供应商认证体系，持续加强海外供应商合作。

（四）积极参与“一带一路”建设，投资项目进展顺利

通过合资合作加强商用车基地建设，提供高性价比出行产品共建“一带一路”。2019 年 10 月，长安汽车与巴基斯坦玛斯特集团合资合作设立玛斯特长安，当前合资公司注册资本为 22.5 亿卢比，其中长安汽车出资 3679 万元，占股比 30%。长安汽车将巴基斯坦定位为“商用车基地”。通过与玛斯特合作，落地长安汽车对巴基斯坦市场的战略定位，以产品为主线盘活长安汽车全球右舵战略。2014 年成立长安俄罗斯子公司，陆续将 CS35、逸动、CS75 等经典产品带至俄罗斯市场，并在 2016 年通过 KD 合作，巩固市场地位，深化俄罗斯市场本地化合作，带动了当地汽车市场技术更新并提升了当地就业。预计 2023 年长安汽车在俄罗斯市场销售汽车超过 5 万辆，年销售额超过 10 亿

美元，已经在市场投放了包括 CS 系列、UNI 系列等 10 款产品，拥有近 30 名本地雇员，构建了超过 100 家销售渠道，日活跃粉丝达到 1 万人次。

通过绿地投资东盟，拓展覆盖更多区域市场，提供高质量出行体验共建“一带一路”。东盟（泰国）基地项目由长安汽车及其下属全资子公司共同投资设立子公司，建设整车制造基地，开展汽车及零部件的生产、销售和进出口业务。项目总投资 19.6 亿元，在泰国罗勇府伟华东海岸工业园购置土地建设年产 10 万辆整车的生产基地，计划于 2024 年第三季度投产。依托此工厂，长安汽车每年会投放 2~3 款产品，除满足泰国及东盟市场的需求外，产品还将辐射澳新、英国、南非等全球多个市场。目前，长安汽车正在筹备建立欧洲总部，预计在 2024 年正式登陆欧洲市场，将用 2~3 年的时间，完成欧洲主要市场的布局。预计到 2030 年，长安汽车在欧洲市场的销量将突破 30 万辆。

（五）国际物流能力同步提升

随着国际业务的激增，其中 2022 年，长安汽车国际业务同比增长 50%，长安汽车对国际物流能力的要求日益提高。长安汽车及时研究方案，将国际物流运输保障问题列为海外战略规划重要环节。2020—2023 年，针对海船资源不足、价格波动大等问题，长安汽车构建中国“5 基地、6 水港、2 国铁”到全球“五大区、十四航线”的基本运输网络。海运上寻找优势船东方“强强合作”，铁路平台寻求政府、国铁局支持，保障中欧、中亚 60%以上稳定运力，并协同海关在重庆首发 JSQ 国际班列，首增重庆鱼嘴出口报关站点。2022 年，港口水运占比 95%，铁路占比 3%，公路直运占比 2%。通过中欧、中亚班列共计发运 25 列，运送出口车近 4000 辆；通过优化物流方案，开展铁海联动实现降本约 2400 万元。2023 年开始，伴随长安汽车在中欧市场加大推广力度、东盟基地落地，发运水铁比例将发生重大变化，调整为水运占比 68%，铁路占比 30%，公路占比 2%。预计渝新欧平台需要 240 列（4 万台，165 台/列，55 箱/列），南向通道 220 列（5500 台，75 台/列，25 箱/列）。

（六）海外服务能力和服务质量快速提升

为进一步服务好“一带一路”沿线市场，长安汽车在沙特、智利、秘鲁、厄瓜多尔、巴基斯坦及墨西哥等 13 个“一带一路”沿线国家开展了以“CHANGAN BE WITH YOU”为主题的 30 余次的客户关怀活动，参与用户达到 6 万人次，让沿线国家人民切实享受到长安汽车的高质量服务。为提升“一带一路”重点国家用户的满意度，2023 年长安汽车在巴基斯坦和俄罗斯推行 CA-CPT 客户管理体系，建立了一套标准的服务流程和评价指标，为海外用户提供最好的服务。

同时，为带动“一带一路”沿线国家售后服务水平提升，持续增强经销商技术能力，为当地人员的技能水平提升和就业提供机会。2023 年 1—6 月，长安汽车通过“请进来”和“走出去”的方式，先后对沙特、卡塔尔、阿联酋、缅甸、菲律宾等 27 个国家共 325 人开展了赋能培训。为进一步提升沿线市场人员能力，长安汽车成立了国家级、省市级的陈思良大师工作室，为 60 多个海外市场、457 家服务网点提供高质量、24 小时在线服务。同时，在 2023 年 6 月 29—30 日，长安汽车在重庆举办了 2023 年首届海外经销商服务技能大赛总决赛，来自“一带一路”国家的 16 个经销商（俄罗斯、沙特、埃及、智利及秘鲁等）、30 名参赛选手来渝参赛，让这些种子选手回到当地带动更多人实现技能提升。

（七）用爱心传递品牌温度，展现企业责任担当

2013 年以来，长安汽车积极践行“一带一路”倡议，积极践行企业社会责任，结合当地民众需求，开展一系列公益活动，诠释品牌温度，为当地民众和经济社会发展贡献长安力量。2022 年针对中东市场，制作手语介绍视频，用户通过扫描二维码即可观看各类产品信息，是沙特第一家为客户提供此类特殊服务的汽车公司。在科威特，结合世界乳腺癌宣传月，开展系列乳腺癌防治公益活动，举办知识讲座并邀请当地专业人士提供健康咨询服务，关爱女性健康。在厄瓜多尔，针对残障人士，推出“CONTIGO-With you”送车上门服务，让他们的脚步向着幸福无限延伸。发起 EXONERADO 活动，面向当地残疾人用户，提供购车优惠支持和送车上门服务。把爱送到福利院，为当地儿童带去中国的关心与祝福，点亮童年时光。以此为素材，长安汽车制作融媒体作品《有爱有长安》获得由中国公共外交协会、国务院国资委新闻中心、环球网和中共江苏省委网信办联合主办的第四届“一带一路”百国印记短视频大赛优秀作品奖。2021 年 2 月 23 日，长安汽车和联合国儿童基金会携手，正式向乌兹别克斯坦移交了 206 辆长安小型货车和 17 辆冷冻车，用于疫苗安全运输，为乌兹别克斯坦儿童的健康保驾护航。雪白的长安星卡在乌兹别克斯坦的土地上奔跑着，和白衣天使们一起，为当地的孩子围起了一道纯洁的屏障。在大跨步走向世界的行程中，长安汽车始终牢记作为一个国际化的企业应有的担当和责任。在为世界各个国家和地区的人民带来优质产品和

服务时，不忘初心，积极投身于公共福利事业，向着成为有责任有担当的世界品牌而不懈奋斗。

二、融入共建“一带一路”的特色做法、典型案例以及数字化建设

（一）典型案例

1. 中巴整车合作项目快速见成效

2019年长安汽车在巴基斯坦开展的合资合作汽车工厂项目，已成为中巴经济走廊中双方共建“一带一路”的标志性项目。主要体现在三个方面：一是效率极高。在短短的一年时间内，长安汽车和巴基斯坦合作方共同实现了从工厂破土动工到顺利投产，在废墟上建起了一座现代化整车工厂，一举刷新当地的汽车工厂建设投产纪录。二是为当地发展作出较大贡献。从进入巴基斯坦市场至今，长安汽车在巴基斯坦每年可提供几千个就业岗位，同时联动解决了全产业链数万人的就业问题，让巴基斯坦社会原本就业机会少、经济收入差的问题得到较大改善。该项目得到了巴基斯坦当地政府、社会组织和合作伙伴的高度认可和赞扬。三是投产后销售表现突出。2022年长安巴基斯坦合资公司完成销售1.6万辆，市场占有率达到5.5%，连续3年排名中国品牌第一位，世界品牌第五位。未来，长安汽车除扩大巴基斯坦工厂产能（从2万辆提升至5万辆），提供更有竞争力的产品、更多就业岗位外，还将持续聚焦“一带一路”市场，进一步加快新品投放以及市场开拓，积极推进其中的重点市场扩大产能、建立分支机构，深度参与在相关市场的自主经营，提升用户满意度，为全球用户提供最新、最好的产品。

2. 策划“一带一路”沿线国家经典传播推广案例，助力长安汽车点亮中国智造名片

一是助力“渝新欧国际铁路媒体特别行动”。2013年，在国务院新闻办公室、重庆市人民政府联合举办的“渝新欧国际铁路媒体特别行动”将长安睿骋作为工作用车。长安汽车精选十辆中高级轿车睿骋作为活动工作用车，展示了长安造、中国造以及长安汽车作为国企义不容辞的责任和良好的企业形象。同时也为活动方提供了一个宣传长安汽车、国企、重庆造的有效机会。长安汽车向社会郑重承诺，将以优质的产品、周到的服务，配合做好“渝新

欧国际铁路媒体特别行动”活动，全程 1.8 万千米。该次媒体特别行动为期一个半月。中央电视台、重庆广电集团以及传统媒体、新兴媒体都将对活动进行深度报道。作为本次活动全程活动用车，长安睿骋 2013 年 7 月底从重庆出发，在阿拉山口出关，赴“渝新欧”五国哈萨克斯坦、俄罗斯、白俄罗斯、波兰和德国，展示中国品牌汽车的实力和风采。

图 5 长安汽车助力“渝新欧国际铁路媒体特别行动”

二是举办自在·星空之旅活动。2018 年，CS 家族自在·星空之旅第四季在延续前三季 CS 家族品牌资产的基础上，选择“一带一路”沿线国家俄罗斯，并结合当年全球最大热点事件——2018 年俄罗斯世界杯，以探寻俄罗斯为主线，国内外大咖嘉宾重磅加盟引领全程探索星空秘境，将 CS 家族自在·星空之旅打造成长安汽车经典系列营销 IP 活动。本次旅程结合俄罗斯世界杯的热点奔赴俄罗斯，借助事件策划引爆话题，全方位传递 CS 家族“自在”的品牌精神诉求，带动 CS 家族全系产品价值影响力的提升；同时在活动中通过情景化的产品创意体验环节，独特的星空体验设置，以及多维度的达人口碑与话题扩散辅助终端集客，最终形成品销一体的高效应转化。

三是以长安 160 周年为契机向全球推广长安。2022 年，长安汽车以全球官网、主流社媒平台为主要阵地，大力传播长安汽车深厚的企业文化，月均发帖 14 篇，月均覆盖总数 78K，点赞量同比提升 25%，INS 平台粉丝量同比增长超过 70%，影响半径和品牌能级大幅提升。通过持续导入产品，带动多方面业务增长，同时带动口碑、销量、市占率的提升，多年沉淀、厚积薄发之后，长安汽车在海外重点市场已取得一定的品牌资产沉淀，初步形成了差异化的品牌形象。2022 年 12 月，外交部发言人华春莹在其社交媒体——推特上为长安汽车点赞。

四是联手新华社以车队形式重走丝绸之路。2023 年是习近平总书记提出

“一带一路”倡议十周年，中国将举办一系列重要活动，是下半年中国国内的标志性大事件，中宣部、外交部等权威政府机构强势背书。长安汽车响应国家政策，联手新华社以车队形式重走丝绸之路，报道车队由深蓝 S7、UNIK-IDD、启源 A07 和阿维塔 11 等共 14 台车组成，历时 80 天途经 16 国约 2 万千米，路线匹配集团“欧洲、中东、独联体”国家的全球布局，通过借助国家官媒的长周期报道和现象级活动，助力长安点亮中国智造名片，向世界展示中国品牌的实力，成为“高质量发展的标杆”。助推“中国式现代化”，参与全球经济一体化建设、人类命运共同体构建。本次活动借助央媒背书和“一带一路”标志性事件的国内影响力，打造品牌事件和流量出圈，提升长安汽车国际品牌形象，辐射目标精英人群。途经海外市场联动卷入，借助新华社海外活动链接各国政企资源，激活海外沿线销售体系。卷入多条长安子品牌产品线，通过海外沿途亮点时间策划爆点话题，为长安品牌的国际化赋能。

3. 以竞赛为桥梁，加强“一带一路”国家技能交流与合作

2019 年 5 月，由人力资源和社会保障部、国家发展改革委、国家国际发展合作署、重庆市人民政府共同主办的首届“一带一路”国际技能大赛在重庆成功举办。大赛以“技能合作，共同发展”为主题，旨在弘扬“和平合作、开放包容、互学互鉴、互利共赢”的丝路精神，加强“一带一路”国家技能交流与合作，搭建技能融通、增进友谊的平台。来自 115 个国家和地区共计 2100 名选手和专家应邀参加赛事相关活动。

长安汽车作为重庆市参与“一带一路”建设的代表企业，积极协办本次大赛，受邀选派公司世赛专家牵头完成汽车技术项目的实施，并赞助比赛用车 14 辆、发动机 7 台；为大赛提供公务、接待外宾的全部车辆和驾驶服务，全方位保障“一带一路”国际技能大赛的用车需求，在国际化舞台上一展中国汽车产业的新面貌与新风采；同时，通过选拔，长安汽车员工王桢作为汽车技术项目中国队的唯一代表，与德国、法国、俄罗斯、日本、澳大利亚、奥地利、韩国等 12 个国家的选手同台竞技，展现中国风采，并荣获金牌。

（二）数字化建设

推进 IT 信息平台方案，为“一带一路”用户提供便捷高效服务。长安汽车从 2019 年起，集中资源打造 IT 服务平台，搭建了远程技术支持平台，高效解决终端用户重大疑难问题。完成了 24 小时备件在线管理系统，并与国际一流航运公司合作，建立高效物流保障机制，随时满足用户备件需求。

三、面临的新形势分析

（一）中国汽车企业迎来全球扩张的最佳时机

中国汽车海外发展机会较大：一方面，随着自主品牌的崛起和国内市场的扩大，国产车的质量和性能逐渐提升。现在，很多国产车已经拥有了和合资车相媲美的技术水平和品质，甚至在一些方面还有所超越，中国汽车品牌已经具备全球竞争力。另一方面，我国作为全球最大的新能源汽车市场，在产业化、市场化的基础上，正在逐渐迈入规模化、全球化的高质量发展阶段。许多“一带一路”沿线国家在新能源汽车领域尚未发展成熟，这意味着中国企业可以在这些市场上建立先发优势，引领技术和市场发展。

（二）政策环境的演变和可持续发展要求

“一带一路”倡议涉及多国政府间的合作和协调。随着时间推移，参与国家可能会逐步明确政策框架，税收政策、贸易政策等也可能发生变化，这将影响企业的投资和运营决策。同时，环保和可持续发展已经成为全球关注的焦点。参与“一带一路”建设的汽车企业需要遵守当地的环保法规，考虑绿色技术和可持续的生产方式，以满足日益严格的环保标准。

（三）市场多样性和本地化需求满足

“一带一路”沿线国家拥有多样化的市场，包括不同的消费习惯、交通状况和道路环境。企业需要根据不同市场的本地化需求进行产品定制和创新，以满足当地消费者的偏好和需求。同时，不同国家的文化、语言和消费习惯存在差异，这将影响产品的市场推广和销售。企业需要制定符合当地文化的营销策略，以提高产品在当地市场的接受度。因此，“一带一路”汽车产业合作向纵深推进，将由过去的以贸易合作为主逐步向研产销一体化的高水平合作转变。

（四）地缘政治风险下合作与竞争并存

“一带一路”涉及的国家多样，地缘政治风险和地区稳定性存在差异。企业需要密切关注地缘政治变化，制定风险管理策略，以保障业务的可持续性。因此，汽车企业在“一带一路”沿线地区既需要与当地企业合作，共同开拓市场，又需要面对其他国际竞争对手的挑战。企业需要寻找合作和竞争的平衡点，以实现长期发展。

四、未来发展展望

（一）愿景展望

长安汽车发布了“海纳百川”计划，到2030年，长安汽车海外市场将实现“四个一”的发展目标，即海外市场投资突破100亿美元，海外市场年销量突破120万辆，海外业务从业人员突破10000人，将长安汽车打造成世界一流的汽车品牌。为此，我们将着力推进“五大行动布局”：一是加快产品和产能布局，到2030年推出不少于60款全球产品；二是强化品牌建设布局，持续打造智能、低碳、设计等品牌标签，加强深蓝品牌、阿维塔品牌海外建设；三是加强营销服务布局，到2030年在海外市场构建20余个本地化营销组织，海外网点数量突破3000家；四是加快布局欧洲、美洲、中东及非洲、亚太、独联体五大区域市场；五是加强组织、人才布局，加强组织建设与人才引培，到2030年，长安汽车海外业务从业人员突破10000人。

（二）政策建议

1. 国家顶层规划

协同出海，标准先行。一是制定国际化顶层规划，推动新能源全产业链海外协同布局，包括新兴零部件和结合基建投资加大新能源汽车补能设施布局等。二是成立产业联盟，率先重点进行海外政策、产品准入、风险等研究和对企业辅导。行业协会牵头，在主要出口国成立行业分会，研究当地人文、政策等，建立与当地政府和行业主管部门的联系，成为中国车企“走出去”的桥梁。

2. 加大资金支持

针对国内汽车企业对“一带一路”沿线国家的基地投资提供专项补贴，支持使用政策性开发性金融工具帮助汽车企业解决项目部分资本金。

3. 便利项目实施

针对目的地为“一带一路”的整车及零部件投资项目，发展改革部门及商务部门提供境外投资申报引导，加快境外投资审批进度。

4. 加强铁海联运

通过铁海联运方式，利用向中区、中亚方向运输能力，降低“一带一路”沿线国家汽车出口时间，降低成本。加强港口铁路直接进上海港、太仓港的建设，保障运力畅通，同时希望相关部门协同铁路部门，加大对汽车出口铁路运输优惠力度，政府给予一定资金扶持，进一步降低铁海联运物流成本，提升企业“一带一路”市场竞争力。

5. 规范出口报关

针对新上户新能源车，要求 6 个月内不得以二手车方式出口，通过设定限制时间，防范相关贸易公司，采取投机方式低价出口，损害主机厂利益。

［重庆长安汽车股份有限公司战略规划部　陈　磊］

之六：赛力斯集团融入共建“一带一路”的初步成果与开拓前景

赛力斯集团股份有限公司（以下简称赛力斯集团）作为全球化企业，重点依托“一带一路”倡议，始终坚持“产品走出去、技术走出去、资本走出去”战略——从2005年开始出口至今，产品已远销南美、非洲、中东、东南亚，以及欧洲等70余个国家和地区，累计出口汽车超过50万辆，出口的“一带一路”沿线国家主要为印度尼西亚、泰国、阿联酋、新加坡、巴基斯坦、土耳其、以色列、埃及、匈牙利、乌兹别克斯坦等，并在印度尼西亚建设了现代化整车制造工厂，在美国、德国、日本等国家建立国外研发中心，汇集全球资源加快技术创新，力争成为全球智能汽车品牌企业。作为重庆代表性企业，赛力斯集团积极响应“一带一路”倡议，坚定不移推动高质量发展和转型升级，全面融入共建“一带一路”，促进重庆经济腾飞，助力中国品牌向上发展。

一、融入共建“一带一路”的进展情况

（一）“一带一路”市场拓展情况

1. 全面融入共建“一带一路”，积极发挥引领带动作用

赛力斯集团作为一家全球化企业，正处于转型升级、高质量发展的重要阶段，积极快速响应“一带一路”倡议，与国内外经销商、供应商、合作伙伴组成的超级联盟一道，共同推动海外业务的发展。从2005年开始出口至今，赛力斯集团的产品已经远销南美、非洲、中东、东南亚，以及欧洲等70余个国家和地区，累计出口超过50万台，并在海外逐步建立了600余家营销服务网络、3个营销服务中心、8个KD组装厂。

近两年，借助“一带一路”的平台和机遇，在“走出去”的道路上，赛力斯集团始终努力坚持“产品走出去、技术走出去、资本走出去”战略，积

极开拓“南北向”市场。在北向“丝绸之路经济带”的市场拓展方面，赛力斯集团产品已批量进入中亚（哈萨克斯坦、乌兹别克斯坦）及俄罗斯市场。作为中国首批获得欧盟认证的汽车企业，赛力斯集团在德国、西班牙、意大利等市场已深耕多年，2018 年“风光 580”先后在德国、俄罗斯上市。在南向“21 世纪海上丝绸之路”的市场拓展方面，已经批量进入东南亚的越南、巴基斯坦、菲律宾、斯里兰卡等市场。其中身处“一带一路”沿线并已成为车市全新增长点的印度尼西亚市场成为赛力斯集团海外深耕的地区之一。赛力斯集团在印度尼西亚投资 1.5 亿美元，建立了现代化的汽车产业基地，并在 2018 年实现正式投产及批量销售。2019 年 4 月，赛力斯集团定制化“陆海新通道”货运专列满载 25 个集装箱，运送货值超过 500 万元的汽车零部件，从重庆团结村车站出发，运至广西北部湾后，换装海运货轮抵达印度尼西亚的雅加达港。同样在 4 月，第二届“一带一路”国际合作高峰论坛上，赛力斯集团与埃及经销商签订了价值近 4000 万美元的整车采购合同。9 月在中国—菲律宾经贸交流论坛上，赛力斯印度尼西亚公司与菲律宾客户签订了价值 2000 多万美元的微卡意向采购协议。

图 6 2019 年 4 月，赛力斯集团定制化“陆海新通道”货运专列发车

2. 以“新技术、新电动、新制造”促进“一带一路”沿线市场开拓

作为一家融传统汽车及智能新能源汽车和发动机、三电系统、汽车零部件等自主研发、制造、销售及服务为一体的综合性专业汽车集团，赛力斯集团汇聚全球资源发展智能电动汽车，在中国、美国等全球重点国家建立研发中心，在中美建立双智能制造基地，以“新技术、新电动、新制造”为全球用户提供高质价比产品，满足全球用户产品及服务的需求。

（二）“一带一路”市场拓展过程中面临的问题

中国企业的国际化发展之路是一个非常漫长、坎坷的过程，在此过程中也积累了一定的经验和教训。借助国家“一带一路”倡议平台，赛力斯在市场拓展中也取得了一定的成绩，但是在此前的发展中，也遇到了一些困难。一是融资难费用高。印度尼西亚市场以日系车为主，基本处于垄断地位，当地金融机构给予日系车的支持力度较大。由于中国汽车是新进入的品牌，当地对其信任度不高，所以金融机构给予的支持相对日系品牌门槛比较高，融资费用偏高。二是关税壁垒严重。埃及对欧系进口车实施零关税而导致中国出口埃及的汽车（关税 40%）价格竞争力严重不足。三是汇率贬值。进口国（土耳其、阿根廷等）汇率贬值而导致的终端销量下滑、中国企业盈利能力下降等问题，都是制约中国企业在“一带一路”沿线国家发展的重要瓶颈。

二、融入共建“一带一路”的特色做法、典型案例

为积极响应国家“一带一路”倡议号召，赛力斯集团将印度尼西亚作为海外投资首选，于 2014 年投资 1.5 亿美元在印度尼西亚万丹省西冷市建设现代化生产基地。并以此作为赛力斯集团全球化战略支点，全面推动海外业务发展。赛力斯印度尼西亚基地占地 20 公顷，以工业 4.0 标准建设，是融冲压、焊装、涂装、总装完整的四大工艺及性能检测线为一体的高自动化工厂，可同时满足乘用车和商用车的柔性生产需求，包括运动型多用途汽车（SUV）、多功能汽车（MPV）和轻型商用车等，最大年产能 5 万辆，制造工艺水平在印度尼西亚领先于同行其他日系品牌，位于前列。

（一）立足印度尼西亚，辐射东盟，面向全球

在“立足印度尼西亚，辐射东盟，面向全球”的战略指导下，赛力斯印度尼西亚产品除了满足印度尼西亚用户需求外，还成功出口了周边马来西亚、菲律宾、斯里兰卡等东盟国家，以及摩洛哥等北非国家和地区。赛力斯印度尼西亚工厂于 2018 年正式建成投产，第一款车“风光 580”于 2018 年 7 月正式上市销售。旗下产品“风光 580”“风光 560”先后获得包括 2018 年最佳 SUV、2019 年最佳紧凑型 SUV、2019 年最佳体验车型在内的多项大奖，深受行业好评和用户肯定。未来，随着汽车市场新四化趋势加强，赛力斯印度尼西亚工厂还将根据印度尼西亚市场发展需求，推出更多 SUV 及商用车新车型，以及以新能源为代表的新车型和新技术，以满足用户需求。另外，为快速建

立稳定的、长期的、健康的营销服务网络，确保用户获得便捷及时的优质服务。赛力斯印度尼西亚工厂建立了“一圈一商”的招商模式，来保障销售服务网络的高质量和便利化。截至2022年底，赛力斯印度尼西亚工厂已累计完成近100家营销服务网点建设，覆盖爪哇岛、苏门答腊岛、加里曼丹、苏拉威西、巴厘岛等主要市场和地区。

图7 赛力斯印度尼西亚工厂

（二）不断耕耘，在埃及举办新车发布会

2019年9月14日，DFSK携手埃及代理商National Motors公司一起在埃及开罗举办了主题为“5 YEARS GLORY”（5年风光之路）——DFSK埃及多款新车亮相发布暨5周年庆祝活动。DFSK携手National Motors公司共同宣布，在埃及推出DFSK 3款新车型：风光ix5、风光330s、C31。这也是DFSK不断开拓海外市场，在非洲重点市场耕耘6年迈出的坚实一步。DFSK坚持“一切为了用户”的核心价值观，在产品研发方面不断积极探索，力争让全球用户享受到更优质的产品与驾乘体验、更贴心的售后服务。DFSK有信心在埃及市场推出新品来回馈当地用户对于DFSK的高度认可及信赖。从初来乍到的新兴品牌，到现在成长为在当地销量口碑双丰收的出名品牌，扎根于当地消费者群体中。DFSK在埃及经受住了严苛的市场考验，正逐步壮大，成长为埃及汽车市场不可或缺的一部分。DFSK埃及代理商National Motors公司CEO Mr. Ahmed在发布会上分享了DFSK品牌在进入埃及市场的成长历程。

（三）紧跟政策，快速进入新加坡市场

2021年2月，新加坡政府公布了2030年新加坡绿色发展蓝图，尤其对清洁能源汽车的发展，将给予大力支持及重大投入，对充电基础设施做了明确

的规划。公司紧抓新加坡绿色发展契机，认真分析了当地市场需求和赛力斯集团电动车产品竞争力，在 2021 年与新加坡代理商正式合作，以经济型电动物流车 EC35、EC31 两款车型为契机，快速进入新加坡市场。2022 年出口量达到 1000 多台。

三、面临的新形势分析

“一带一路”倡议秉持开放、协商、共建、共享的理念，推动了沿线国家之间的政策协调与合作，这为汽车企业提供了更加开放的市场准入机制。例如，中国政府积极推动贸易自由化，降低关税壁垒，为汽车制造商提供更加灵活的生产和销售环境。此外，“一带一路”倡议还鼓励与沿线国家进行合资合作，共同开拓新市场。

“一带一路”倡议将沿线国家纳入全球价值链，形成了巨大的市场潜力。随着这些国家经济的稳定增长，汽车需求也将逐步增加。特别是在交通基础设施建设和城市化进程较快的国家，汽车销售将迎来巨大的增长空间。同时，通过“一带一路”的合作，汽车企业可以便捷地进入当地市场，与沿线国家的经销商合作，拓宽销售渠道。这一市场机会对于中国汽车企业进一步扩大出口以及海外市场份额具有重要意义。

“一带一路”倡议鼓励沿线国家的技术交流与合作，为汽车企业提供了更广阔的技术创新空间。通过与沿线国家的合作，汽车企业可以跨越地域和文化的差异，吸纳和融合全球的技术资源，提升科技创新能力。此外，“一带一路”倡议还促进了智能制造和新能源汽车领域的合作，加速清洁能源汽车技术的推广与应用。对于汽车企业而言，这一技术交流与合作必定会促进产业链的升级与优化，提升企业的核心竞争力。

“一带一路”倡议关注经济的共同繁荣与可持续发展。汽车企业在积极拓展市场的同时，也需充分考虑当地的社会责任和环境保护问题。例如，加强节能减排、推广新能源汽车以及开展绿色制造等举措是企业迈向可持续发展的重要方向。此外，汽车企业还可以通过技术合作与沿线国家共享环保科技成果，共同推动整个行业的绿色转型。在“一带一路”倡议的新形势下，汽车企业要以可持续发展为引领，通过创新与合作，实现经济增长与环境友好的双重目标。

总的来说，“一带一路”倡议为汽车企业带来了新的发展机遇与挑战，同时也要求企业进一步开放思维、加强合作，顺应市场需求与国际规则，做好全球化竞争与合作战略的调整与布局。仅凭国内市场难以支撑企业长期发展，更需要借助“一带一路”倡议的机遇，扩大国际市场份额，实现自身的成长与创新。同时，企业也应注重技术创新、可持续发展以及品牌建设，为汽车产业的可持续发展作出积极贡献。

四、未来发展展望

（一）赛力斯集团“一带一路”市场未来规划

未来，赛力斯集团将继续依托“一带一路”倡议，加强对“一带一路”沿线国家的开拓，贯彻习近平主席在第二届“一带一路”国际合作高峰论坛开幕式上的讲话精神，与海外各国合作伙伴建立超级联盟，共商发展战略、共建“一带一路”、共享发展成果，推动共建“一带一路”沿着高质量发展方向不断前进。

未来将借助SERES电动车及东风风光乘用车的产品优势，在欧洲建立销售服务中心，精耕细作，实现品牌向上发展。

同时，依托印度尼西亚生产基地，充分发挥本地化制造优势及东盟各国关税同盟的优势，以印度尼西亚为中心，辐射东南亚及周边市场，为赛力斯集团的国际化布局奠定坚实的基础。

“一带一路”倡议为汽车行业带来了巨大的发展机遇，政府应采取相应的政策措施，为汽车企业提供稳定的市场环境和支持。在未来的发展中，企业应注重技术创新、绿色可持续发展和市场多元化，推动汽车行业向智能化、节能环保的方向发展，为实现合作共赢的愿景贡献力量。同时，企业也需要不断调整发展战略，适应市场需求和国际发展趋势，开创汽车行业在“一带一路”倡议下的新未来。

（二）愿景展望

1. 合作共赢的汽车产业链

通过“一带一路”的合作，汽车企业将形成一个更加紧密、高效的全球供应链，以满足市场需求。通过跨国合作，企业将共享研发成果、提高制造技术和产品质量，实现合作共赢的局面。

2. 创新驱动的智能交通

“一带一路”倡议的推进将加速智能交通的发展，使汽车和道路基础设施的互联互通成为现实。这将为驾驶员提供更安全、高效、舒适的出行体验，并提供更多的服务，如智能导航、远程控制和车联网功能。

3. 可持续发展的绿色汽车产业

“一带一路”倡议的实施将推动汽车行业向低碳和环保方向发展。未来，电动汽车、氢燃料电池汽车等新能源汽车将逐步普及，推动汽车行业朝着绿色和可持续的方向发展。

4. 多元化的市场发展

“一带一路”倡议将打破国家之间的贸易壁垒，拓展汽车企业的市场空间。企业可以通过合作和投资，进入新兴市场，扩大产品消费群体，实现全球化发展。

未来，赛力斯集团将继续依托“一带一路”倡议，加强对“一带一路”沿线国家的开拓力度，与海外各国合作伙伴建立超级联盟，共商发展战略、共建“一带一路”、共享发展成果，推动共建“一带一路”沿着高质量发展方向不断前进。

（三）政策建议

加强政策协调与合作。各国政府应加强沟通与协调，共同制定汽车行业创新政策与标准，推动跨国企业合作，提高整体竞争力。

促进贸易自由化。政府应积极推动贸易自由化，降低关税壁垒，建立便利的贸易通道和世界一流的物流体系，降低汽车产品的运输成本。

加强知识产权保护。政府应加大知识产权保护力度，推动技术创新与共享，防止技术盗窃和侵权行为的发生，为汽车企业提供稳定和可靠的创新环境。

促进绿色可持续发展。政府应加大对绿色能源与环保技术研发的支持力度，鼓励汽车企业开发更加环保与节能的新能源汽车技术，并制定相应的补贴政策以推动普及。

［赛力斯集团　刘利颖　李凤骄］

之七：博赛集团融入共建“一带一路”的初步成果与开拓前景

重庆市博赛矿业（集团）有限公司（以下简称博赛集团）创立于1994年8月，发展至今，总资产超过200亿元，全球员工6000余人，其中外籍员工1000人，在重庆、四川以及德国、南美洲圭亚那和非洲加纳等地拥有十余家大型生产企业和分公司，是重庆乃至中国“走出去”发展最早、最成功的企业之一。博赛集团系列产品畅销欧美亚等30多个国家和地区，其中高铝熟料、棕刚玉和硅锰合金的产销量均居世界第一，棕刚玉产品荣获中国单项冠军产品称号。在国家和重庆市各项权威排名中，博赛集团已连续多年位列中国民营企业500强、中国制造业企业500强、中国有色金属工业企业50强，以及重庆民营制造业企业第一名等，并被评为中国最具竞争力铝业集团。

一、融入共建“一带一路”的进展情况

（一）主要进展

博赛集团坚持在铝和铁合金系列产品生产销售两大主业上深耕发展，在“一带一路”沿线地区拥有3亿吨铝土矿和3000万吨锰矿等资源储量。通过江海联运模式，将矿石运回重庆万州和涪陵两地以生产高品质氧化铝和硅锰合金等系列产品，为成渝地区双城经济圈建设和西部地区新材料行业的发展作出了开创性贡献。

博赛集团在中国企业“走出去”不断发展的道路上始终前行着，在国外成功收购三座大型矿山，并一直保持正常营运。2016年11月，博赛集团经过与加拿大重联黄金公司（Reunion Gold）一年多的艰苦谈判和多次实地考察，最终签署收购了位于圭亚那西北区的马修斯山脉锰矿100%股权，该锰矿现已探明储量3000万吨，矿石品位较高，建成后为下属企业及其他中国企业持续提供原料。在圭亚那地区，经过多年精心经营和系统运作，博赛铝矿已在当地站稳脚跟，不仅扭转了该厂过去多年来的亏损局面，每年还实现数千万美元的利润，仅三

年时间便收回全部投资，并已实现数十倍增值。2022 年，博赛集团与三井物产株式会社钢铁原料部、三井物产（上海）贸易有限公司签署三方战略合作备忘录，三方充分发挥各自优势，共同在矿产、冶金、贸易、资本运作等方面实现了产业链的跨境合作，彼此建立起了稳定的跨境企业合作关系。

同时，博赛集团积极投身当地公益慈善事业，协助圭亚那在重庆设立领事机构，促成了圭亚那第二大城市林登市与重庆市南川区缔结为友好城市，让博赛集团在当地树立了良好的企业形象，得到了圭亚那政府总统、总理等国家高层领导以及圭亚那人民的高度认可和有力支持。

图 8　2021 年 9 月 10—13 日，博赛集团出席第 18 届东盟博览会

图 9　2016 年 11 月，博赛集团收购圭亚那西北区马修斯山脉锰矿

（二）存在的主要问题

近年来，人民币兑美元汇率波动较大，对市场稳定性造成一定冲击，加大企业对外贸易的不确定性，汇率上涨导致原材料、跨国结算成本上涨，海外收入减少，对企业的盈利能力和竞争力产生一定负面影响。当前国际环境严峻复杂，后疫情时代俄乌战争、中美关系等导致世界局势更加紧张，对各类资源供应造成较大威胁，全球海运价格不断上涨，物流成本大幅增加。此外，随着公司加快“走出去”步伐，对外籍劳动力的需求持续增加，而国外项目所在地中级水平的司机、维修人员等技能型人才较为匮乏，从国内派遣的这部分劳动力成本高昂，加大企业经营压力。

二、融入共建“一带一路”的特色做法及典型案例

（一）“走出去”前做好理性分析和充分准备

1. 选择同行业或相近行业项目收购

收购项目的选择对博赛集团扩展壮大至关重要。为有效控制风险，防范方向性的失误，博赛集团倾向于选择同行业或相近行业的项目进行收购。例如，圭亚那欧迈矿业和加纳铝矿公司均属于博赛集团熟悉和了解的铝矾土行业，两次收购行为均为同行业重组，有利于市场整合，使收购风险降到了最低。

2. 成立专业调研团队

正确评估自己和竞争对手，做到“知己知彼，百战不殆”。“走出去”的企业应首先开展全面深入的调研活动，确认自己的优势，了解当地企业主管部门对外来投资的要求和限制。博赛集团收购初期，成立了专门的国际项目组，通过不断收集当地资料、分析竞标对手信息，以及多次到实地考察调研，有针对性地权衡本企业未来的投入与产出，做好成本分析，评估项目的可行性，从而做出科学、理性的决策。

3. 聘请项目咨询顾问

目前，大部分“走出去”的中国企业对国外的金融、财务、法律政策都不甚熟悉，很大程度上限制了中国企业“走出去”的勇气。博赛集团在决定参与收购现有三个项目时，均高薪聘请了有海外收购经验的律师事务所、会计师事务所作为项目顾问，在整个项目收购过程中把好关，当好参谋，尽可

能降低项目收购本身的风险或法律漏洞，避免以后产生不必要的纠纷。

4. 多收购兼并而非新建

较之于新建，收购企业可缩短投资周期和投资回收期，迅速扩大企业的生产经营规模，可利用原有企业的技术、资金和管理人才，学习和吸收国外先进的管理经验，并可利用原有企业的市场和销售网络，节约新建企业所需要的巨额的市场开拓费用等，还可用质优价廉的中国技术和设备逐步替代现有厂矿的技术和设备，大幅降低成本。

（二）企业“走出去”后如何站稳脚跟

1. 及早融入当地文化

博赛集团在参与圭亚那、加纳项目竞标的前后，两国政府都曾担心中国公司是否有能力管理好连著名跨国公司都无法管理好的工厂，能否融入当地文化，能否满足当地工人提出的加薪要求，以及解决好失业问题等。为解决这一系列问题，博赛集团同当地政府、社团机构、工会等利益机构及时沟通，及早采取措施，及早融入当地文化。通过与两国政府等高层领导多次会面和沟通，博赛集团提高了工人福利待遇，包括平均10%的工资增长、投资基础设施建设、工厂所有员工均不失业等，逐步树立起博赛集团在当地的良好形象，有效化解各种担心与顾虑，使两国政府和人民对博赛集团由最初的怀疑转变为“完全信任”。

2. 注重引进优秀人才

加快企业管理与国际接轨，引进具备外语和专业知识的优秀人才，大胆任用当地优秀员工，提高当地员工的归属感。博赛集团先后接管圭亚那和加纳三个矿山工厂后，提拔了一批当地优秀员工，由于他们在工厂工作多年，熟悉工厂操作，熟悉当地法律政策及处事习惯，就工厂管理提出了诸多合理建议，对企业实现稳定、良性发展发挥了重要作用。

3. 善于抓住收购时机

自收购圭亚那工厂后，博赛集团多次调高了铝矾土熟料全球销售价格，从160美元/吨上涨至500美元/吨（离岸价格），价格提高了数倍。加纳工厂优质的铝土矿资源成为国际铝行业，特别是欧洲许多氧化铝厂原料供应的“香饽饽”，供不应求；圭亚那锰矿收购后其锰矿价格一直上涨，经济效益逐步显现。

4. 把控销售及资金源头

为清楚了解和控制工厂资金走向，博赛集团把工厂的销售和资金控制中心设在了重庆，工厂的一切资金收支均通过重庆的离岸账户操作。同时要求工厂定期向集团公司提供生产、采购等报表，实现对工厂经营动态的实时掌控。

（三）人性化管理和慈善事业彰显企业魅力

博赛集团坚持以人为本、心系员工的管理理念，积极构建与海外员工的和谐劳动关系，人性化管理海外企业外派中方员工，有力保证了国际合作的顺利开展。公司驻外员工根据在海外工作年限和职级不同，可享受每年 2~4 次带薪回国休假，每次近 1 个月时间，并由公司统一出资分别安排乘坐商务舱、超级经济舱和经济舱往返待遇。同时，十分重视中方员工的日常生活，定期从国内统一采购各类生活物资，同时聘请当地员工培训做中餐、保洁服务等，解决外派员工后顾之忧。

博赛集团进驻圭亚那铝矿生产及经营管理十多年以来，始终持续不断改善与海外合作地区的关系。在林登社区，博赛集团积极开展捐资助学、参与市政建设、提供免费义诊等各项慈善公益活动，投资 800 多万美元聘请专家制定除尘方案以解决困扰居民已久的粉尘排放问题。博赛集团加纳铝土矿公司出资为当地社区修建地下水取水项目，积极履行社会责任，改善了当地居民的生活质量，用大爱无疆的实际行动逐步赢得加纳政府和人民的认可。

2019 年 3 月底，在建设圭亚那锰矿过程中，20 余名外包单位职工在清理一处废弃涵洞时感染了不明病毒（后经检测为组织胞浆细菌），生命安全受到威胁。事件发生后，博赛集团第一时间成立临时应急指挥部，组织国内医疗专家远程会诊，采购相关药品和医疗设备，花重金租赁当时国内唯一的医疗救援专用飞机飞抵圭亚那，将 10 名病友接回重庆接受更好的治疗，此次跨国救援彰显了博赛集团管理的人性化。

三、面临的新形势分析

（一）世界局势动荡不安形势下拓展资源补给渠道迫在眉睫

当前，世界百年未有之大变局进入加速演变期，多重挑战和危机交织叠加，处于动荡变革期，世界经济复苏艰难，中美关系面临挑战，这警示着博赛集团要加强风险管控，提前考察周边地区的矿资源补给渠道，待局势转变后可及时转向东南亚等地区进行开发。

（二）海外收购离不开政府各部门的大力支持

在当今国际经济形势下，海外收购项目更显特殊，从招标公司给予的从项目招投标到最终签订股权买卖合同的时间一般较短，而我国对海外投资及外汇出口等各方面的管制逐年规范。博赛集团在收购项目的过程中积极寻求政府支持，与中国驻当地大使馆、国家发展改革委、商务部及重庆有关部门联络沟通。在各部门热情和高效率的帮助下，博赛集团获得了海外投资相关批文，将项目收购资金准时汇出，保证了项目的顺利运行。

（三）经济全球化背景下加强海外合作的重要性进一步凸显

经济全球化是当今世界经济的重要特征之一，也是世界经济发展的重要趋势，面对全球大市场，矿产业的市场范围扩大，市场风险也在加大。为顺应全球化趋势，提高自身竞争力，博赛集团积极扩大投资，加强对外合作。未来，博赛集团将持续加大与圭亚那政府的合作，延伸布局下游深加工项目，加大锰矿、铝矿资源开发力度，增加投资以增强目的国对企业所在国的信心，推动当地经济发展，保持良好关系，实现互利互惠。

四、未来发展展望

（一）愿景展望

未来，博赛集团将进一步开展“走出去”“引进来”的工作，贯彻“为世界供货、为大众服务、为社会奉献”的理念，在已有产业的基础上和在建项目陆续投产的支撑下，力争用两到三年的时间实现营业收入超过1000亿元的目标。旨在夯实“千亿”基础，拓展“世界”眼光，展望“百年”未来，实现“千亿博赛、世界博赛、百年博赛”的价值追求，壮大企业力量，提高企业影响力，为高水平共建“一带一路”添砖加瓦。

（二）政策建议

1. 增加资源回运补贴

目前国内铝企对境外铝土矿资源的依存度较高，其中几内亚进口量占56%以上，但国际形势复杂多变，几内亚国家政治风险较大，博赛集团拟投资1.6亿美元，将圭亚那铝矿矿山现有产能150万吨扩大至500万吨，新增产能350万吨全部回运国内，从而降低对几内亚矿石的依赖。但受圭亚那到中国的运距较长、圭亚那海运基础设施条件较差导致无法装大船等多种因素影响，圭亚那铝土矿运回中国的费用大幅高于几内亚铝土矿运回中国的费用，建议国家有关部门能给予企业一定的资源回运补贴。

2. 增加购汇融资补贴

博赛集团现有国内工厂生产所需的矿石90%以上依赖进口且以美元信用证结算，年进口额近10亿美元，现美元兑人民币汇率居高不下，且美元押汇利率在6%以上，企业购汇和融资负担较重。建议国家有关部门能够出台相应的购汇或融资补贴政策，支持企业发展。

3. 为跨境结算提供便利

博赛集团在圭亚那新投的350万吨级冶金项目，绝大部分设备和建材均从国内采购，今后矿山开采出的矿石也是运回中国供博赛集团国内下属企业使用，为减少采供环节以美元结算产生的汇率损失，博赛集团拟以人民币和圭亚那铝矿公司结算，希望国家有关部门对企业跨境人民币的收支给予一定政策便利。

4. 加强劳务派遣国际合作

建议国家有关部门能够协同其他国家相关机构，如印度尼西亚、菲律宾等劳动力成本较低的国家，从这些国家派遣部分劳动力到圭亚那，助力解决圭亚那本地劳动力匮乏的问题。

[重庆市博赛矿业（集团）有限公司 张永华 赵语馨]

V

未来展望

重庆全面融入共建“一带一路”的发展愿景展望

近几年，国际社会中大国博弈强度烈度加大，地缘政治冲突空前激烈。伴随着中国经济的持续高质量发展，美国在经贸、金融、意识形态、军事科技、地缘政治等领域对中国的制裁和打压不断，这种“遏制”使中美关系面临诸多困难和挑战。俄乌冲突的爆发使世界局势、国际秩序和地缘格局均发生重大变化。新冠疫情和全球极端天气频发加深了能源危机、粮食危机和经济危机等全球性危机，逆全球化思潮、民粹主义、保守主义上升，和平赤字、发展赤字、安全赤字、治理赤字加大，全球治理面临困境。

在百年大变局和复杂严峻的国际形势下，中国坚持和平外交和合作共赢，持续高质量推进“一带一路”倡议。作为中国扩大对外开放的重大战略举措和开展经济外交的顶层设计，“一带一路”倡议在推动全球互联互通、重塑国际贸易格局、推进全球治理变革、拉动世界经济增长等方面发挥了重要作用，已成为各方共商共建共享的繁荣之路，为全球经济复苏作出持续性贡献。2022 年，我国对“一带一路”沿线国家进出口增长 19.4%，占我国外贸总值的 32.9%，提升 3.2 个百分点①。

重庆是西部大开发的重要战略支点，处在“一带一路”和长江经济带的联结点上。加快建设内陆开放高地，努力在共建“一带一路”中发挥带动作用，是党中央赋予重庆的重大使命和任务。重庆要全面融入共建“一带一路”，重点在实现“五通”。“一带一路”倡议提出十年来，重庆坚持发展“五通”，扎实推动开放通道互联互通、推动开放平台协作协同、推动经贸合作做大做强、推动营商环境提质升级、推动国际交往走深走实，与各方一道共享“一带一路”发展新机遇、共创“一带一路”陆海联动发展新未来。未来重庆在政策沟通、设施联通、贸易畅通、资金融通和民心相通方面，将会持续发力。

① 数据来源：中国海关总署 2022 年进出口情况新闻发布会。

一、政策沟通

“政策沟通”是共建“一带一路”的重要保障，既包括国家之间的双边沟通和多边沟通，也包括经济体之间的内部协调和外部交流、部门和地区层面的国际交流，以及非政府层面的社会交流等。

（一）基于本地特色积极促成国际惯例

与“一带一路”有关联的亚欧非国家已经超过100个，这些国家的法律体系主要包括大陆法系、英美法系及伊斯兰法系，不同法系间差别很大，一些国家还存在法制不健全的情况。在这种情况下，促成国际合作的方法是通过形成国际惯例来统一各国的行为，维护共同的利益。国际惯例的内容应涵盖贸易、金融、保险、海关、税务、行业标准、知识产权、仲裁等各个方面，重庆应积极主动从这些方面对目前已有的国际惯例逐一进行认真梳理，并结合重庆特点，例如围绕陆上贸易相关环节进行全方位探索，力争形成完备的有引领性的国际陆上贸易惯例与规则。

（二）健全地方层面“一带一路”政策沟通长效机制

在以政府高层互访为引领、政府间战略沟通为支撑的前提下，重庆应积极助力地方和部门间的政策协调，将企业、社会组织等项目合作作为载体，为建立多层次、多主体的沟通渠道打好地方基础。具体包括：明确沟通内容；阐释理念，寻求达成双边、多边合作共识；推动签署区域合作协议；制定合作战略和规划；协调实施方案和行动路径；为项目合作提供政策和法律支持。在借鉴吸收现有经验的基础上，未来“一带一路”建设将会整合健全现有政策沟通平台，并逐步推广成为沿线国家常规性的、多层次多主体的沟通交流渠道，让沿线国家和地区更有效地参与“一带一路”建设。

（三）积极建立对外开放跨地域协调机构

成渝地区双城经济圈协同推进“一区两群”协同开放，深化多领域国内国际合作，更好地在西部地区带头开放、带动开放。加强川渝两地开放规划对接。加快清理废除妨碍统一市场和公平竞争的各种规定和做法，共建统一的市场规则。加快建立公共资源交易平台市场主体信息共享与互认机制，推动要素市场一体化。探索建立“市场准入异地同标”机制，推进成渝双城经济圈内同一事项无差别受理、同标准办理。推动信用一体化建设，逐步形成统一的区域信用政策法规制度和标准体系。

二、设施联通

设施联通是共建“一带一路”的优先领域。重庆将着力加强与沿线国家在区域基础设施联通上的合作，务实推进双边和区域基础设施联通建设与合作。

（一）发挥西部陆海新通道纽带作用

创新运输组织模式，加密铁海联运班列、跨境公路班车、国际铁路联运班列班次，充分发挥班列对沿线地区和国家经济社会发展的带动作用，研究开行南彭—东盟班列，用好 GMS 跨境直通车牌照。加强与沿海、沿边、沿江节点联动和国际合作，加快境内外分拨集散中心建设，探索开行外贸出口定制化专列。更好发挥西部陆海新通道连接西部地区和东盟市场的桥梁纽带作用，最终建成通道运输能力更强、枢纽布局更合理、多式联运更便捷，物流服务和通关效率达到国际一流水平的西部陆海新通道。

（二）推动中欧班列（成渝号）高质量发展

完善欧亚地区运行线路及网络，探索开行中亚、西亚、南亚支线，构建欧洲—重庆—东南亚（日韩）通道网络。建设中欧班列集结中心，布局完善境内外分拨点和仓储中心，强化长江经济带周边地区、华南地区及“一带一路”沿线国家的货源组织，丰富回程货源品类，全面增强国际物流集散功能。加快推进中欧班列信息化建设，建立信息平台，打造丝路数字班列。积极对接国际多式联运规则，完善跨境邮递体系。联动四川共同提升成渝两地中欧班列品牌影响力。

（三）推动长江黄金水道建设

持续推动长江黄金水道航道整治和集疏运体系建设，争取尽快启动三峡水运新通道建设。实施智慧长江物流工程。研究江海直达船型，探索江海直达联运，持续提升三峡大坝船闸通过能力和效率，建设水运服务集聚区。加快推动渝宜高铁、渝湘高铁黔江至吉首段等重点高铁项目。加密沪渝直达快线、渝甬班列班次。推动长江上下游港口深化合作，完善集散分拨体系，创新江海联运模式和机制，加强陆水和铁海联运、港口协同，构建通江达海、首尾联动的沿江综合立体国际开放通道。

（四）优化渝满俄国际铁路班列

提升与京津冀、关中平原等城市群的高铁直连水平。增强与中蒙俄经济走廊的联通能力，推动设立境外货物集散分拨中心，增设境外集结分拨点，强化沿线货源组织集结，拓展渝满俄国际铁路班列辐射范围。丰富货源品类，优化运输货品结构，探索开行更多货物品种公共班列。培育发展俄罗斯、白俄罗斯往返邮包运输，扩大国际邮包运输增量。深化与满洲里海关协作，持续提升通关便利化水平。

（五）建设“五型”国家物流枢纽城市

重庆市商贸服务型国家物流枢纽成功入选 2023 年国家物流枢纽建设名单，完成港口型、陆港型、空港型、生产服务型、商贸服务型“五型”国家物流枢纽布局，将继续提升重庆面向西南腹地、西部陆海新通道沿线、RCEP 地区的商贸辐射能级，成为西南国际商贸物流组织中心、重庆—东盟商贸供应链服务平台、西部陆海新通道物流运营中心支点和国内国际双循环商贸物流枢纽经济核心区。

三、贸易畅通

贸易畅通是共建“一带一路”的重点内容，需要提高贸易、投资和人员往来的便利化程度，加强信息交换、海关、认证等方面的合作来拓宽贸易和投资领域。未来重庆将从以下几点着手促成贸易畅通：

（一）实施重庆自贸试验区提升战略

重庆自贸试验区的功能定位是西部地区对外开放重要的战略支点和联结点，主要任务是营商环境、投资、贸易、金融、“一带一路”和长江经济带联动发展、长江经济带和成渝城市群协同发展。将进一步明确内陆国际物流枢纽核心区、数字经济创新发展先导区、新型保税经济发展示范区、现代服务经济开放发展集聚区、先进制造业创新发展引领区的功能定位，积极构建实施重庆自贸试验区提升战略的“四梁八柱”，努力把重庆自贸试验区打造成为引领内陆开放高地建设的先行区。

（二）积极打造开放平台

发挥中新（重庆）战略性互联互通示范项目、中国（重庆）自由贸易试验区、两江新区、西部（重庆）科学城等战略平台的先行先试优势，打造全市对外开放的制高点。高水平建设川渝自贸试验区协同开放示范区，加快打造内陆开放经济高地新支撑。积极拓展延伸产业链创新链，优化升级产业结构，加快形成以产业生态系统参与国际经济竞争新优势。发挥国际合作园区和中国—欧洲中心的示范带动作用，大力招引500强企业区域性、功能性总部，继续为涉外企业和跨国机构提供高标准服务。

（三）深化制度型开放

从经济全球化发展大趋势看，高标准的国际经贸规则制定是未来的主流趋势。重庆将主动适应乃至引领这一趋势，并以此为依托提升在国际经贸规则制定过程中的话语权。重庆要主动通过自贸试验区先行先试投资和贸易的高标准规则，建立与国际接轨的监管标准和制度规范，包括完善投资开放及负面清单制度，强化知识产权保护，构建数据流通与数字经济制度，扩大服务业开放综合试点范围等。对标 RCEP，推动重点领域“边境后措施”深化改革，推动构建与国际通行规则相衔接的制度体系和监管模式。加强研究对接 CPTPP、CAI 等国际高标准经贸规则。

（四）优化涉外营商环境

对标国际一流营商环境，增强国际化服务意识，持续提升国际化政务服务水平和法治化水平。升级外商投资全流程服务体系，健全外商投资“行政服务管家”制度。进一步提升贸易便利化水平，推动内陆口岸创新发展，持续压缩整体通关时间。提高市场综合监管能力，对新产业新业态新模式实行包容审慎监管。推动建设内陆国际争议解决中心，完善诉讼、仲裁与调解一站式纠纷解决机制，加大外商投诉事项协调处理力度。大力发展涉外法律服务机构，建设高素质专业化的涉外行政执法队伍和审判队伍，提高涉外法律服务能力。

四、资金融通

资金融通是共建“一带一路”的重要支撑，是中国与“一带一路”沿线国家进行金融合作的重要组成部分。在促进“一带一路”沿线国家的资金融通方面，重庆将从以下几方面入手：

（一）推动西部金融中心建设

加强川渝两地跨境电子商务综合试验区、综合保税区等金融开放平台建设合作，协同建设中新金融科技、跨境交易等领域合作示范区，共同打造“一带一路”进出口商品集散中心。深化川渝金融开放创新合作，推进金融市场和监管区域一体化，共建西部金融中心。发挥西部金融中心在中西部地区的带头作用，充分发挥各国融资的作用，吸引各国民间资本进入，引导商业股权投资基金和社会资金参与共建“一带一路”。

（二）创新国际金融服务

积极与亚洲基础设施投资银行、金砖国家新开发银行、上海合作组织开发银行、丝路基金等金融机构合作，在相关参与国进行网点布局，开发“一带一路”金融服务产品，研究清楚金融服务需求潜在的问题和风险。提升对外贸企业的信贷服务效率，推广应收账款、订单等质押融资，加大对跨境电商、外贸新业态等中长期贷款支持，对跨境人民币结算白名单企业进一步提供便利化措施。引导保险机构优化出口信用保险承保和理赔条件，提高对中小微外贸企业的风险保障水平，完善外贸企业远期结售汇业务风险分担机制。

（三）防范境外投资风险

“一带一路”金融服务具有其特殊性：基础建设投资总额较大，投资周期较长，短期内收益不明显，投资范围较大；“一带一路”跨越三大洲，沿线国家经济、政治、社会发展不平衡，文化、法制差异巨大，国际局势难以提供一个相对稳定的投融资环境。重庆需要列出可行的投资项目清单，搞清楚每个项目的资本结构及融资方式，并将所有风险加权，再根据风险偏好和容忍度，设立预警线并进行动态调整。对各种不利情况设立预案，并设专门机构和人员进行专业精细化的管理。充分发挥行业协会作用，实现企业间的“五个互通”（信息、战略、行动、成果和教训及时互通），政企形成合力。

五、民心相通

民心相通是共建“一带一路”的社会根基，属于“软实力”的范畴，做好此项工作并非一日之功，重庆未来在民心相通方面可从以下几点着手：

（一）建设中西部国际交往中心

拓展国际交往朋友圈，扩展与重庆缔结友好城市的国际区域范围。完善国际交往设施，培育服务国家的国际交往活动场所，持续提升重大国事活动专业化服务能力和保障水平，打造服务国家总体外交的中西部地区城市样板。

要围绕打造内陆开放高地、全面融入共建“一带一路”等重点任务，着力优化国际化服务环境，吸引集聚国际组织、跨国公司地区总部、研发中心、国际人才等高端要素，推动更多国际资源转化为促进重庆高质量发展的现实生产力，在西部地区实现带头开放、带动开放。

（二）争取重大外事活动落地

积极打造符合未来时代发展需要的绿色、智慧领事馆区，布局国际组织集聚区，提升公共共享空间服务水平，设置国际绿色公约广场、小型会议展览区、美食坊等，开展非政府间、友好城市间的文化、科技等国际交往活动。积极搭建高质量对外交流合作平台，高质量办好智博会、西洽会、中新金融峰会、陆海新通道国际合作论坛等重要展会活动。打造国际一流的会展中心、会议中心、赛事中心、演出中心等，提升会展智能化、绿色化水平，川渝共同争取重大外事活动、重大外经贸促进活动落地。

（三）促进国际人员往来与了解

“一带一路”涉及151个国家与几十个国际组织，这些国家有着不同的民族、宗教信仰、语言和风俗习惯，要真正实现“民心相通”任重道远，除了官方正式的外事和宣传活动外，重庆要充分重视和发挥人民在共建“一带一路”中的作用。如积极促成各领域尤其是非政治学术领域的国际交往活动，定期举办国际学术交流活动。利用重庆高等教育领域大学众多的优势，吸引“一带一路”沿线国家的学生来渝留学，通过合作办学把重庆高校的力量向“一带一路”相关国家扩展，比如重庆大学在中亚开办分校，开展学历教育、继续教育与职业培训，助力东道国提升自我发展能力。创新对外传播方式，用多元多主体表达方式，增强传播的多样性，提高传播的可信度，采用国外民众听得懂、易接受的方式和语言进行传播，让“一带一路”沿线国家真正了解中国、了解重庆。

总之，“一带一路”是世纪工程，全面融入共建“一带一路”是重庆实现可持续、高质量发展的重要机遇。重庆的定位，不应仅是“西部重庆”，服务于中国西部的政治、经济与文化，还应是“中亚的重庆”“南亚的重庆”“东南亚的重庆”和“欧洲的重庆”，是沟通这四个区域的国际重要枢纽城市。“一带一路”倡议的高质量实践与发展在整个中国形成了“陆海内外联动、东西双向互济”的开放格局，重庆将继续以“五通”为指引，重点做好做强“陆上”和“西向”两个方面的开放发展，为中国“陆上”和“西向”

对外开放打造投资贸易、科技合作和文化交流的重要平台与载体。从中国的世纪工程演变为世界的世纪工程，“一带一路”倡议的提出已历经十年。十年来，重庆在全面融入共建“一带一路”中取得了显著的成效，在“一带一路”持续发展的格局下，重庆仍然肩负着重大的历史使命。未来重庆要把握住实现高质量开放发展的重要机遇，不断增强城市的综合经济实力、国际化水平和国际竞争力，深化全方位开放发展，加快建设内陆开放高地，主动引领陆上贸易新规则，传承弘扬巴渝传统文化，努力提升国际知名度，持续增强重庆在西部地区带头开放、带动开放的能力，为积极推动建设开放型世界经济、构建人类命运共同体、促进全球治理体系变革贡献重庆力量与重庆智慧。

[重庆社会科学院　苗蓓蕾]